KB080327

이어령의 마지막 수업

이어령의 마지막 수업

김지수 지음

열림원

내 것인 줄 알았으나
받은 모든 것이 선물이었다

스승이 필요한 당신에게

어느 깊은 가을밤 잠에서 깨어난 제자가 울고 있었다.

그 모습을 본 스승이 기이하게 여겨 제자에게 물었다.

무서운 꿈을 꾸었느냐.

아닙니다.

슬픈 꿈을 꾸었느냐.

아닙니다. 달콤한 꿈을 꾸었습니다.

그런데 왜 그리 슬피 우느냐.

제자는 흐르는 눈물을 닦아내며 나지막이 말했다.

그 꿈은 이루어질 수 없기 때문입니다.

영화 〈달콤한 인생〉의 독백을 들을 때마다 나는 그 평온하고 쓸쓸한 무드에 젖어 가슴이 미어지곤 했다.

"무서운 꿈을 꾸었느냐?"

"슬픈 꿈을 꾸었느냐?"

풀피리를 불 듯 그 질문을 내 입술 바깥으로 밀어내 달싹거려보았다. 인간이 아니라 시간이 주인공인 세계에서 속절없이 미끄러지는 기분이 들 때마다, 나는 막막했다. 그리고 그리웠다. 울고 있는 내게 '왜 그리 슬피 우느냐?'고 진지하게 물어주는 이가, 그런 스승이.

스승이란 무엇인가. 시인 이성복은 스승은 생사를 건네주는 사람이라고 했다. '죽음이 무엇인지'를 알려주기 위해 생사를 공부하는 사람이 스승이라고. '죽음의 강을 건널 때 겁먹고 급류에 휩쓸리지 않도록 이쪽으로 바지만 걷고 오라'고. 소크라테스가 그랬고 몽테뉴가 그랬고, 『모리와 함께한 화요일』의 모리 교수가 그랬다. 멘토나 롤 모델, 레퍼런스가 아니라 정확하게 호명할 수 있는 스승이 곁에 있다면, 우리는 애틋하게 묻고 답하며 이 불가해한 생을 좀 덜 외롭게 건널 수 있지 않을까.

생의 길목마다 어김없이 돌부리에 걸려 머리가 하얘지는 내가 이어령이라는 스승을 만난 건 축복이었다. 선생님이 암에 걸려 투병 중이던 2년 전 가을, 나는 당신을 만나 인터뷰를 했다. 그때 선생님은 말했다.

"내가 느끼는 죽음은 마른 대지를 적시는 소낙비나 조용히 떨어지는 단풍잎이에요. 때가 되었구나. 겨울이 오고 있구나…… 죽음이 계절처럼 오고 있구나. 그러니 내가 받았던 빛나는 선물을 나는 돌려주려고 해요."

선생님은 '라스트 인터뷰'라는 형식으로 당신의 지혜를 '선물'로 남겨주려 했고, 나는 그의 곁에서 재앙이 아닌 생의 수용으로서 아름답고 불가피한 죽음에 대해 배우고 싶어 했다. 그렇게 매주 화요일, '삶 속의 죽음' 혹은 '죽음 곁의 삶'이라는 커리큘럼의 독특한 과외가 시작되었다. 우리는 사전에 대화의 디테일한 주제를 정해두지 않았고, 그날그날 각자의 머리를 사로잡았던 상념을 꺼내놓았다. 하루치의 대화는 우연과 필연의 황금분할로 고난, 행복, 사랑, 용서, 꿈, 돈, 종교, 죽음, 과학, 영성 등의 주제를 타고 변화무쌍하게 흘러갔다.

그와 대화를 나눌 때면 그의 시한부 삶이 그의 입술 끝에 매달려 전력질주하는 것 같았다. 그의 이야기가 소크라테스와 필록테테스와 니체와 보들레르, 장자와 양자 컴퓨터를 넘나들며 커브를 돌 때마다, 그 엄청난 속력에 지성과 영성이 부딪혀 스파크를 일으켰다. 우수수 떨어지는 부스러기만 수습해도 남은 인생이 허기지지 않을 것 같았다.

왜 케이스 바이 케이스에 진실이 있는지, 왜 인생은 파노라마가 아닌 한 커트인지, 왜 인간은 타인에 의해 바뀔 수 없는지, 그럼에도 우리는 파 뿌리 한 개에 우수수 매달려 함께 천국에 가는지, 자족은 무엇인지, 눈물은 언제 방울지고 상처는 어떻게 활이 되는지…….

무엇보다 스승은 내게 죽음이 생의 한가운데 있다는 것을 가르치고 싶어 했다. 정오의 분수 속에, 한낮의 정적 속에, 시끄러운 운동장과 텅 빈 교실 사이, 매미 떼의 울음이 끊긴 그 순간…… 우리는 제 각자의 예민한 살갗으로 생과 사의 엷은 막을 통과하고 있다고. 그는 음습하고 퀴퀴한 죽음을 한여름의 태양 아래로 가져와 빛으로 일광욕을 시켜주었다. 세어보진 않았지만 이 책에 가장 많이 나온 단어는 죽음일 것이다.

　그가 한 말은 때로는 이율배반적이었다. 우리는 모두 천사로 죽는다고 했다가 그 반대인 것 같다고도 했다. '죽음을 기억하라'고 한껏 엑셀을 밟았다가 '나 안 죽어'라고 싱긋 웃으며 급브레이크를 걸었다. '내게 다가온 죽음은 철창을 벗어난 호랑이가 덤비고 있는 상태'라고 말할 때조차 그는 진실하게 몸부림치되 겁을 먹지는 않았다. 오히려 나는 그가 철창을 벗어난 호랑이 등을 타고 달리고 있다고 느꼈다. 죽음을 숙고하면서 죽음을 가지고 놀이를 시작한 이 어령. 때로는 그런 생각도 들었다. 나의 선생님은 호흡이 멈추는 순간까지 스스로를 관찰하고 머릿속으로 죽음을 묘사하는 마지막 단어를 고르시겠구나.

　남자들은 병이 들거나 나이가 들면 추레해지기 마련이지만, 나의 스승은 매주 화요일, 깨끗하게 다려진 터틀넥 스웨터를 입고 목에 '확대경'을 걸치고 나를 맞았다. 심지어 실내에서 모자를 쓰고 있기도 했다. 머리가 웃자라 있거나 면도를 하지 않아 얼굴이 석회빛을 띤 적은 한 번도 없었다. '탄생의 그 자리로 나는 돌아간다'던 당신의 약속처럼, 만날 때마다 선생은 소멸을 향해 가는 자가 아니라 탄생을 향해 가는 자다웠다. 태어나기 전 세상과 가까워질수록, 그의 육체는 흙과 빛을 반죽한 것처럼 더 작아지고 밝아졌다. 내가 멋쩍은 눈으로 우문을 거듭하는 사이에도 그는 웃으면서 빛이 되어 부서지곤 했다.

선생님과 이야기를 나누는 동안 나는 마음껏 슬퍼했고 여한 없이 기뻐했다. 한 번도 쓰지 못했던 감정의 근육과 지성의 근육이 자극받아 경련을 일으켰고, 꿈틀거리는 게 느껴졌다. 가을 단풍, 겨울 산, 봄의 매화, 그리고 여름 신록의 시간에 이르기까지…… 그는 나의 흉곽과 나의 뇌곽을 뒤흔들어 '최대치의 나'로 넓혀갔다. 스승을 만나기 전까지 나는 빌려온 진실은 빌려 입은 수의만큼이나 부질없다고 느꼈다. 이제 나는 나에게 꼭 맞는 영혼의 속옷을 찾았다.

그리하여 지금 이 순간, 스승이 필요한 당신에게 이 특별한 수업의 초대장을 건넨다. 위로하는 목소리, 꾸짖는 목소리, 어진 목소리…… 부디 내가 들었던 스승 이어령의 목소리가 갈피마다 당신의 귓전에도 청량하게 들리기를.

"무서운 꿈을 꾸었느냐?"
"슬픈 꿈을 꾸었느냐?"
"왜 그리 슬피 우느냐?"

프롤로그

궁극적으로 이 책은 죽음 혹은 삶에 대해 묻는 이 애잔한 질문의 아름다운 답이다. 더불어 고백건대 내가 인터뷰어로서 꿀 수 있었던 가장 달콤한 꿈이었다.

2021년 10월 김지수

PS) 선생님은 은유가 가득한 이 유언이 당신이 죽은 후에 전달되길 바랐지만, 귀한 지혜를 하루라도 빨리 전하고 싶어 자물쇠를 푼다. (감사하게도 그가 맹렬하게 죽음을 말할수록 죽음이 그를 비껴간다고 나는 느꼈다.)

차
례

1

다시, 라스트 인터뷰

그는 필연적으로 생명이 넘치는 인간이었으나,

죽음과도 불화하지 않았다.

그렇게 이어령이라는 말(馬)이, 이어령이 하는 말(語)이

생사의 최전선을 달려주어 고맙다.

"이번이 내 마지막 인터뷰가 될 거예요"라는 말이 담긴 이어령 마지막 인터뷰 「죽음을 기다리며 나는 탄생의 신비를 배웠네」 기사(299쪽 전문 수록)가 나갔던 2019년 가을 이후로, 세상은 달라졌다. 인터뷰 전문 기자로의 내 인생 또한 그 기사 이전과 이후로 나뉘었다. 그것은 하나의 전환점이 되었다. 당시 나는 늘 그렇듯 사무실 한켠에서 새벽까지 홀로 또각거리며 자판을 두드렸고 집에 와서 잠자리에 누웠다. 옆에 누운 두 아이의 새카만 머리통과 자그만 두 덩이의 발바닥을 더듬어 만져보며 살아 있다는 것의 생명감에 몸을 떨었다.

　기사를 완성하기까지 혹 그사이에 선생님이 떠나실까봐 얼마나 가슴을 졸였는지 모른다. 출고 버튼을 누른 후에는 또다시 '내가 이

어른의 마지막 말을 전할 자격이 되나?' 두렵고 송구해서 뒤척였다. 그리고 정확히 그날 아침 일곱시부터 내 전화통은 불이 나기 시작했다. 사람들은 "내 것인 줄 알았으나 받은 모든 것이 선물이었다"라는 이어령 선생님의 메시지에 반응했다.

이어령 선생님의 말처럼 "죽음이 무엇인지 알게 되면 삶이 무엇인지 알게 된다"가 이 인터뷰의 핵심이다. 돌아보면 선생이 이 시대에 태어나 대중 앞에 서서 쓰고 말한 모든 것도 한 문장으로 압축된다.

"메멘토 모리, 죽음을 기억하라."

죽음이라는 거대한 동굴을 들여다보고 그 벽에 삶이라는 빛의 열매를 드리우는 능력은 선생이 가진 특별한 힘이다.

"죽음은 생명을 끝내지만 말을 끝내는 것은 아니다"라는 그의 예지는 너무도 생생해서, 살았거나 죽었거나 상관없이 그의 힘찬 육성이 일상 곳곳을 파릇파릇하게 파고든다.

결과적으로 그는 내게 어둡고 눅눅한 임사 체험이 아닌, 무섭도록 강렬한 탄생의 체험을 들려주었다.

내가 이어령 선생의 마지막 이야기를 담은 더 깊은 라스트 인터뷰를 단행본으로 진행하기로 했다고 하자, 지인들은 다정하게 환호했다. "그 대화는 마치 『모리와 함께한 화요일』 같은 책이 되겠군요. 죽어가는 노교수가 인생에서 가장 소중한 가치를 들려주는 마지막 수업…… 흥미로워요. 우리에겐 특별한 선물이 될 거예요."

내가 직접적으로 그 이야기를 전하진 않았지만, 눈치 빠른 선생은 이미 상황을 간파하고 있었다. 그는 '모리 교수'와는 여러모로 다른 사람이었으나, 죽어가는 스승 곁에서 삶의 진실을 듣고 싶어 하는 독자들의 간절한 소망은 정확히 이해했다. 이어령 교수는 모리 교수보다 육체적으로나 지적으로 자아가 더 강렬하고 매 순간 활활 타오르는 사람이었다. 그를 볼 때마다 나는 활화산 같다는 느낌을 받았다. 한 번도 지적 폭발을 멈추지 않은 활화산 같은 선지자.

루게릭병을 앓았던 모리는 제자인 미치 앨봄에게 헝클어진 백발, 힘없는 팔다리, 침을 흘리고 화장실에서 일어서지 못하는 모습 등 생명이 사그러드는 모든 과정을 공유했으나, 이어령은 내게 면도하지 않은 모습조차도 보여주기 싫어했다. 옥색 스웨터와 면바지를 입은 168센티의 이 단정한 위인은 중국차와 싱싱한 청포도, 호두를 가득 담은 볼이 놓인 기다란 테이블에서 나를 기다렸다.

나는 대화를 시작할 때마다 이어령 선생에게 몸 상태가 어떠한지를 매번 묻곤 했다. 때때로 선생의 몸은 불시에 안 좋아져, 나는 평창동 언덕 위로 달리던 택시를 돌려 언덕 아래로 곤두박질치듯 내려와야 했다. 그런 날은 오후에 힘없는 목소리로 전화가 걸려오곤 했다.

"아까는 미안했네. 지금은 조금 기운을 차렸어. 해야 할 이야기를 다시 이어갈까?"

복부까지 팽팽한 공명으로 당겨진 그의 목소리는 활시위를 떠난 화살처럼 귀의 과녁 정중앙에 꽂혔다. 그러나 그 자신, 그렇게 힘센 말을 쏟아낸 후엔 말발굽의 여진이 남아 당신의 골상을 때린다고

첫 번째 수업:

괴로워했다. "내가 쏟아낸 말들이 내 뒷골에서 웅웅거려."

나는 선생의 코앞에 이른 죽음과 병마에 함께 쫓기는 기분으로 가을을 보내고 겨울을 보냈다. 도끼날이 얼음을 내리치듯, 칼바람 일던 어느 아침에는 바람 구두를 신고 먼 길을 떠날 사내처럼 선생은 한달음에 말했다. "내년 3월이면 나는 없을 거야. 그때 이 책을 내게." 노인의 목숨을 노리는 코로나 바이러스가 그의 집 대문 앞을 서성거리는 듯한 두려움에, 나는 매번 찬바람을 일으키며 초인종을 누르기가 송구했다.

그러나 그는 도움을 필요로 하는 연약한 사람이 아니라 도움을 주려는 사람의 자세로 나를 맞았다. 통창으로 산 그림자와 빛이 쏟아지는 그의 저택에서 나는 한 번도 주눅 든 적은 없었지만, 선생이 풍기는 위용에 여러 번 숨을 고르곤 했다.

어둠과의 팔씨름

"작년 10월에 선생님은 '라스트 인터뷰'에서 빅뱅처럼 모든 게 폭발하는 그런 꿈을 꾼다고 하셨죠. 너무 눈이 부셔서 볼 수 없는 어둠, 죽음이 곁에 누웠다 간 느낌이라고요. 평생 '죽음을 기억하라'고 외치던 선생님은 드디어 곁에 가까이 와서 누운 죽음을 잘 사귀어보기로 하셨고, 그렇게 알게 된 그 미스터리하고 섬뜩한 친구에 대해 저와 세상 사람들에게 이야기해주기로 하셨어요. 요즘엔 어떻게 밤을 보내고 계십니까?"

"요즘엔 밤마다 팔씨름을 한다네."

"팔씨름을요……? 야밤에 깨어 누구와 팔씨름을 하십니까?"

근육이 빠져 더욱 얇아진 스승의 팔뚝을 나는 의아한 눈초리로 바라보았다.

"매일 밤 나는 죽음과 팔씨름을 한다네. 어둠의 손목을 쥐고서 말이야."

어둠의 혈관을 손아귀에 움켜쥐고 포효하는 나의 스승을, 상상해보았다. 수수께끼 같은 미소를 띤 채, 그는 파일을 열어 시 한 편을 읽어주었다.

한밤에 눈 뜨고
죽음과 팔뚝씨름을 한다.
근육이 풀린 야윈 팔로
어둠의 손을 쥐고 힘을 준다.
식은땀이 밤이슬처럼
온몸에서 반짝인다.
팔목을 꺾고 넘어뜨리고
그 순간 또 하나의 어둠이
팔뚝을 걷어 올리고 덤빈다.
그 많은 밤의 팔뚝을 넘어뜨려야

겨우 아침 햇살이 이마에 꽂힌다.

심호흡을 하고 야윈 팔뚝에

알통을 만들기 위해

오늘 밤도 눈을 부릅뜨고

내가 넘어뜨려야 할

어둠의 팔뚝을 지켜본다.

감정을 자제한 드라이한 목소리에 힘이 느껴졌다.

"나는 이제부터 자네와 아주 중요한 이야기를 시작하려 하네. 이 모든 것은 내가 죽음과 죽기 살기로 팔씨름을 하며 깨달은 것들이야. 이해하겠나? 어둠의 팔뚝을 넘어뜨리고 받은 전리품 같은 것이지."

이생에 마지막 수업이 될 테니, 가장 귀한 것을 주고 싶다고 했다. 어둠의 심연을 직면했던 현자의 눈에 파르르 지혜의 불꽃이 일었다. 예일대 교수인 셸리 케이건이 했던 유명한 이야기로 수업의 서문을 열었다.

"한 사람이 우주선을 타고 여행을 떠나기 전에 친구와 작별인사를 했어. 우주의 시간은 달라서 돌아오면 2백 년이 훌쩍 지나버려. 지구 시간으로는 마지막 만남이니, 그게 결국 죽음인 거라. 그런데 이를 어쩌. 그 우주선이 출발하다가 중간에 폭발을 해버린 거야. TV 중계로 그걸 지켜보던 친구가 깜짝 놀랐겠지.

'아이고, 내 친구가 죽어버렸네.' 그제야 울고불고 난리가 났어.

아이러니하지 않나? 그럼 아까 죽음은 뭐고, 지금 죽음은 또 뭔가?"

"글쎄요…… 내 눈앞에는 없어도, 다른 시공간을 살아도 '어딘가에 있다'라는 인식이, 우리를 견디게 하지 않습니까? 적어도 그 존재를 상상할 수 있으니까요."

"좀 더 드라이하게 이야기해보지. 고려청자가 있어. 사람이 아니고 사물이네. 고려청자는 무덤 속에 있었어. 이걸 5백 년 후에 발굴했다면, 내 눈앞에 없었어도 고려청자는 5백 년을 존재한 거야. 그런데 이게 깨지면? 그 순간 '아이고 이걸 어째' 한탄을 하지. 그런데 그 청자는 무덤 속에 있을 때, 이미 우리 앞에 없었던 것 아닌가?"

"알 것도 같고 모를 것도 같습니다."

"서양에서는 지금까지 영과 육이라는 이원론을 가지고 삶과 죽음을 설명했네. 소크라테스도 다르지 않아. 하지만 나는 육체와 마음과 영혼, 삼원론으로 삶과 죽음을 설명할 참이야."

그가 유리컵을 가져다 내 앞에 두고 결기 어린 표정을 지었다. 죽음에 관한 느슨한 아포리즘을 기대했던 나는 당황했다. 선생은 마치 새로운 물리법칙을 발견한 후 실험 도구를 앞에 두고 흥분한 과학자처럼 보였다.

"이 유리컵을 사람의 몸이라고 가정해보게나. 컵은 무언가를 담기 위해 존재하지? 그러니 원칙적으로는 비어 있어야겠지. 빈 컵이 아니면 제구실을 못 할 테니. 비어 있는 것, 그게 void라네. 그런데 비어 있으면 그 뚫린 바깥 면이 어디까지 이어지겠나? 끝도 없어. 우주까지 닿아. 그게 영혼이라네. 그릇이라는 물질은 비어 있고, 빈 채로 우주에 닿은 것이 영혼이야. 그런데 빈 컵에 물을 따랐어."

보이차를 따르는 소리가 청량하게 들렸다.

"여기 유리컵에 보이차가 들어갔지? 이 액체가 들어가서 비운 면을 채웠잖아. 이게 마인드라네. 우리 마음은 항상 욕망에 따라 바뀌지? 그래서 보이차도 되고 와인도 돼. 똑같은 육체인데도 한 번도 같지 않아. 우리 마음이 늘 그러잖아. 아침 다르고 저녁 다르지."

"네. 날씨처럼 변하는 게 감정이지요."

"그런데 이것 보게. 그 마인드를 무엇이 지탱해주고 있나? 컵이지. 컵 없으면 쏟아지고 흩어질 뿐이지. 나는 죽어가고 있지만, 여전히 내 몸은 액체로 채워져 있어. 마인드로 채워져 있는 거야. 그러니 화도 나고 환희도 느낀다네. 저 사람 왜 화났어? 뜨거운 물이 담겼거든. 저 사람 왜 저렇게 쌀쌀맞아? 차가운 물이야. 죽으면 어떻게 되나? 컵이 깨지면 차갑고 뜨겁던 물은 다 사라지지. 컵도 원래의 흙으로 돌아가는 거야. 그러나 마인드로 채워지기 이전에 있던 컵 안의 void는 사라지지 않아. 공허를 채웠던 영혼은 빅뱅과 통했던 그 모습 그대로 있는 거라네. 알겠나?"

컵 하나로 바디와 마인드와 스피릿, 현존과 영원을 설명하는 이어령 선생님 앞에서 나는 할 말을 잃었다. 그토록 심오한 이야기를 이렇게 간단하게 풀어버리다니! 스승은 풀피리 불 듯 말을 이었다. 영혼을 인정하지 않는 것은 유리컵 안의 빈 공간을 인정하지 않는 거라고.

마인드를 비워야 영혼이 들어간다

"마음을 비우는 것이 왜 그토록 중요한지 알겠습니다."

"그렇지. 그건 실제로 유리컵 안의 공간의 문제라네."

"빈 공간이 많을수록 영적인 공간이 커지는 거겠지요?"

"만원버스를 생각해보게. 사람이 꽉 차서 빈 데가 하나도 없는 게 바로 영혼 없는 육체라네. 유명한 일화가 있어. 스님을 찾아온 사람이 입으로는 '한 수 배우고 싶다'고 하고는 한참을 제 얘기만 쏟아냈지. 듣고 있던 스님이 찻주전자를 들어 잔에 들이붓는 거야. 화들짝 놀라 '스님, 차가 넘칩니다' 했더니 스님이 그랬어. '맞네. 자네가 비우지 못하니 찻물이 넘치지. 나보고 인생을 가르쳐달라고? 비워야 가르쳐주지. 네가 차 있어서 말이 들어가질 못해.' 마음을 비워야 영혼이 들어갈 수 있다네."

"아! 마인드로만 채우고 살았는지 영혼으로 채우고 살았는지 어떻게 압니까?"

"깨지고 나면 알겠지. 미안한 얘기네만, 대체로 정치가들의 바디에는 마인드만 꽉 차 있어. 깨지면 남는 게 없어. 빵, 돈 이런 것들만 남겠지. 시인, 화가, 종교인…… 비어 있는 영혼의 세계를 이야기한 사람들은 영원히 가. 우주와도 통하니까."

"문득 윤동주와 고흐가 떠오릅니다. 윤동주의 시 「별 헤는 밤」과 고흐의 그림 〈별이 빛나는 밤에〉. 그들의 눈은 비어 있음으로 무엇을 본 걸까요?"

"(눈을 빛내며) 과학적으로 설명해주겠네. 태초에 빅뱅이 있었어. 물질과 반물질이 있었지. 이것들이 합치면 빛이야. 엄청난 에너지지. 그런데 반물질보다 물질이 더 많으면? 빛이 되다 만 물질의 찌꺼기가 있을 것 아닌가. 그게 바로 우리야. 자네와 나지. 이 책상이고 안경이지. 이건 과학이네. 상상력이 아니야. 우리는 빛이 되지 못한 물질의 찌꺼기, 그 몸을 가지고 사는 거라네. 그런 우리가 반물질을 만나면 어떻게 될까? 빛이 되는 거야."

이보다 더 명쾌한 시를 들어본 적이 있었던가. 나는 울 것 같은 표정으로 말했다.

"선생님, 태초와 나의 거리를 그렇게 쉽게 설명하시면 어떡합니까?"

"우리가 쓰는 에너지는 모두 빅뱅 때 만들어진 그 빛이라네. 반물질을 못 만나 물질로 남은 것들은 끝없이 뭐가 되고 싶겠나? 빛이 되고 싶을 거야. 빅뱅이 내가 태어난 고향이거든. 그런데 빅뱅 이전에 존재했던, 빛도 물질도 아닌 이 void, 공허의 공간이 바로 신의 영역이라네. 거기에 빛이 들어가 창조가 되는 거지."

"'빛이 있으라, 하니 빛이 있었다'고 성경은 기록하고 있지요."

"하나님의 영과 공허가 섞여 우주가 창조되는 순간이야."

"천국은 뭐라고 설명하시겠어요?"

"물질과 마인드가 있었던 기억과 그것을 담을 수 있게 했던 void 그 자체. 기독교에서는 천국이라고 하고 소크라테스는 이데아라고 했네. 영원불멸이야. 공허는 죽지 않아. 빅뱅 이전에 있었으니까."

"이 모든 게 어둠과 팔씨름을 해서 깨달은 거란 말씀이지요?"

"그렇지. 어둠이 물러가고 창밖으로 빛이 들어오면 좀 덜 아프거든. 그때 비로소 잠을 청하는 거야."

나는 가만히 선생 앞의 빈 잔을 바라보았다. 컵 하나에 굳은 몸과 컵 하나에 조석지변하는 마음과 컵 하나에 담긴 태초의 공허를. 가득 찬 술잔으로 찰랑대며 살아가는 보통의 사람들과 비어 있는 찻잔으로 우주의 공허와 맞닿은 영적인 사람들이 뒤엉켜 돌아가는 세상. 서로의 술잔을 부딪히며, 가끔 우주를 향해 제 각자의 언어로 건배사를 하며 정신없이 살던 어느 날. 이어령이라는 어른을 만나, 그가 어둠과의 팔씨름으로 '값을 치른' 달고 깊은 공허를 나눠 마시고 있는 것이다.

죽음은 철창을 나온 호랑이가 내게 덤벼드는 일

밤마다 공허를 충전한 현자는 한 차례 이야기를 쏟아낸 후, 다음 라운드를 기다리는 복서처럼 의자에 기대 가만히 숨을 골랐다. 몹시 피로하나 패배하지 않겠다는 의지가 고인 눈빛이 형형했다.

"어둠과의 팔씨름 얘기를 하셨는데, 생각해보면 선생님은 살면서 패한 일이 거의 없으시지요?"

"아니야. 나는 매번 패했어. 글 쓰는 사람은 매번 패배한다네."

"이해가 안 되는군요. 글로 치면 모든 영역에서 거의 다 백전백승하지 않았습니까?"

"아니라네. 난 매번 KO패 당했어. 그래서 또 쓴 거지. 완벽해서 이거면 다 됐다, 싶었으면 더 못 썼을 거야. 『갈매기의 꿈』을 쓴 리처드 바크는 갈매기 조나단의 생애를 쓰고 자기 타자기를 바닷속에 던져 넣었다잖나. 그걸로 다 썼다는 거지. 난 그러지 못했네. 내가 계속 쓰는 건 계속 실패했기 때문이야. 정말 마음에 드는 기막힌 작품을 썼다면, 머리 싸매고 다시 책상 앞에 앉았을까 싶어."

글을 쓴다는 것은 앞에 쓴 글에 대한 공허와 실패를 딛고 매번 다시 시작하는 것이라고, 그가 환하게 웃었다. 그 순간 나는 나의 스승이 바닷가 모래사장에 앉아 지는 해를 바라보며 모래집을 짓는 아이처럼 보였다. 매번 실패할 수 있기에 이 놀이가 끝나지 않을 거라고 믿는 아이. 막막한 울분이 아니라 가벼운 흥분에 휩싸인 채로.

"갈매기 조나단은 먹이를 위해서 날지 않고 궁극의 비행을 위해 날았잖아요. 선생님은 혹 계속 글을 쓰기 위해 자신이 실패하고 있다고 가정하는 것은 아닌지요?"

"모르겠어. 나는 평생 도전이 필요한 인간이었네. 계속 쓰고 또 쓰고 다시 썼네. 강해서가 아니라 약해서 다시 하는 거라네. 니체도 다르지 않아. '운명이여 오너라.' 위인들이 거창해 보여도 그렇지가 않아. 지면 또 한 번 부르짖을 뿐이지. 스스로 쓸 말이 없어서 남의 얘기나 옮겨봐. 그건 서생이지. 글자 쓰는 사람. 글 쓰는 사람이 아닌 거야. 사람들은 글씨 쓰는 사람과 글 쓰는 사람을 혼동하는데, 글씨 쓰는 사람은 서경書耕이네. 베끼는 사람. 보다시피 나는 지금 많이 아프네. 말할 수 있는 시간은 갈수록 짧아져. 그래서 내가 이제부터 남은 이들을 위해 각혈하듯 내 이야기를 해볼까 하네."

"무슨 말씀이든지요."

"그게 희망이 될지 선물이 될지 나는 모르지만, 내가 지금 할 수 있는 게 그거니까."

"남아 있는 세대를 위해서요."

상처 입은 복서가 몸을 일으키듯, 말이 몸을 일으켜 다시 초원 위에서 달릴 준비를 하고 있었다.

"나는 도덕적이고 이타적인 사람이 아니야. 오히려 에고이스트지. 에고이스트가 아니면 글을 못 써. 글 쓰는 자는 모두 자기 얘기를 하고 싶어 쓰는 거야. 자기 생각에 열을 내는 거지. 어쩌면 독재자하고 비슷해. 지독하게 에고를 견지하는 이유는, 그래야만 만인의 글이 되기 때문이라네. 남을 위해 에고이스트로 사는 거지."

"암요. '자아'를 통과한 글만이 만인의 심장을 울리니까요. 선생님은 지난번 저와의 인터뷰에서 '모든 것이 내가 받은 선물이었다'라고 하셨어요. 일단 그것부터 시작할까요?"

"기억하고 있네. 나처럼 암에 걸린 사람을 위해 과학자들은 특효약을 만들려고 노력하지. 그런데 나는 과학자도 영웅도 그렇다고 의지가 강한 사람도 아니야. 충청도 사람이라 독하지도 못해. 독하지도 않은 나 같은 사람이 암에 걸려 죽을 때까지 자기 일을 할 수

첫 번째 수업:

있다면, 암이 뭐가 무섭겠나. 내가 암세포 죽이는 약은 못 만들어도 암에 걸린 사람을 위한 정신 치료제는 만들 수 있지 않겠나."

"먼저 가신 따님 이민아 목사님도 그랬습니다."

"나중 된 자가 먼저 된다는 말이 있지. 내 딸이 그렇게 열심히 살다 갔어. 인간은 암 앞에서 결국 죽게 된다네. 이길 수 없어. 다만 나는 죽을 때까지 글을 쓰고 말을 하겠다는 거지. 하고 싶은 일을 다 해나가면 그게 암을 이기는 거 아니겠나. 방사선 치료 받고 머리털 빠지며 이삼 년 더 산다 해도 정신이 다 헤쳐지면 무슨 소용인가. 그 뒤에 더 산 건 '그냥' 산 거야. 죽음을 피해 산 거지. 세 사람 중 한 명은 걸려서 죽는다는 그 위력적인 암 앞에서 '누군가는 저렇게도 죽을 수 있구나' 하는 그 모습을 남은 시간 동안 보여주려 하네."

스승이 치열하게 죽어가는 모습을 눈 똑똑히 뜨고 보라고, 그가 내 마음의 고삐를 바투 쥐었다. 나는 이어령 선생님이 무슨 말을 하는지 알 수 있었다. 우리 모두 죽음의 스승이 필요하다는 것, 그리고 나의 스승은 바로 눈앞에 앉아 있었다.

두렵고 또한 설레어서 나는 펜을 쥔 손을 바들바들 떨었다. 첨단 기계를 좋아하는 선생과 달리 기계를 싫어하는 나는 인터뷰할 때 녹음기를 거의 사용해본 적이 없었지만, 이번만큼은 달랐다. 마음을 고쳐먹고 힘껏 녹음기 버튼을 눌렀다.

'빛이 있으라 하니, 빛이 있었다'는 성경의 기록처럼, 이 빛의 순간을 목격하는 은혜 받은 기록자가 되리라. 길고도 짧은 작별인사, 얼마나 멋진 시간이 될 것인가. 가을빛이 식탁을 비췄고 은쟁반 위에 놓인 살진 포도송이의 연둣빛이 싱그러웠다.

"공포는 없으신지요?"

"자신은 없네. 엘리자베스 퀴블러 로스라는 사람은 최초로 죽음학을 했고 죽음에 대한 강의를 그렇게 많이 했는데도, 정작 자기가 암에 걸리고는 감당을 못 했어. 그것을 본 한 기자가 물었지.

'당신은 임종하는 사람을 지켜보며 그렇게 많은 희망을 줬는데 왜 정작 당신의 죽음 앞에서 화를 내고 있느냐?'

로스가 이렇게 답했다네.

'지금까지 내가 말한 것은 타인의 죽음이었어. 동물원 철창 속에 있는 호랑이였지. 지금은 아니야. 철창을 나온 호랑이가 나한테 덤벼들어. 바깥에 있던 죽음이 내 살갗을 뚫고 오지. 전혀 다른 거야.'

전두엽으로 생각하는 죽음과 척추 신경으로 감각하는 죽음은 이토록 거리가 멀다네."

시한부 삶을 선고받을 때 인간은 부정, 분노, 타협, 우울, 수용의 다섯 단계를 거친다고 가르쳤던 정신과 의사 퀴블러 로스. 그토록 오래 죽음에 훈련된 사람도 보통의 인간들처럼 부정과 분노로 출발해서 똑같은 절차를 거쳐갔다니. 철창 속의 호랑이와 철창 밖의 호랑이라는 말에 심장이 오그라들었다. 죽음 앞에 인간은 얼마나 몸서리치게 작은가.

"죽음 앞에서는 연습도 오만이라고 이근후 정신의학자도 그러더군요. 살아서 하는 임종 연습조차 어릿광대 같은 놀음이라고요."

"테레사 수녀도 다르지 않았다네. 로스처럼 죽음을 저주하진 않았지만 마지막까지 하나님의 부르심이 없었다고 탄식했지. 성처녀였으나 고통스럽게 죽었어. 암환자였던 신부 이야기도 있어. 암환자인 신부가 고해소에 앉아 다른 신부에게 이야기를 시작했다네.

'나 암이야.'

'안됐군. 그런데 나도 암이라네. 그런데 자네는 내게 무슨 고해를 하려고 왔나?'

'……여태껏 나는 신의 부르심이 없었어. 아무것도 들리지 않고 보이지 않았다네.'

'……자네, 정말 몰랐나? 지금 자네가 나한테 고해성사를 하고 있잖나. 그게 콜링이야. 하나님의 인도하심이지.'

자, 이 대화를 듣고 어떤 생각이 드나?"

"고통 속의 의심, 진정 토로…… 그 자체가 신의 부르심이라는 말씀인가요?"

"맞아. 그게 신의 응답이지. 로스도 그 신부도."

"이해할 수 없습니다."

"고통 없는 죽음이 콜링인 줄 알았나? 아니야. 고통의 극에서 만나는 거라네. 그래서 내가 누누이 이야기했지. 니체가 신을 제일 잘 알았다고 말일세. 신이 없다고 한 놈이 신을 보는 거라네. 신이 있다고 생각하는 사람은 정작 신을 못 봐. 니체 이야기를 더 해볼까? 니체가 어떻게 죽은 줄 아나?"

니체에게 다가온 신의 콜링

"미쳐서 죽었지요. 광인으로 떠나지 않았습니까?"

"사건이 있었어. 토리노 광장에서. 우체국으로 편지 부치러 가다가 늙은 말이 채찍질을 당하는 걸 본 거야. 무거운 짐을 지고 끌고 가려는데 길이 미끄러우니 계속 미끄러지지. 마부에게 채찍질을 당하는 늙은 말을 보고, 니체가 달려가서 말 목을 끌어안고 울었다네. 자기가 대신 맞으면서 '때리지 마. 때리지 마' 하고 울다가 미쳤지.

'어머니 저는 바보였어요'라고 마지막 말을 웅얼거리고는 십 년간 식물인간처럼 살다 죽은 거야. 그게 그 유명한 '토리노의 말'이지. 그게 바로 니체에게 다가온 신의 콜링이라네."

"무슨 말씀인지요?"

"토리노 광장에서 얻어맞는 말이 예수야. 채찍질 당하고 허적대는 늙은 말. 그게 십자가를 메고 가는 지저스 크라이스트Jesus Christ지. 그러니까 가서 말의 목을 끌어안고 엉엉 울었던 걸세. 자기가 늙은 말하고 무슨 관계가 있겠나? 가까우면 마부하고 가까워야지. 그런데 니체는 그때 인간의 대열에 끼는 게 창피해서 인간을 거절했다네. 인간에서 벗어나려고 한 게 초인이거든.

이 '토리노의 말' 사건을 흑백영화로 다룬 유럽 영화가 있어. 146분 동안 마부와 딸이 광야에서 늙은 말 하나만 키우는 이야기야. 제목이 〈토리노의 말〉이야. 이루 말할 수 없이 지루한 영화야. 자네가 보면 반할 수밖에 없는 아주 기가 막히게 지루한 이야기라네.”

“어떤 부분이 그토록 드라마틱하게 지루한가요?”

“예를 들면 말이 늪에 빠진 수레를 끌고 가려는 장면. 진흙은 바퀴를 붙들고 바퀴는 진흙에서 빠져나오려고 해. 진흙은 튀고 바퀴는 헛돌지. 그걸 긴 시간 동안 찍어서 보여줘. 아무것도 없는 광야에서 감독이 그걸 찍고 있는 거야.”

“진흙과 바퀴의 싸움을? 두 시간 동안?”

“두 시간이 넘지. 영화에서 인간은 팔 한쪽이 없는 마부와 그의 딸만 나와. 먹을 것은 감자뿐이야. 흙, 불, 바람, 물…… 이런 것들이 하나씩 사라져. 나부끼던 바람이 사라지고 고여 있던 우물물도 말라버려. 우주가 사라져가는 이야기야. 천지창조를 거꾸로 돌리는 이야기지. 혼돈의 물이 가장 먼저 없어지고 폭풍 같던 바람이 없어진다네.”

영화에서 부녀가 감자를 먹는 장면이 압권이라고 했다.

“아버지는 팔이 한쪽 없으니 감자 한 알 먹는 게 전투야. 뜨거운 감자를 집다가 ‘앗 뜨거’ 하고 놓았다가 떼구르 구르면 또 쪼르르 쫓아가지. 쥐와 고양이처럼. 인간이 먹는다는 게 저런 것이로구나. 저것이 먹기 위한 삶이로구나. 부녀지간엔 오가는 말이 없어. 결국 말이 죽고 마구간에 해가 들고, 마지막엔 불도 물도 없어서 부녀가 어둠 속에서 마지막 날감자 한 알을 먹는 게 끝이야. 아버지가 딸에게 ‘야, 먹어’ 하는 게 마지막 말이라네.”

“어마어마한 영화로군요.”

"〈토리노의 말〉 같은 영화는 우리는 만들기 힘들 거야. 우리는 〈기생충〉으로 아카데미상 받은 봉준호 같은 사람은 나올 수 있지만, 저런 영화 찍을 사람은 나오기 쉽지 않아. 미국도 어려워. 〈토리노의 말〉은 유럽의 주변 국가들이 찍을 수 있어. 벨라 타르라는 그 감독이 동유럽, 헝가리 사람이야. 아시아와 서양의 접경. 이 접경에서 문화가 무르익었다네. 터키 같은 나라가 그 예지.

그래도 한국인들은 운이 좋아. 중국 일본보다 훨씬 창조적이야. 사이에 있는 반도라서 빛을 발했네. 이름 지을 때 보면 알아. 중국 사람들이 지은 도시 이름은 다 두 자야. 북경, 남경. 몇천 년을 두 자에서 못 벗어나지. 암흑, 명암, 선악 전부 두 자에 가둬. 길어야 사자성어, 네 자뿐이야. 중화민국, 그걸 우리가 본딴 게 나라 이름인 대한민국이야. 한자 문화권에 있는 일본도 동경, 교토, 나라…… 사각의 틀에 갇혀 있어서 자유롭게 꿈틀대지 못해. 한국은 그래도 삼랑진이니 조치원이니, 융통성 있는 지명이 체면을 살렸지만."

자기 머리로 생각하면 겁날 게 없다

"언어가 틀에 갇히면 사고도 틀에 갇히겠군요?"

"어쩔 수 없이 그렇다네. 틀에 갇히면 절대로 니체의 〈토리노의 말〉 같은 영화를 만들 수 없어. 나도 마찬가지야. 남들은 경쟁하듯

첫 번째 수업:

3D영화 만들고 〈아바타〉 만들 때, 니체가 목 끌어안고 울던 그 말이 어떻게 됐을까, 궁금한 사람은 이 세상에 그 감독밖에는 없을 걸세. 부러운 일이네. 나는 평생 누굴 보고 겁을 먹은 적이 거의 없어. 헤겔, 칸트도 나는 무섭지 않았어. 나는 내 머리로 생각했으니까. 아무리 훌륭한 사람이라도 하나하나 내 머리로 생각하고 받아들이는 인간은 흔치 않거든."

내 머리로 생각한 이야기를 하기 때문에 어떤 자리든 어떤 주제든 겁날 것이 없었다고 했다.

"언젠가 바이오학술대회가 열려서 복제 양 돌리를 만든 이언 월머트 박사가 왔었지. 내로라하는 국내 과학기술 관료들이 다 모였는데, 정작 메인 스피치는 과학자가 아닌 날더러 하라더군. 자율 자동차나 AI 관련 국제 행사를 해도 글로벌 지식인들 앞에서는 날더러 기조 강연을 하라고들 해. 왜 그럴까? 무슨 말을 해도 내가 하면 인문학적 접근이 되기 때문이지. 과학자 앞에서 당당하게 얘기할 수 있는 자는 인문학자와 예술가들이야.

일본이 주최국이 돼서 자국에서 다양성 이슈로 국제 문화 행사를 할 때도, 서양 대표로 자크 아탈리를 세우고 동양 대표로 일본인이 아닌 나를 강단에 세우더군. 『축소지향의 일본인』을 쓴 내가 강연자로 나서면 아시아의 다른 국가들도 군말이 없다는 거지. 그러나 결정적인 이유는 따로 있어. 문화의 다양성을 동서양 비교 문명으로 접근하는 사람이 세계적으로 많지 않기 때문이라네. 안타까운 일이야. 그때 자크 아탈리는 서양의 문화 다양성을, 나는 동양의 문화 다양성을 주제로 붙었어. 문화의 중심이 유럽에서 아시아로 넘어온다는 이야기였네. 그런데 내가 무슨 말을 하다 여기까지 왔나?"

"자기 머리로 생각하면 겁날 게 없다는 말씀이요."

"맞아. 겁날 것이 없었지."

"자기 머리로 생각한다는 게 무슨 뜻입니까? 누구나 머리는 자기 것이지요. 오히려 다들 제 생각에만 빠져 살지 않습니까?"

"머리는 자기 것이지만 생각은 남의 것이니 문제지. 중국에서 가장 많이 하는 말이 뭔 줄 아나? '선왕께서 말하기를……'이야. 먼저 말한 모델이 있어야 인정을 해줘. 모델 애착이지. 어쩌면 그래서 두 글자 언어, 사자숙어에서 못 벗어나는 거야. 윗세대의 말만 달달 외우다 끝이 나거든. 내 머리로 생각하면 전혀 다른 앵글이 나와. 일례로 증기기관을 누가 만들었나?"

"제임스 와트죠. 주전자 뚜껑이 들썩이는 것을 보고 만들지 않았습니까?"

"나도 어린 시절에 그렇게 배웠지. 잘난 체하려는 게 아니라, 어린 나이였지만 나는 그때도 내 머리로 생각했다네. 제임스 와트가 주전자 뚜껑 움직이는 것을 보고 증기기관을 만들었으면 그전에는 증기기관이 없었다는 얘기야. 그러면 이 사람은 증기기관을 처음 만든 발명가로구나. 그래서 선생님께 물었지.

'선생님, 와트가 발명가예요?'

'아니다.'

첫 번째 수업:

'그럼 뭐 하는 사람이에요?'

'기사야. 엔지니어.'

'무슨 기사요?'

'증기기관 고치는 기사.'

아뿔싸! 증기기관 고치는 기사가 주전자 뚜껑을 보고 증기기관을 만들었다니! 앞뒤가 안 맞지 않나? 이렇게 뻔한 오류를 갖고도 사람들은 지금까지 제임스 와트가 최초로 증기기관을 발명했다고들 알고 있으니 어이없는 노릇이야.

증기기관을 만든 사람은 토머스 뉴커먼이네. 그 사람이 만든 증기기관이 이미 백 대 이상 있어서 탄광에서 물도 퍼내고 있었어. 와트는 그걸 개량해서 효율을 높인 사람이거든. 따져보면 중세 이전에도 수증기로 바퀴 돌리는 도구가 있었단 말일세."

"요즘엔 최초의 발명가보다 대중화시킨 사람을 게임체인저로 더 높이 사는 추세입니다. 어쨌든 선생님 뇌에는 정밀한 필터가 있는 것 같습니다. 정확하게 내 것으로 걸러서 흡수하려는 필터……."

"어려운 게 아니라네. 조금만 더 내 머리로 생각하면 돼."

"의문이 생겨도 의문을 질문으로 꺼내어 표현하는 것은 용기가 필요한 일이지요. 반기를 드는 일이니까요."

"나는 꺼내지 않고는 못 배기는 사람이었지. 그런데 상상해보게. 열 명이 있으면 열 명, 백 명이 있으면 백 명, 1억 명이 있으면 1억 명의 각각 다른 생각이 있는 거야. 그게 정상이라네. 무엇이든 만장일치라면 그건 한 명과 다름없네. 국회의원이 백 명이든 2백 명이든 만장일치로 결의하면 국회의원은 한 사람이야. 안 그런가? 투표 결과에 만장일치가 많다면 그건 민주주의가 아니야. 그러면 왜 민주주의를 하나? 왕이 다스리고 신이 통치하면 되는 거지. 민주주의의 평등은 생각하고 말하는 자의 개별성을 인정하는 거라네. 그 사람만의 생각, 그 사람만의 말은 그 사람만의 얼굴이고 지문이야. 용기를 내서 의문을 제기해야 하네. 간곡히 당부하네만, 그대에게 오는 모든 지식을 만장일치로 통과시키지 말게나."

가장 중요한 것은 비어 있다

"매사 귀를 쫑긋하고 들어야겠습니다. 이치를 거스르는 말에 예민하게 반응하면서요."

"그렇지. 귀를 정확하게 세워서. 그런데 그거 아나? 이목구비 중에서 귀가 가장 복잡하고 특이하다네. 눈 코 입은 성형수술하면 다 똑같아지잖아. 귀는 그렇게 할 수가 없어. 1억 명이 다 모양이 달라. 평소엔 잘 안 보이고 거저 달려 있는 것 같지만, 귀야말로 얼굴의 지문이라고 나는 생각해. 그래서 고흐도 귀를 잘랐지. 귀의 형태는 들락날락이 비정형이고 랜덤해. 일종의 카오스지. 소용돌이야. 사람의 인체는 모든 게 정돈되어 있는데, 귀와 배꼽만 정돈이 안 돼 있어."

"신기하군요. 귀는 바깥으로 돌출되어 있고 배꼽은 움푹 들어가 있죠. 말씀을 듣고 보니 귀와 배꼽은 탄생의 블랙홀처럼 보입니다. 우리가 엄마 뱃속에서 나온 날을 귀빠진 날이라고 하고, 또 엄마 몸에서 끊어낸 탯줄의 또아리가 배꼽이니까요."

"오묘하지. 시체 해부하는 사람들에게 들은 이야기네만, 검시관들이 시체를 해부할 때는 반드시 배꼽 중심으로 배를 가른다고 해. 똑같은 배꼽이 하나도 없다는 거지. 그런데도 검시관의 눈엔 죽은 사람의 배꼽이 마치 모나리자의 미소처럼 보인다더군. 어머니의 미소로 보인다는 이야기야."

"쓸모없어 보이는 배꼽도 그런 신비가 있었군요!"

"재미있지. 배꼽을 만져보게. 몸의 중심에 있어. 그런데 비어 있는 중심이거든. 배꼽은 내가 타인의 몸과 연결되어 있었다는 유일한 증거물이지. 지금은 막혀 있지만 과거엔 뚫려 있었지 않나. 타인의 몸과 내가 하나였다는 것, 이 거대한 우주에서 같은 튜브를 타고 있었다는 것. 배꼽은 그 진실의 흔적이라네.

혹 배꼽이 아무 쓸모도 없는 것처럼 느껴진다면 누워서 몸 위에 찻잔을 놓아보게. 어디에 놓을 텐가? 이마? 코? 아냐. 배꼽밖에는 없어. 비어 있는 중심이거든. 가장 중요한 것은 비어 있다네. 생명의 중심은 비어 있지. 다른 기관들은 바쁘게 일하지만 오직 배꼽만이 태연하게 비어 있어. 비어서 웃고 있지."

내 배꼽이 모나리자의 미소처럼 가만히 웃고 있는 모습을 상상해 보았다. 어머니와 나의 몸이 두둥실 한 배가 되어 무한한 검은 우주를 걱정 없이 떠다니던 한가롭고 적요한 시절을. 시체가 될 때까지 뽑히지 않을 아름다운 기억의 칩을.

"(미소 지으며) 모든 게 풀어져도 마지막까지 안 풀리는 것을 배꼽의 수수께끼라고 한다네. 프로이트도 『꿈의 해석』에서 해석 안 되는 것을 배꼽이라고 했어."

가만히 앉아 흙이 되는 대신 씨앗을 뿌리기로 작정한 그는 여전히 삶의 신비에 온 정신을 집중하고 있는 듯했다. 나는 의자에 앉은 선생님을 찬찬히 살펴보았다.

얼굴은 희고 크고 야위었으나 눈은 또렷한 의지를 갖고 먼 곳을 내다보고 있었다. 이곳과 저곳을 동시에 드나드는 눈빛. 간간이 시선을 바로잡아 내 앞에 놓인 찻잔에 차를 따라주고는 했다.

"차 들게나. 식기 전에 마셔."

풀을 뜯어먹는 소처럼 독서하라

"본격적으로 한 분야의 학문을 깊게 파고들 생각은 안 하셨습니까?"

"내가 연구자로 학문을 파지 않은 이유가 있네. 뻔한 이론에 주석까지 달아야 돼. 주석을 많이 안 달면 논문 통과가 안 되거든. 학문세계에서는 달린 주석이 줄줄이 새까맣게 돼야 논문 대접을 받아.

논문이 지네발인가? 그게 사족이야. 뱀에 지네발 달린 격이지. 풋노트footnote라고 하잖나. 나는 그런 걸 못 참았어."

"왜요?"

"지루했거든. 그래서 논문도 몇 개밖에 안 썼다네."

"시간 낭비라고 생각하셨군요."

"못 참아. 지루해서. 책도 마찬가지네. 내 책이라고 다르지 않아. 모든 책을 다 의무적으로 서문부터 결론까지 읽을 필요는 없네."

"선생님은 그럼 책을 어떻게 읽으셨나요?"

"의무감으로 책을 읽지 않았네. 재미없는 데는 뛰어넘고, 눈에 띄고 재미있는 곳만 찾아 읽지. 나비가 꿀을 딸 때처럼. 나비는 이 꽃 저 꽃 가서 따지, 1번 2번 순서대로 돌지 않아. 목장에서 소가 풀 뜯는 걸 봐도 여기저기 드문드문 뜯어. 풀 난 순서대로 가지런히 뜯어 먹지 않는다고. 그런데 책을 무조건 처음부터 끝까지 다 읽는다? 그 책이 법전인가? 원자 주기율 외울 일 있나? 재미없으면 던져버려. 반대로 재미있는 책은 닳도록 읽고 또 읽어. 그 기나긴 『카라마조프의 형제들』도 나는 세 번을 읽었어. 의무적으로 읽지 않는다는 말이네. 사람들도 친구 사귈 때, 이 사람 저 사람 두루 사귀잖아. 오랜 친구라고 그 사람의 풀스토리를 다 알겠나? 공유한 시절만 아는 거지. 평생 함께 산 아내도 모르는데(웃음). 한 권의 책을 다 읽어도 모르는 거야. 책 많이 읽고 쓴다고 크리에이티브가 나오는 것 같아? 아니야. 제 머리로 읽고 써야지. 일례로 번역은 창조지만 학술 논문은 창조가 아니거든."

"그럼 뭐지요? 논문의 정체성은?"

"발견이지. 이미 있는 것을 찾아낸 것. discover는 cover를 벗기는 거야. 재미난 것은 아메리카 대륙 찾아낼 때까지 '발견'이라는 말조차 없었다는 거네. 디스커버는 포르투갈어에서 왔어. 그러면 독창적이라는 말은 어떨 것 같나? 독창적이라는 건 사실 뻥이라는 얘기야. 너 혼자의 얘기라는 거지. 개성, originality가 인정받은 것도 19세기 이후 낭만주의가 생기면서부터였네. 그전까지만 해도 오리지널리티는 나쁜 뜻이었어. 보편적인 것을 위반했거든."

"선생님이야말로 평생 보편적인 것을 위반하셨지요. 그런 의미에서 이번 책은 어떤 느낌이 되길 바라세요? 모두를 안심시키는 보편적인 진리? 아니면 발견되길 기다리는 유니크한 진실?"

"부디 내 얘기를 그대로 쓰지 말게. 자네가 독창적으로 써."

"독창적으로 쓰라 하심은……."

"인터뷰가 뭔가? inter. 사이에서 보는 거야. 우리말로 대담이라고도 번역하는데, 대담은 대립이라는 뜻이야. 대결하는 거지. 그런데 말 그대로 서로 과시하고 떠보고 찌르면 거기서 무슨 진실한 말이 나오겠나. 위장술밖에 더 나오겠어? 군인들이 전투할 때 왜 위장복을 입겠어? 살기 위해서 감추고 색을 바꾸는 거지. 인터뷰는 그래선 안 되네. 인터뷰는 대담對談이 아니라 상담相談이야. 대립이 아니라 상생이지. 정확한 맥을 잡아 우물이 샘솟게 하는 거지. 그게 나 혼자 할 수 없는 inter의 신비라네. 자네가 나의 마지막 시간과 공간으로 들어왔으니, 이어령과 김지수의 틈새에서 자네의 눈으로

첫 번째 수업:

보며 독창적으로 쓰게나."

'inter의 신비'라는 말에 맥박이 빨라졌다. 고백건대 엄청난 난필에도 불구하고 이제껏 녹음 없이 내가 스스로의 손의 기록에만 의지한 것은 노트 안에 휘갈겨진 '그 난독의 텍스트' 안에 인터뷰이와 나 사이에 상상의 공간이 생겼기 때문이다. 때로는 그 안에서 길을 잃기도 하고, 절벽과 맞닥뜨리기도 하지만, 나는 그 난독의 공간(당최 알아먹을 수 없는 글씨와 생략된 내용)이 주는 자유를 십분 활용했고, 끝없는 역지사지와 유추를 통해 인터뷰이에게 가는 더 아름다운 길을 발견하곤 했다.

그러나 이번엔 달랐다. 선생님과 나누는 마지막 이야기를 유산으로 갖고파서, 나는 녹음기를 신줏단지처럼 모셨다. 혹여 버튼을 잘못 눌러 이 현자의 목소리가 허공에 날아가버릴까 매 순간 두려워하며.

그런 나를 꿰뚫어보시고 선생님은 독창적으로 쓰라 하신다.

"나는 곧 죽을 거라네. 그것도 오래 지나지 않아. 그러니 지금 할 수 있는 모든 이야기를 쏟아놓을 참이야. 하지만 내 말은 듣는 귀가 필요하네. 왜냐하면 나는 은유와 비유로 말할 참이거든."

그러고 나서 그는 이 모든 상황에서 몸을 빼듯 큰 소리로 웃었다. 나는 점점 심각해지는데 선생님은 놀이를 앞둔 개구쟁이처럼 굴었다. 어쩌면 우리의 죽음 수업은 더 많이 유연해지고 안타까우리만치 낙관적이 될 것만 같은 기분이 들었다. 늘 부드러운 스웨터 차림에 모자와 돋보기 목걸이를 걸치고 나타나는 그에게는 죽음의 들큰

한 냄새가 아닌 달콤하고 고급스러운 캐러멜 향기가 풍겼다.

2

큰 질문을 경계하라

'자네가 잘 아는 게 뭔가?'

'꿀벌입니다.'

'그래, 꿀벌 잘 봐. 꿀벌처럼만 하면 좋은 문학이 돼.'

라스트 혹은 엔드리스

선생이 일평생 맺은 인연들이 많아, 이즈음에 누군가는 이어령의 삶 쪽에, 누군가는 이어령의 죽음 쪽에 발을 딛고 더 나은 영광을 찾으려 했다. 사람들은 벌써 그에 대한 추도문을 쓰기 시작했다. 그런 걸 써두면 장수한다고들 하면서. 한 기획자는 백남준의 장례 파티처럼 선생의 장례식을 문화 행사로 만들려는 준비도 하고 있었다.

그에게서 라스트와 넥스트는 다르지 않아 보였다. 라스트의 수세 안에 넥스트의 공세가 예비되어 있었다. 계절의 앞뒤가 스며서 그 이음새를 모르듯이, 그는 육과 영의, 늙은이와 젊은이의 그라데이

선을 이야기했다. 나는 조심스럽게 다른 사람들이 선생님의 죽음을 언급할 때 어떤 기분이 드는지 물어보았다.

"내 기분을 말하자면, 나는 시끌벅적한 것은 싫어하지만 모든 일을 아주 담담하게 받아들이고 있네. 내 육체가 사라져도 내 말과 생각이 남아 있다면 나는 그만큼 더 오래 사는 셈이지 않겠나."

"하지만 '라스트'라는 말에는 애절함이 배어 있습니다. 라스트 콘서트, 라스트 인터뷰…… 지금 이 시간이 지나면 다시는 못 볼 것 같은……."

"(활짝 웃으며) 내가 4·19 직전, 최인훈의 중편 「광장」을 전재했던 『새벽』 잡지의 편집자문위원으로 일했을 때 얘기야. 그 회사가 명동에 있었고 바로 그 옆에 유명한 명동극장이 있었어. 편집 끝내고 나올 무렵이면 마지막회 영화를 상영 중이었지. 표를 파는 사람도 문을 지키는 사람도 없었어. 마지막회가 상영 중이니 누가 들어오겠나. 그때 불쑥 들어가서 중간부터 본 영화가 많았네.

인생도 다르지 않아. 어느 순간부터는 인생을 풀full로 보는 게 아니라 불현듯 뛰어들어가 후반부 영화만 보는 것 같지. 영화가 끝나고 'the end' 마크가 찍힐 때마다 나는 생각했네. 나라면 저기에 꽃봉오리를 놓을 텐데. 그러면 끝이 난 줄 알았던 그 자리에 누군가 와서 언제든 다시 이야기가 시작될 수 있을 텐데. 그때의 라스트 인터뷰가 끝이 아니고, 다시 지금의 라스트 레슨으로 이어지듯이. 인생이 그래."

"늘 애절한 거죠. 매 순간이 지금 이 순간과의 헤어짐이니까요."

"그러니 나의 이야기를 자네의 문맥 속으로 집어넣게. 그러면 헤어져도 함께 있는 것이라네. 그러기 위해 지금부터 자네가 나를 잘 몰아주게나. 나만 허허벌판에서 떠들 순 없는 노릇이야. 자네가 매주 화요일 날 만나러 오겠다고 하는 건, 나를 위해 테니스 코트를 만들어주는 것과 같네. 공을 던져주면 나는 스매싱도 하고 멀리도 보낼 수 있지. 공이 어디로 튈지는 나도 모르네. 흥미진진한 게임이 될 게야."

'나는 누에고치고 뽕이니, 나에게서 비단실을 뽑아내라'고 그는 나를 가볍게 부추겼다. 선생님이 던지는 공, 선생님이 뽑아내는 비단실은 누군가에겐 높이 뜬 달이 될 터이고, 누군가에겐 튼튼한 밧줄이 될 터였다.

"일 년 전 한 청소년으로부터 선생님과의 '라스트 인터뷰'를 읽고 자살하려다 마음을 돌렸다는 편지를 받았습니다. '탄생의 그 자리로 돌아간다' '생일 케이크만 보면 눈물이 난다'는 말씀에 많은 이들이 반응했어요. 사람들의 마음에 생명이, 희망이 부풀어오르는 풍경을 지켜보면서 제 마음도 벅차올랐어요."

"나도 수많은 편지를 받았다네. 세계의 교민들에게서 메일과 전화가 날아왔지."

"일 년이 지난 지금은, 또 어떤 진실을 발견하셨습니까?"

선생님은 갑자기 말을 멈추고 나를 빤히 바라보았다. 잠깐의 침묵에 현기증이 일었다.

유언이라는 거짓말

"이보게. 사람들이 죽을 때는 진실을 얘기할 것 같지? 아니라네. 유언은 다 거짓말이야."

급격한 커브에 놀라 마음이 출렁거렸다. 다급하게 찻물로 마른 입술을 축였다.

"거짓말이라고요…… 무슨 말씀이신지요?"

"놀라지 말게. 이런 이야기도 있잖나. 자식이 맨날 반대로 하니 죽기 전에 냇가에 묻어달라고 거꾸로 유언했다는 청개구리 이야기. 삼형제 과수원 얘기도 마찬가지야. 아버지가 죽기 전에 아들들에게 이렇게 말했어.

'얘들아, 내가 밭에 금은보화를 묻어뒀다. 열심히 파면 나온다.'

아무리 파봐도 돌멩이밖에는 안 나와. 나중에야 알았지. 과수원 사과나무에 싱싱한 사과가 열리고 난 후에야. 밭을 끈기 있게 파는 것이 아버지가 물려주고 싶은 보물이었다는 걸. 그냥 풀 뽑으라고 하면 '그 귀찮은 걸 왜 해, 당장 금덩이나 주고 가지' 할 거 아닌가. 하지만 시간이 지나면 새록새록 보게 돼. 거짓 유언이 진실로 열매를 맺는 과정을."

"그래서 헤아려 듣는 귀가 필요하다고……."

"그렇다네. 진짜 전하고 싶은 유언은 듣는 사람을 위해서, 듣는 사람을 믿지 않기 때문에 거짓말로 한다네. 노름과 돈을 좇아 밤낮 싸돌아다니는 아들에게 아버지가 죽기 전에 그랬지.

'내 서재의 책갈피 군데군데 백 달러를 숨겨뒀다. 돈 필요할 때마다 책 펴서 찾아보렴.'

아들이 놀다가 돈 떨어지면 들어와서 책을 뒤졌겠지. 그러다 책 제목도 보고 목차도 보고 어영부영 재미 붙여 그 책을 다 읽게 되었어. 자식에게 귀한 책을 읽히고 싶었던 아버지의 뜻이 이뤄진 거지. 모든 유언이 다 그래. 에누리가 없어."

"아버지라면 성실과 지혜를 유산으로 물려주기 위해 초강수를 둘 수 있죠. 그런데 스승의 유언이라면 다르지 않겠습니까?"

"이건 어떤가. 스승이 죽기 전에 가르치던 제자 세 명에게 유언을 남겨.

'나에게 낙타가 몇 마리 있는데 너희들에게 물려주마.

첫째 제자, 너는 수제자이니 1/2을 가져라.

둘째는 열심히 했으니까 1/3을 가져라.

막내는 들어온 지 얼마 되지 않으니 1/9을 가져라.'

그런데 스승이 떠나고 보니 낙타가 열일곱 마리야. 아무리 해도 유언대로 나눌 수가 없는 거야. 열일곱을 어떻게 나눠. 이때 지나가던 사람이 참견을 해.

'이보시오. 내가 낙타 한 마리를 줄 테니 거기 보태서 나눠보시오.'

그랬더니 열여덟 마리가 돼서, 첫째 제자는 1/2인 아홉 마리, 둘째 제자는 1/3인 여섯 마리, 막내는 1/9인 두 마리를 나눌 수 있었다네. 아홉 마리, 여섯 마리, 두 마리, 셋이서 열일곱 마리를 공평히

두 번 째 수업 :

나눠 가진 후 나머지 한 마리는 행인이 다시 돌려받아 갔어. 어떤가?"

"한 마리 허수를 넣어야 계산이 되는군요."

"그렇지. 그게 수학의 신비고 유언의 신비라네. 그냥 가르쳐주면 안 풀어. 못 풀어. 나눌 수 없는 열일곱 마리를 준 후, 나머지 한 마리의 퍼즐은 남은 자들이 더해서 풀게 한 거지. 쉽게는 못 풀어. 생각을 해야 풀 수 있다네. 스승은 수학이란 무엇인가를 유언을 통해 제자들에게 가르쳐주고 싶어 했어. 수학은 체험과는 아무런 관련이 없어. 개념의 세계라네."

그러니 당신의 유언을 들을 때는 있는 그대로의 정직을 기대하지 말라고 했다. 듣는 사람들을 생각하면서 얘기를 할 작정이라고. 과연 이어령다웠다. 죽음 앞에서조차 쉬운 진실보다 수사학으로 가르치겠다니! '덮어놓고 무슨 말이든 듣고 싶었던' 나는 찬물로 세수하듯 정신을 바짝 차려야 했다.

"어떤 태도로 들으면 선생님이 전하고자 하는 진리에 가 닿을 수 있을까요?"

"하하. 배신할 것을 전제로 진실을 이야기해주는 거야. 라스트 인터뷰는 유언의 기법을 최대한으로 발휘해야 되기 때문에 어려운 인터뷰가 되겠지. 하지만 너무 걱정은 말게나. 어쨌든 나는 내 마음속에 있는 이야기를 솔직히 털어놓을 테니까. 내 나름대로 진실을 다 얘기할 거라고. 하지만 때로는 내 이야기를 반대로 들어야 진실이 될 때도 있어. 마음을 활짝 열고 그때그때의 레토릭을 이해하게."

큰 질문을 경계하라

"묻는 자로서 저는 어떤 질문을 경계해야 합니까?"

"내가 제일 무서웠던 사람이 있네. 내 글을 읽고 강원도에서 벌을 치던 사람이 꿀 항아리를 가지고 찾아왔어. 내가 물었지.

'왜 왔나?'

'저는 강원도에서 꿀벌을 기릅니다. 꿀벌을 기르다가 선생님 책 『흙 속에 저 바람 속에』를 읽게 됐습니다. 시골에서 평생 꿀벌 기르고 꿀 따는 거 무슨 재미입니까? 그래서 저는 선생님처럼 글을 쓰고 싶은 생각으로 올라왔습니다.'

'그래? 날 찾아와서 뭘 하려고?'

'글 쓰는 것에 대해서 물어보고 싶습니다.'

'물어보게.'

다짜고짜 그러더군.

'선생님, 문학이란 무엇입니까?'"

"큰 질문이로군요!"

"나는 이런 큰 질문을 하는 사람들이 제일 무서워. 빅 퀘스천big question이지. 문인에게 다짜고짜 '문학이란 무엇입니까?'라고 묻는 사람은 문학을 못 하네. 그런 추상적인 큰 질문은 무모해. 철학자에게 '인생이란 무엇입니까?' 아인슈타인에게 '과학이란 무엇입니까?'라고 물어보면 대답할 수 없어."

"인터뷰할 때 저도 의도적으로 큰 질문을 던질 때가 있습니다. 큰 질문과 작은 질문이 어우러져야 리듬이 생기고 풍경이 살아나죠. 하지만 대체로 첫 질문은 작고 구체적으로 시작해서 클라이맥스 이후에 질문의 사이즈를 키우곤 해요. 함께 신뢰와 시야를 넓혀가면서요."

"한국 사람들은 대체로 질문이 너무 커. 책 한 권으로도 담을 수 없는 큰 것을 내게 물어본다네. 평생 공부하고 써야 할 것을, 나한테 물어본다구."

"그럴 땐 어떻게 하세요?"

"할 수 없이 그것을 작은 이야기로 쪼개서 알기 쉽게 이야기하지. 안타까운 것은 듣는 자들이 그 디테일은 다 빼버리고 결론만 떼어서 전해버린다는 거네. 그러면 어떻게 되겠나? 하나 마나 한 일반론이 돼버려. 가령 '문학이란 무엇입니까?' 물었더니 '자기 인생을 살라고 하더라'. 뻔한 얘기가 넘치는 세상에 내가 일반론을 보탤 이유가 없네."

"꿀벌 장수는 어떤 답을 듣고 갔나요?"

"내가 그 사람에게 물었지.

'자네가 가장 잘 아는 게 뭔가?'

'꿀벌입니다.'

'그래? 그렇다면 꿀벌을 잘 봐. 꿀벌처럼만 하면 좋은 문학이 돼.'

영국 철학자 프랜시스 베이컨이 그랬지. 인간은 세 가지 부류가 있다네. 개미처럼 땅만 보고 달리는 부류. 거미처럼 시스템을 만들어놓고 사는 부류. 개미 부류는 땅만 보고 가면서 눈앞의 먹이를 주워먹는 현실적인 사람들이야. 거미 부류는 허공에 거미줄을 치고 재수 없는 놈이 걸려들기를 기다리지. 뜬구름 잡고 추상적인 이야기를 하는 학자들이 대표적이야.

마지막이 꿀벌이네. 개미는 있는 것 먹고, 거미는 얻어걸린 것 먹지만, 꿀벌은 화분으로 꽃가루를 옮기고 스스로의 힘으로 꿀을 만들어. 개미와 거미는 있는 걸 gathering 하지만, 벌은 화분을 transfer 하는 거야. 그게 창조야.

여기저기 비정형으로 날아다니며 매일매일 꿀을 따는 벌! 꿀벌에 문학의 메타포가 있어. 작가는 벌처럼 현실의 먹이를 찾아다니는 사람이야. 발 뻗는 순간 그게 꽃가루인 줄 아는 게 꿀벌이고 곧 작가라네."

대낮의 눈물, 죽음은 생의 클라이맥스

"큰 질문을 경계하라 하셨으니, 작은 질문을 드리지요. 지금 몸 상태는 어떠신지요?"

"그것도 유언의 형식으로 얘기할 수밖에 없어. 내가 암에 걸리기 전에도 나는 바울이 한 말을 제일 좋아했네. '나는 매일 죽고 매일 태어난다.'"

"진실로 그렇게…… 느끼시나요?"

"단지 지금뿐이 아니라네. 난 여섯 살 때부터 죽음을 느꼈어. 밤에 잘 때 어머니 코에 손을 대보곤 했지. 숨을 쉬나 안 쉬나. 수십 년 동안 내가 반복적으로 했던 얘기가 그거네.

'메멘토 모리' 죽음을 기억하라.

새삼스럽지 않아. 시에도 썼잖나. 여섯 살 때 일이야. 애들은 개구리 잡으러 가고 참새 잡으러 가는데 나는 혼자서 대낮에 굴렁쇠를 굴리며 놀았다네. 보리밭 오솔길에서 굴렁쇠를 굴리다가 나도 모르게 눈물을 흘렸어. 여섯 살짜리 아이가 죽음을 느낀 거야. 그늘까지 다 사라진 정오였네. 한낮이 되면 그림자가 싹 사라지잖아."

"왜 하필 정오였지요?"

"존재의 정상이잖아. 뭐든지 절정은 슬픈 거야. 프랑스 시인 스테판 말라르메의 시에도 그런 구절이 있어. 분수는 하늘로 올라가 꿈틀거리다, 정상에서 쏟아져 내린다…… 상승이자 하락인 그 꼭짓점. 그 절정이 정오였어. 정오가 그런 거야. 시인 이상의 『날개』에도 정오의 사이렌이 울려. 그 순간 주인공이 '날개야 다시 돋아라, 날자꾸나'라고 속삭이지.

정오가 지나면 모든 사물에 그림자가 생긴다네. 상승과 하락의 숨 막히는 리미트지. 나는 알았던 거야. 생의 절정이 죽음이라는 걸. 그게 대낮이라는 걸."

그 순간 나는 왜 한여름 대낮에 귀가 먹먹해지도록 울던 매미가 생각났을까. 숨통이 끊어질 것처럼 매미가 사정없이 악을 쓰듯 울

어딜 때마다 나는 다른 차원의 세계에 빨려들어가는 것만 같았다. 아이일 때나 어른일 때나, 정오는 너무 밝아서 어지러웠다.

"어린 이어령은 그때 무엇을 본 걸까요?"

"대낮의 빛. 그걸 느끼고 나도 모르게 눈물이 주루룩 흘렀어. 어린아이들에게 영혼이 없다고 생각하면 안 된다네. 가장 순결한 영혼이 어린아이야. 프로이트도 어린아이 놀이에서 그 유명한 '포르트–다(있다 없다 놀이)'를 발견했잖아. 두 살짜리 외손자가 실타래 가지고 노는 모습을 보면서 공포를 다루는 심리 연습을 캐치한 거지. 털실이 침대 밑으로 굴러들어가면 '어? 없네' 했다가 당기면서 '어? 있네'. 눈 가리면 엄마 없고, 손 내리면 엄마 있고. 까꿍! 까르르…… 하는 거 알지?

엄마 없다? 엄마 있네! 어찌 보면 그게 우리 인생의 전부라네."

'엄마 없다? 엄마 있네!' 그게 우리 인생의 전부라는 말이 가슴에 작은 소용돌이를 일으켰다.

"'엄마 있네'의 확신이 없으면 인생에 바람구멍이 뚫려버리죠. 가장 가까운 타자가 시야에서 사라져도 영영 떠난 게 아니라는 믿음, 그 믿음이 인생에서 얼마나 소중한지, 저는 압니다."

"그렇지. 그런데 아이 눈으로 보면 엄마는 밤낮 외출하잖아. 엄마가 없어지면 절망하고 하염없이 기다리다 또 엄마가 나타나면 기쁘고. 그런데 그 불안을 견디기 힘드니 털실 놀이로 해보는 거지. 실타래를 침대 밑으로 굴렀다가 다시 당겼다가. 엄마 없다, 아니 엄마 있네. 엄마의 부재를 자기통제 속에 두는 거야. 연애를 할 때도 마찬가지야. 어떤 이는 애인이 언제 떠날지 몰라 늘 불안해해. 그래서 실연당하기 전에, 버림받기 전에 내가 먼저 버려. 그게 일종의 '포르트-다'라고 할 수 있네.

엄마가 없는 쪽에다 힘을 싣느냐, 있는 쪽에 힘을 싣느냐에 따라 인생이 달라져. 해피 엔딩으로 볼 수도 영원한 헤어짐으로도 볼 수도 있어. '있다 없다' 까꿍놀이가 결국 문학이고 종교야."

82년 전, 굴렁쇠가 굴러가던 그때, 당신의 죽음 의식이 싹터서 평생을 지배하고 있다고 그가 담담하게 말했다. 선생의 말은 어린아이가 부르는 비장한 동요처럼 내 마음을 울렸다.

"내 몸 상태를 물었던가?"

"네."

나는 착한 학생처럼 고개를 끄덕였다.

글을 쓰면 벼랑에서 한 발짝 더 나아갈 수 있다

"매일 죽고 매일 태어나신다지만, 그 육체 안에서 실제로 어떤 일이 벌어지고 있는지, 저는 궁금합니다."

"의사에게 암 선고를 받은 후 나는 입으로 되뇌어보았네. cancer. cancer. 캔서는 라틴 말로 '게crab'란 뜻이야. 상상해보게. 이놈이 갯벌 구멍 속에 있다가 갑작스레 나와 집게발로 옆으로 간다네. 그리

고 싹 숨어. 나는 묻지. '너 cancer야?'

수전 손택은 『은유로서의 질병』에서 암이라는 질병 그 자체보다 암에 대한 인간들의 의식이 문제라고 썼지.

(미소 지으며) 내 육체에서 어떤 일이 벌어지고 있는지 궁금하다고 했나? 지금껏 나는 여섯 살 때 내게 들어온 죽음 의식을 가지고 매일 하루치를 죽고, 하루치를 살았다네. 그런데 지금은…… 나는 갯벌이 되고 암은 게가 돼서 내 몸에서 기어다니고 웅성거리고 있네. 내 몸속에서 집게 같은 게 움직이거든. 평생 죽음을 느끼고 살았지만, 나도 별 수 없이 똑같은 사람일세. 철창 안에 있던 동물원 호랑이가 철창을 나와 나한테 덤벼들고 있어."

그는 잠시 나를 쓸쓸한 시선으로 쳐다보았다. 나와 그 사이에 철창을 나온 호랑이가 어슬렁거리고 있었다.

"암은 지금 어디에서 어디로 지나가고 있습니까?"

"처음에는 맹장, 그다음에 대장으로 갔어. 그게 또 전이가 돼서 두 번째 수술을 받을 때는 간 쪽으로 간 거야. 나중에 알고 보니 시작은 복막암이었어. 복막에서 시작해서 장 전체를 습격한 거지. 그때 내가 수술하지 않겠다고 했지. 물론 방사선 치료도. 주치의도 내 생각과 같았어. 놀라운 의사였어. 전이가 됐다는 말은 앞으로 또 전이된다는 얘기거든. 그러니까 나는 거기서 끝내고 죽음을 받아들이기로 한 거라네. cancer와 싸우지 않고 같이 살려고. 고통을 겪는 것까지가 내 몫이 아니야. 관찰하는 것까지가 내 몫이지."

"겪는 것도 비통한데, 왜 고통을 관찰하려고 하십니까?"

"글을 쓰고 말을 한다는 게 나의 마지막 희망이기 때문이야."

"마지막 희망이요?"

"그게 작가라네. 지난번에도 얘기했네만, 보통 사람은 죽음이 끝이지만 글 쓰는 사람은 다음이 있어. 죽음에 대해 쓰는 거지. 벼랑 끝에서 한 발짝 더 갈 수 있다네. 성경의 욥 이야기를 알고 있지?"

"재산도 잃고 자식도 죽고 자신도 고통스러운 피부병에 걸려 폐허 속에서 돌로 몸을 긁었다는 욥이요?"

"그래. 욥의 아내가 너무 기가 차서 욥에게 악담을 퍼붓지.

'네가 그렇게 사랑하는 신이 너한테 준 게 뭐냐? 아무 죄도 없는 너에게 병을 주지 않았느냐. 그 신을 저주하고 죽어라.'

견디다 못한 욥이 신을 향해 원망을 쏟아냈지. 그때 한 말이 뭔 줄 아나?

'이 고통을 반석 위에 쓸 수 있다면.'

내가 지금 억울한 것을 바위 위에 새길 수 있다면⋯⋯ 그게 욥의 마지막 희망이었어. 성경에 나오는 욥 이야기네."

밤에 쓴 편지는 부치지 않는다

"원망조차도 쓴다면 그게 희망이군요!"

"쓸 수 있다면⋯⋯ 그렇네. '사람이 어떻게 끝나가는가'를 보고 기록하는 것이 내 삶의 마지막 갈증을 채우는 일이야. 내가 파고자 하는 최후의 우물이지. 암이 내 몸으로 번져가는 것을 관찰하면서 죽음에 직면하기로 한 것은 희망에 찬 결정이란 말일세.

요즘에 나는 소크라테스 생각을 많이 해. 소크라테스가 말했지. 육체는 영혼의 감옥이라고. 육체가 망가지면 영혼은 감옥에서 벗어난다고. 그런데 나는 그와는 반대로 파고들었어. 신체발부 수지부모身體髮膚 受之父母라는 말처럼, 내 몸은 부모로부터 받은 것이기 때문에 머리카락 하나도 허투루 하지 않았어. 선조가 안 계셨으면 내 몸이 어떻게 이 세상에 나왔겠나? 그러니 오해해서는 안 되네. 내가 몸을 하찮게 여겨서 치료도 안 받고 죽음을 우습게 생각한 게 아니라는 거지.

병원에 들락날락하는 시간에, 글 한 자라도 더 쓰고 죽자. 그것이 평생 '메멘토 모리' 죽음을 기억하라, 고 외쳐왔던 내 삶의 최후진술 아니겠는가. 종교인들이 죽음 앞에서 의연하듯 말일세."

"그러니까 글쓰기는 선생님의 종교였군요?"

"그런 셈이야. 내가 내 삶은 다 기프트라고 했었지? 내가 산 물건도 따져보면 다 글을 써서 산 거야. 내 물건 중에서 글과 관계없는 게 하나도 없어. 글 쓰는 걸 기프트로 받았고, 글을 통해 또 세상으로부터 수많은 선물을 나는 받았네. 그 은총을 나는 끝까지 완수하려 하네. 죽음이라는 것이 벌인지, 죄의 대가인지는 나는 몰라. 다만 은총을 받은 건 부정할 수 없는 사실이야. 그래서 글쓰기를 해야겠다고, 이부자리를 털고 일어난 거야. 그런데……."

그가 말끝을 흐리고 잠시 주저했다.

"그런데요?"

"실토하지 않을 수 없군. 글이 안 써지는 거야. 내가 암에 걸리고 마지막이 되고, 그러면 '메멘토 모리'를 감각화하는 기가 막힌 글이 나올 것이다…… 절실한 얘기가 나올 것이다…… 그런데 안 돼. 당황스럽더군. 그래서 기도했지.

'오 주여, 나에게 용기를 주옵소서.

끝없이 내 몸뚱이를 들여다볼 수 있는 용기를 주옵소서.

죽음을 들여다볼 수 있는 용기를 주옵소서.'

신에게 빌어도 그런 용기는 안 주시더라고. 보들레르도 똑같은 말을 했어. 보들레르가 했던 기도가 그거라네. '오 주여, 내 몸뚱어리와 내 마음을 들여다볼 수 있는 용기를 주옵소서.'

왜 용기가 필요한 줄 아나? 인간은 차마 맨정신으로는 자기의 몸뚱이와 마음을 들여다볼 수 없는 거야."

번갯불 같은 스승의 토로에 나는 벌어진 입을 다물지 못했다. 어떤 표정을 지어야 할지 몰라 눈만 껌뻑였다. 볼펜을 만지작거리며 다음 말을 기다렸다.

"(탄식하며) 이해할 수 있나? 글이 안 써져. 읽을 수도 없고. 어떤 글을 써도 평범해. 중학교 학생 작문 같은 것밖에 못 써. 그게 죽음이야. 내 모든 지식, 모든 생각을 가루로 만들어버리더군. 다 지워버렸어. 암세포는 내 몸의 지우개였어. 내 머릿속에 들어가 있는 모든 것의 지우개였어. 지우개로 지워놓으면 내가 뭘 쓰나? 공백이야."

"머릿속이 그저 대낮처럼 하얀……."

"하얗지. 왜 영화 보다가 필름 끊어지면 하얗게 나오잖아. '너 암이야.' 딱 필름 끊어지고는 스크린의 하얀 공백…… 거기 무슨 이미지가 있어. 글이 안 써지니 말로 해야겠다…… 그래서 한밤중에 녹음을 해봤어. 아침에 깨어 녹음된 내 목소리를 들어보면 웃기지도 않은 얘기야. 고통 속에서 절실하게 얘기했는데, 대낮에 해 뜨고 보면 형편없는 거야. 유행가도 있잖나. 밤에 쓴 편지는 부치지 말라고."

쓸쓸한 미소를 띠며 그가 나지막한 목소리로 말했다.

3

진실의 반대말은 망각

"우리가 감쪽같이 덮어둔 것. 그건 죽음이라네.
모두가 죽네. 나도 자네도."

쓸 수 없을 때 쓰는 글

기자 생활을 하다 보면 사람과 사람과의 만남이 경이롭게 느껴질 때가 있다. 지금 이 시간이 지나면 다시는 못 만날 것 같은 사람에게, 지금 이 시간이 지나면 다시는 못 들을 것 같은 진실을 듣게 되는 순간. 그와 나 사이에 엷은 막이 사라지고 잠깐 하나가 된 것 같은 그런 순간들. 게다가 지금처럼 이어령 선생님에게 작은 지혜라도 얻어가려고 시간을 내달라는 사람들이 줄을 서는데, 매주 화요일 나는 그분을 찾아뵙는 행운을 누리고 있다니!

그러나 선생과 나 사이에는 여전히 엷은 막이 존재했다. 그것이

선생의 보호막인지, 나의 보호막인지, 아니면 삶과 죽음의 유리벽
인지, 철창을 나온 호랑이의 껍질인지 알 수 없었다. 어쩌면 나는
선생이 좀 더 연약해 보이기를 바랐을지 모른다. 그러나 머릿속 지
우개가 그의 글을 지워버렸다고 말하는 순간조차도, 그는 허탈해
보일지언정 연약해 보이지는 않았다.

"지난밤에는 무엇을 하셨어요?"

"글을 쓸 수 없어서, 쓸 수 있는 글을 쓰고 있다네."

"쓸 수 없는데 쓰고 있다니, 무슨 말씀이신지……."

"지우개로 지워도 지워지지 않는 것들이 있지. 작고 아름다운 것
들. 요즘엔 그런 것들로 공백을 채워나가고 있어. 세 줄로 된 글. 3
행시라고나 할까. 가령 사람이 발톱을 깎는 모습을 상상해보게. 참
청승맞아 보이지? 손톱은 괜찮은데 발톱은 이렇게 돌아앉아서 혼
자서 웅크리고 깎게 되거든. 그런 내 모습을 내가 물끄러미 보고 있
으면 애틋해. 어느 날 엄지발톱 깎다 보니 새끼발톱이 보이더라고.
80년 가까이 존재감 없이 제일 고생을 많이 한 놈. 너 거기 있었구
나. 이지러지고 피맺히고 애쓴 놈이 제일 작은 너로구나. 그때 딱
몇 줄만 쓰는 거야.

발톱 깎다가
눈물 한 방울
너 거기 있었구나, 멍든 새끼발가락

어떤가?"

"눈물이 납니다."

　"내 작은 잔디밭

　날아온 참새 한 마리

　눈물 한 방울

참새는 날아다니는 수묵화야. 그런데 우리는 배고픈 시절에, 그 작고 여린 것의 앞가슴을 먹었다네. 어떤가?"

"많은 것이 지워져도 눈물 한 방울의 기억은 못 지우는군요."

"1초도 안 틀리는 스마트폰 전자시계를 보면 또 눈물 한 방울이 나. 왜 이걸 보고 눈물이 맺히냐고? 나는 들리거든. '애야, 시계 밥 줘라' 하시던 할아버지 소리가. 옛날에 괘종시계는 밤낮 고장 났거든. 시계가 서면 태엽 감는 걸 밥 준다고 했어. 우습기도 슬프기도 하잖아."

체중계를 보고도 눈물이 난다고 했다.

"요즘엔 아프니까 밤낮 몸무게를 재거든. 시간에도 무게가 있어. 매일 가벼워지거든. 옛날에는 무거워지는 걸 걱정했는데, 지금은 매일 가벼워지는 게 걱정이야. 디지털 저울은 액정에 숫자 나오면 끝이지만, 옛날 체중계는 동그랗게 얼굴이 달려 있었어."

이왕 몸을 달 거면 얼굴 있는 체중계에 올라가고 싶다고 했다. 거울처럼 당신의 얼굴을 들여다보겠다고. 신이 그에게서 목숨 같은 언어를 가져가고 오직 한 방울의 눈물만 남겨두신 이유는 무엇일까?

"왜 매번 눈물 한 방울입니까?"

"늙으면 한 방울 이상의 눈물을 흘릴 수 없다네. 노인은 점점 가벼워져서 많은 것을 담을 수 없어. 눈물도 한 방울이고, 분노도 성냥불 휙 긋듯 한 번이야. 그게 늙은이의 슬픔이고 늙은이의 분노야. 엉엉 소리 내 울고 피눈물을 흘리는 것도 행복이라네. 늙은이는 기막힌 비극 앞에서도 딱 눈물 한 방울이야."

"그러나 80년을 살아야 나올 수 있는, 한 방울이죠."

"웃기는 이야기해줄까? 만년필, 볼펜 같은 거 처음 쓸 때 시험 삼아 아무 글자나 써보잖아. 그때 뭐라고 쓸 것 같나. 시인이고 소설가고 거창한 말 쓸 거 같지? 삶의 무게, 시간의 절정…… 이런 것? 아니야. 볼펜 안 나올 때 써보라고 해봐. 대한민국, 출생 주소, 이런 거 써. 사람, 도로, 신발…… 이런 일상어 쓴다고. 절대로 심각한 내용 쓰지 않네. 한 방울도 그래."

"그래도 오래도록 마르지 않을, 한 방울일 테지요."

"자네는 나에게 '진리'를 원하고 '정수'를 원하지. 그러나 역사는 많이 알려진 것만 기억한다네. 진실보다 거짓이 생존할 때가 많아. 진실은 묻히고 덮이기 쉬워. 하이데거가 그랬지. 일상적 존재는 묻혀 있는 존재라고. 내가 여러 번 얘기하지 않았나. 덮어놓고 살지 말라고. 왜냐면 우리 모두 덮어놓고 살거든. 덮어놓은 것을 들추는 게 철학이고 진리고 예술이야. 그런데 지금 우리 시대가 가장 감쪽같이 덮어놓고 있는 게 무엇일 것 같나?"

"눈물은 아닐 테고요."

"우리가 감쪽같이 덮어둔 것. 그건 죽음이라네. 모두가 죽네. 나도 자네도."

죽음이란 주머니 속에서 달그락거리는 유리그릇

"알고 있습니다. 당장 오늘 밤이라도 죽음이 나를 덮칠 수 있다는 것도요."

"맞아. 과거엔 부고가 우편 전보로 날아왔어. 5일 동안 장례를 치렀으니까. 돌아보면 인간이 죽음과 함께 살았던 때가 생명의 시대였네. 길거리에서 거적에 덮인 시체를 보고, 방에서 할아버지가 죽고 장례 치르는 것을 어린 손자가 보았지. 지금은 죽은 자들을 깨끗하게 얼굴 씻기고, 살아 있는 사람처럼 화장시키고, 미라 인형처럼 만들더군."

문득 얼마 전 읽은 『잘해봐야 시체가 되겠지만』이라는 책이 생각났다. 나는 그 책을 쓴 LA의 장의사 케이틀린 도티를 인터뷰했었다. 어차피 우리의 잠재의식은 끝없이 죽음을 생각하니, 혼자 두려움을 끌어안고 살지 않도록, 서로를 도와주자고 그녀는 말했다.

"제가 인터뷰한 장의사는 '죽음을 감출수록 산 사람이 잘 죽는 데 방해만 될 뿐'이라고 하더군요. 숨이 빠져나가는 모습을 목격하거나 시신을 마주한 경험 없이 죽음을 제대로 이해하는 건 불가능하

세 번째 수업:

다고요. 가족이 떠날 때는 그의 시신을 직접 씻고 돌봐야 슬픔을 이길 수 있다고도 했습니다."

"우리가 진짜 살고자 한다면 죽음을 다시 우리 곁으로 불러와야 한다네. 눈동자의 빛이 꺼지고, 입이 벌어지고, 썩고, 시체 냄새가 나고…… 그게 죽음이야. 옛날엔 묘지도 집 가까이 있었어. 귀신이 어슬렁거렸지. 역설적으로 죽음이 우리 일상 속에 있었기 때문에 우리는 살아 있었던 거야. 신기하지 않나? 죽음의 흔적을 없애면 생명의 감각도 희미해져."

"그런데도 우리는 죽음을 삶에서 내쫓았지요."

"죽음을 죽여버렸지. 깨끗이 포장해서 태우고, 추도 미사 드리고, 서둘러 도망쳤어.『죽음 앞의 인간』을 쓴 필립 아리에스가 쓴 글에도 나오지만, 현대는 죽음이 죽어버린 시대라네. 그래서 코로나가 대단한 일을 했다는 거야. 팬데믹 앞에서 깨달은 거지. 죽음이 코앞에 있다는 걸."

"한때 뉴욕 거리에 시체 안치소가 들어서고 시신을 실은 냉동트럭이 즐비했습니다. 서늘한 광경이었어요."

"비로소 지구의 인간들이 생명이 뭐라는 것을 깨닫기 시작한 거야. 오늘 있던 사람이 내일 없어질 수도 있구나. 요즘은 젊은 사람들, 아니 어린아이들도 생명을 하찮게 말할 때가 많아. 야단 한번 쳐도 '누가 낳아달랬어? 공연히 낳아서 고생만 시키잖아' 쏘아붙이기 일쑤지.

그런데 길에서 강도 만나봐. 코로나라도 걸려보게. 코로나가 처음 들어왔을 때를 생각해보게. 언제 우리가 마스크 한 장 사려고 그렇게 길게 줄을 서본 적이 있나?

마스크 한 장. 그게 생명이었어. 전 인류가 죽음을 잊고 돈, 놀이, 관능적인 감각에만 빠져 있다가, 퍼뜩 정신이 든 거야. 자기 호주머니 속에 덮여 있던 유리그릇 같던 죽음을 발견한 거야. 주머니에 유리그릇 넣고 다녀봐. 깨질 것 같아서 불안하지? 그게 죽음이라네. 코로나는 바로 그 깨지기 쉬운 유리그릇을 안고 있는 우리 모습을 들춰냈어. 진실의 반대말이 뭔 줄 아나?"

"진실의 반대말은 망각이라고 그러셨지요. 잊지 않고 있습니다."

"맞아. 우리가 잊고 있던 것 속에 진실이 있어. 경계할 것은 거짓이 아니라 망각이라네. 덮어버리고 잊어버리는 것. 복잡하게 생각할 것도 없어. 은폐가 곧 거짓이야. 그러니 자네는 내 머릿속에서 지워지지 않고 떠오르는 것, 들춰지는 것들을 그때그때 잘 스냅하게나."

"들춰질 때의 쾌감이 있으신지요?"

"자연스러운 낚아챔이 있지. 가령 자네가 녹음기로 쓰고 있는 그 스마트폰 얘기를 해보세. 요즘 애들은 스마트폰으로 무엇이든 찍지. 밥 먹는 것, 여행 가는 것 다 찍어 올려. 혼밥이 유행이라고들 하는데 그것도 거짓말이야. 먹으면서 찍어 올리면, 그게 혼밥인가? 혼자 밥 먹는 것은 짐승들이나 하는 행위라네. 짐승들은 서열에 따라 혼자 먹고 뺏어 먹지. 고릴라를 제외하면 인간만이 음식을 함께 먹을 수 있는 유일한 짐승이라네. 그러니까 혼자 밥을 먹어도 스마

세 번째 수업 ː

트폰으로 찍어 보내는 거야. 혼자인 듯해도 함께 먹는 거지. 함께 먹는 걸 얼마나 좋아하면 축구에서 상대편이 골을 넣었을 때도 '한 골 먹었다'고 하잖아. 그게 실점이고, lost인 상황인데도 굳이 '먹었다'라고 해."

"한국인은 함께 먹는 것에 대한 집착이 강하죠."

"얼마나 강했으면, 수학 시간에 선생님이 '사과 다섯 개 중 두 개를 먹으면 몇 개가 남지?' 했더니 학생이 '두 개요!' 하더래. '이 녀석아, 다섯 개에서 두 개 먹으면 세 개가 남지. 왜 두 개냐?' 했더니 답변이 걸작이야. '에이, 아니에요. 우리 엄마가 먹는 게 남는 거랬어요.' 내 입으로 들어가는 게 남는 거라는 거야. 배곯던 시절의 슬픈 유머지.

그런데 먹는 것에 대한 집착이 한국인만 강할까? 아니야. 식욕은 인류의 가장 강한 욕망이야. 죄의 시작과 끝이 먹고 먹이는 거라네."

"먹는 것이 어쩌다 죄가 됐을까요?"

"성경을 보면 선악과를 따먹으면서 인간에게 죄가 들어왔네. 뱀이 이브를 꼬시고, 이브가 아담을 꼬셨어. 너도 한번 먹어보라고. 같이 먹자고. 신과 같아지려는 그 욕망으로 금지된 열매를 따먹었어. 그게 죄의 시작이야.

불순종으로 '먹은' 그 죄를 끝낸 이가 바로 예수야. 예수가 십자가에 달리기 전에 제자들과 그 유명한 최후의 만찬을 하잖아. 내 몸이 빵이고, 내 피가 포도주니, 나를 먹으라고. 그게 죄의 종말이네. 나는 길이요, 진리요, 생명이니, 나를 먹으라는 말씀. 기독교에서는 빵과 포도주를 나눠 먹으며 영적인 공동체로 거듭나지. 먹는 것에서 시작해 먹는 것으로 끝나는 게 구약과 신약의 하이라이트야. 우리 삶도 그래. 사는 게 먹는 거지. '함께 먹는 공동체'는 끈끈해."

"맞습니다. 한국인들은 가족도 식구食口라고 하지요."

"한솥밥을 먹는다는 말에는 엄청난 결속력이 있거든. 서양도 마찬가지야. 회사를 컴퍼니company라고 하는데, com이 함께고 pany가 빵이야. 회사라는 말도 결국 한솥밥을 먹는 공동체라는 뜻이지."

"그런데 요즘엔 회사에서 다들 혼밥을 합니다. 구내식당에서도 스마트폰 보면서 조용히 혼밥을 하지요. 사는 게 많이 고독해졌어요."

"나는 말일세. 오히려 스마트폰 보며 혼밥 하는 장면보다 스마트폰이 양복 주머니에서 툭 불거져 나온 모습에서 직장인들의 '고독의 덩어리'를 봐. 남자들 호주머니를 보게. 스마트폰을 넣어서 축 처져 있지. 축 처진 양복 호주머니를 볼 때마다, 나는 남자들이 참 애잔해. 그 울퉁불퉁한 고독, 숨겨도 숨길 수 없는 고독 때문에. 여자들은 핸드백 들고 다녀서 모르지."

단어가 바뀔 때마다 다른 이미지를 조립해내는 컴퓨터처럼 선생님의 머릿속에서는 모순된 생각과 이미지들이 그때그때 정황에 맞게 재배열되어 움직이곤 했다. 그럴 때마다 그는 퍼즐 조각을 앞에 두고 신이 나서 이리저리 맞춰보는 소년 같았다.

"하지만 고독에 남녀가 어디 있나요?"

"차이는 있어. 남자들만 느낄 수 있는 고독의 신호가 있다네. 파이브 어 클락 섀도five o'clock shadow라고 들어봤나? 샐러리맨들이 오

세 번째 수업:

후 다섯시가 되면, 깨끗했던 턱 밑이 파래져. 퇴근 무렵, 면도 자국
에서 수염이 자라 그림자가 생기네. 그게 오후 다섯시의 그림자야.
매일 쳇바퀴 돌듯 회사에 나와 하루를 보내다, 문득 정신 차리면 오
후 다섯시. 수염 자국 그림자가 얼굴에 드리워지면 우수가 차오른
다네. 오늘 뭘 했지? 내일도 또 이렇겠지. 다시 전철을 타고, 술집
에 가고, 이윽고 집에 돌아가 아내를 만나고…… 그게 샐러리맨의
고독이지."

"오후 다섯시, 남자의 얼굴에 수염 그림자가 생길 때, 여자는 립
스틱 자국이 지워진답니다."

선생은 빙그레 미소를 지었다.

"짐작했겠지만 나는 이런 작은 이야기들을 좋아한다네."

4

그래서 외로웠네

한밤의 까마귀는 울지만, 우리는 까마귀를 볼 수도 없고
그 울음소리를 듣지도 못해. 그러나 우리가 느끼지 못할 뿐,
분명히 한밤의 까마귀는 존재한다네. 그게 운명이야.

운 나쁜 사람은 이 세상에 태어나지 못해

몇 년 전 나는 『운을 읽는 변호사』라는 책을 쓴 일본의 변호사 니시나카 쓰토무 선생을 인터뷰한 적이 있다. 50년간 1만 명의 의뢰인의 삶을 분석한 이 '운의 현자'는 '운을 하늘의 사랑과 귀여움을 받는 것'이라고 정의했다. 나의 운은 항상 남의 운과 연결되어 있기에, 은혜를 갚아야 한다는 마음으로 살면 예외 없이 좋은 운이 들어온다는 것.

무엇보다 '운이 하늘의 사랑과 귀여움을 받는 것'이라는 해석에 탄복했다. 이웃에 공헌한 사람들을 기억하는 신의 호의(favor)가 곧 운이다. 이 정의를 우리의 이어령 선생님은 어떻게 생각할까? 그 자신, 하늘의 사랑과 귀여움의 증거로 큰 재능을 받았고, 격동기의 대한민국을 누비며 마음껏 창조적 혁신을 이뤄냈다. 한국인에게 이어령이라는 존재는 말할 수 없는 축복이었으나, 선생 자신도 스스로 '운 좋은 인생을 살았다'고 자부할까? 그것을 묻고 싶었다. 손자도, 딸도 앞세워 하늘로 보낸, 하늘이 내린 이 천재에게.

"궁금합니다. 선생님은 당신이 생각하기에 운 좋은 인생을 사셨나요?"

"내 인생이 운이 좋다 나쁘다, 그런 평가를 해본 적은 없네."

"운을 생각해본 적이 없다는 말 자체가 어쩌면 운이 좋다는 뜻 아닐까요?"

"허허. 따져보면 태어난 것 자체가 엄청난 운을 타고난 거라네. 운 나쁜 사람은 이 세상에 태어나지 못해. 세상에 나온 후엔 제 각자 운명의 길을 걸어가지. 다른 소설, 다른 시, 다른 드라마를 사는 거야. 인생극장이라고 하지 않나."

"그렇다면 운을 시험하는 제비뽑기 같은 건 어떤가요?"

"지금까지 팔십 평생 살면서, 심지 뽑아서 하는 일은 한 번도 된 일이 없어. 여럿 중에 무작위로 뽑는 것에 징크스가 있거든. 어릴 때는 고무 신발이 귀해서 나무 게다를 신고 다녔어. 시골 학교에서 한 번씩 신발 배급을 하면 개수가 모자라 제비뽑기를 했거든. 그때마다 번번이 헛것을 뽑았지. 그래서 그 부분에서는 단념을 했지.

'나는 안 돼. 뽑기 운이 없는 사람이잖아.'

딱 한 번 제비뽑기로 된 게 전화였어. 경기고등학교 교사를 하던 시절인데, 삼각지에 막 집을 샀어. 그런데 전화가 귀하니까 정부에서 일반 전화를 뽑기를 해서 준 거야. 지붕 하나에 벽으로 두 집을 분리하는 '나가야' 연립주택에 살았는데, 그런 집이라도, 전화 한 대 놓으니 세상 다 가진 것 같았어. 옛날 사람들의 꿈이라는 건 참 소박했다네. 그 당시에는 중산층이고 하류층이고 할 것 없이 세상을 살아가는 목표가 전화 놓는 거였어. 우습지? 지금은 1인 1 스마트폰 시대지만, 그때는 집에 전화 있다고 하면 '좀 사는 집인가보다' 했거든.

학교에서 학생들 집에 무슨 가구, 가전제품이 있나 다 조사하던 시절이었어. 동급생들에게 무시당할까봐 냉장고, 피아노 없어도 있는 체를 했지. 어머니 없는 애도, 아버지 없는 애도, 다 거짓으로 있는 체를 했어. 초등학교 아이들의 평등에는 거짓말이 큰 기여를 했네. 거짓말만이 그 아이들을 평등하게 만들어줬지.

지금은 은수저, 금수저로 서로를 가르지만, 6·25 직후는 다 피난민이었고 평등하게 가난했던 시절이었어. 집 가진 사람도 폭격 맞아 하루아침에 거리에 나앉았고, 고아들이 지천이었네. 운 좋은 놈이 어딨어? 다 불행했지. 다 밑바닥에서부터 올라왔다고. 전후에 생활이 좀 나아지면서 코딱지만 한 집에 이것저것 들이기 시작했어. 좀 사는 사람들은 응접실에 피아노 냉장고 놓고 방문객들 기를 죽였다고. 그런 코미디 같은 시절에 내가 글을 쓰며 살았는데, 월급 받아 돈은 있어도 운이 없어 전화를 못 놓은 거야. 그러다 뽑기가

네 번째 수업:

됐으니 그 기억을 잊을 수 없네."

"배급 시절의 풍경이죠. 한정된 자원을 나눠갖던 시절의 '웃픈' 이야기입니다."

지혜의 시작은 운명을 받아들이는 것

"어쨌든 선생님은 일생에 한 번 제비뽑기로 전화를 놓는 행운을 누리셨어요. 지금도 잊지 못할 사건으로 기억하고 계시죠. 저 또한 그렇습니다. 대학 기숙사에 추첨된 것 말고 요행수란 없었죠. 운이 좋은 사람이 있듯이, 운이 나쁜 사람들도 있는 걸까요?"

"있지. 뽑기로 정하면 공평한 것 같아도 재수 없는 사람은 항상 소외되는 거야. 가위바위보로 순서를 정해도 밤낮 지는 사람이 있어. 주사위를 굴려도 매번 재수 없게 건너뛰는 사람이 있다고. 확률상으로만 보면 그럴 리가 없는데도 그래. 카지노에 가도 잃는 사람은 꼭 잃어. 속임수가 없더라도 따는 사람이 있고 잃는 사람이 있지."

"그래서 저마다 삶의 굴곡이 생기는 거겠죠. 저는 살면서 요행수도 없었고 남들보다 좋은 환경에서 태어나지도 않았지만, 운이 나빴다고 느끼지는 않습니다. 어리석은 판단에 땅을 치고 후회할 때도 있었고, 감당하지 못할 것 같은 불운에 비참해질 때도 있었지만, 플러스와 마이너스를 합해 평균적으로 생각해보면 제가 가진 능력

이상으로 복을 받고 있다고 생각해요. '운은 하늘의 귀여움을 받는 것'이라고 했던 그 변호사의 결론도 그거였어요. 얼마나 덕을 베풀고 사는가로 서로의 운이 다 연결이 되어 있으니, 크나큰 불운만 피해도 복 받은 인생이라고요. 그 말에 많은 사람들이 안도했지요."

"운은 하늘의 사랑과 귀여움을 받는 것이라고 했나? 그 생각이 궁극적으로는 운명론이라네."

"운명론이라고요? 결국 인간의 행운과 불운은 예정된 프로그램대로 흘러간다는 그 운명론이요?"

"크게 보면 그렇다네. 그리스 사람들이 운명론자들이었어. 동시에 그들은 합리주의의 극치를 추구했던 사람들이었네. 지금 인간들이 발견한 물리학, 철학, 수학, 천문학, 미학 다 그리스 사람들이 해놓은 걸 기반으로 하고 있지. 그런데 지혜의 끝까지 가본 그 사람들이 운명을 믿었다는 거야. 그 증거가 신탁이야. 신이 맡겨놓은 운명. 지혜 있는 자들은 그 운명을 사랑했네. 운명애, 아모르파티라고 들어봤지? 소크라테스, 플라톤 같은 현자들은 다 신탁을 믿었네. 신탁을 믿고 나아갔기에 지혜자가 됐지."

"그렇다면 정해진 운명을 아는 자가 지혜자인가요?"

"운명을 받아들이는 것이 지혜의 출발이지. 소크라테스가 대표적이야. 소크라테스는 지혜를 사랑한 철학자였어. 그가 지혜를 따라간 건 운명을 믿었기 때문이라네. 신탁이 아테네에서 가장 똑똑한 자가 소크라테스라고 하니, 궁금해서 길을 나섰지. 그가 살펴보니 아테네 사람들이 다 똑똑한 척을 하는 거야. 자기는 모르는 게 너무

네 번째 수업:

많은데, 사람들은 물어보면 다 안다고 하거든. 그때 신탁의 의미를 깨달았지.

'아! 내가 모른다는 걸 안다는 게 이 사람들보다 똑똑하다는 이야기구나.'

소크라테스는 '모른다는 것을 아는 것'이 인간이 알 수 있는 최고의 지혜라고 봤네. 자신이 무지하다는 걸 아는 자가 아테네에서 소크라테스 한 사람이었던 거야.

'너 자신을 알라.'

이것도 신탁에 나오는 말이야. 신의 예언을 대언하는 무녀들의 말이지. 지금 자네는 내게 굉장히 중요한 걸 물었어."

"제가…… 무엇을 물었지요?"

인터뷰어의 본분도 잊은 채 순진무구한 눈으로 그에게 반문했다. '모른다'는 결핍 상태만큼은 누구에 뒤지지 않을 만큼 충만한 인간임을 증명하며.

"지능과 덕으로 최선을 다해도 우리는 다가올 운명을 바꿀 수 없네. 데카르트처럼 모든 것을 회의하면서 끝까지 가도, 이성과 과학으로 설명할 수 없는 순간과 만나게 돼. 빅데이터가 모든 걸 설명해주지 못해. 합리주의의 끝에는 비합리주의가 있지. 그렇다고 타고난 팔자에 인생을 맡기고 자기 삶의 운전대를 놓겠나? 아니 될 말일세.

그리스에서 말하는 운명론이란, 있는 힘껏 노력하고 지혜를 끌어모아도 안 되는 게 있다는 걸 받아들이라는 거야. 오이디푸스를 떠올려보게. 오이디푸스는 스핑크스가 낸 수수께끼를 풀 정도로 똑똑한 사람이었어. 그러나 '아버지를 살해할 운명'이라는 신탁에서 벗어날 수 없었어. 결국 자기도 모르게 친부를 살해하고 어머니와 결혼하는 신탁의 운명을 완성하고 말아. 아버지를 죽이고 나아갈 수밖에 없는 아들의 운명…… 영리한 프로이트가 그 지독한 비극에서 오이디푸스 콤플렉스를 따왔잖아.

이걸 이해해야 하네. 인간의 지혜가 아무리 뛰어나도, 죽을힘을 다해 노력해도 어찌할 수 없는 저편의 세계, something great가 있다는 거야. 지혜자만이 그걸 받아들일 수 있네. something great를 인정하고 겸허해지는 것은 머나먼 수련의 길이야."

"신탁이 서양의 운명론이라면, 주역은 동양의 운명론입니다. 연초가 되면 많은 사람들이 토정비결을 보며 다가올 행과 불행을 점치며 마음의 준비를 하는데요. 동양의 운명론은 어떻게 보십니까?"

"좋은 운이든 나쁜 운이든, 인간은 어떤 식으로든 자기 운명에 자발적으로 개입하게 되어 있네. 토정 이지함에 관한 재미난 일화가 있어. 토정 이지함이 정월 초에 책을 보며 미래를 점치는데, 곧 자기 앞에서 벼루가 깨어질 운세인 거야. 아무리 생각해도 벼루가 깨질 이유가 없어서 이상하다 싶었지. 강풍이 부나? 지붕이 무너지나? 그런데 밖에서 어머니가 부르셔.

'얘야, 나 좀 보자.'

'조금 있다 나갈게요.'

'얘야……!' 계속 부르는데 아들이 무시하니까 화가 머리끝까지

난 어머니가 문을 확 열어젖히며 그런 거야.

'이놈아, 에미보다 벼루가 중요하냐?'

그러고는 토정이 들고 있던 벼루를 빼앗아서 마당에 내팽겨쳐버렸다네. 어떤가? 가만히 있었으면 안 깨졌을 벼루가, 자기 예시로 깨져버린 거야. 동서양을 막론하고 미래예측에는 자기 투영이라는 핫한 테마가 숨어 있다네."

"어려운 얘기군요. 운명 앞에서 나는 저항해야 할지 투항해야 할지……."

"결정된 운이 7이면 내 몫의 3이 있다네. 그 3이 바로 자유의지야. 모든 것이 갖춰진 에덴동산에서 선악과를 따먹는 행위, 그게 설사 어리석음일지라도 그게 인간이 행사한 자유의지라네. 아버지 집에서 지냈으면 편하게 살았을 텐데, 군이 집을 떠나 고생하고 돌아온 탕자처럼…… 어차피 집으로 돌아올 운명일지라도, 떠나기 전의 탕자와 돌아온 후의 탕자는 완전히 다른 사람이라네. 그렇게 제 몸을 던져 깨달아야, 잘났거나 못났거나 진짜 자기가 되는 거지. 알겠나? 인간은 자신의 자유의지로 수만 가지 희비극을 다 겪어야 만족하는 존재라네."

"선생님! 그런데 그런 자유의지의 일환으로 열심히 노력했는데 매번 운이 따라주지 않아서 낙심하는 사람도 많이 봤습니다. 보통 사람들은 노력과 운의 부조화를 견디기 힘들어합니다. 나는 실력이 있는데도 왜 일이 잘 안 풀리냐는 거죠."

"가위바위보에서 진 사람은 화는 나겠지만 '난 실력이 없어'라고 생각하지 않아. 반면 달리기 선수가 백 미터 달리기를 할 때마다 꼴찌 한다면 창피함을 느끼겠지. 여기서 미묘한 이슈가 생겨. '모든 것이 정해진 운명'이라고 해버리면 패자는 변명거리가 생겨. '내가 지는 건 실력이 없어서가 아니라 운이 없어서'라고. 숙명론, 팔자론으로 풀어버리면 '타고나길 그렇게 타고났어'로 모든 걸 덮을 수 있네. 가난해도, 실패해도 '팔자' 핑계 대면 그만이거든. 그런데 인생의 마디마다 자기가 책임지지 않고 운명에 책임을 전가하는 건, 고약한 버릇이라네.

마라톤 경주를 하다 갑자기 하늘에서 돌멩이가 날아와서 넘어진 사람은 '운이 나빴다'는 위로를 받을 만해. 그러나 인간이 노력할 수 있는 세계에 운을 끌어들이면 안 돼. 커트라인 1점 차로 누군가는 시험에 붙고 떨어지지만, 그것도 근접한 수준의 사람들 사이에서 벌어지는 경쟁이야. 세상은 대체로 실력대로 가고 있어. 그래서 나는 금수저 흙수저 논쟁을 좋아하지 않아. '노력해봐야 소용없다'는 자조를 경계해야 하네."

운명을 느낀다는 것은 한밤의 까마귀를 보는 것

"인정합니다. 실력과 인성을 갖추지 못한 채 감당 못 할 행운을 받은 사람도, 결국 그 넘치는 운값을 삶에서 다른 시련으로 치르는

네 번째 수업:

것을 저는 주변에서 숱하게 봤거든요. 그렇다면 인생만사가 운으로 다 얽혀 있다는 것은 무슨 뜻일까요? 제가 선생님의 마지막 인터뷰를 하게 된 것도 어쩌면 정해진 운명이었을까요?"

"그것은 어쩌면 우리가 태어나기 이전부터 결정되었을지도 모르네."

"오!"

"하하. 내가 오늘 이렇게 자네를 만나서 이야기를 나누는 것은 언제 결정된 것 같나? 우주 생성 이전부터 정해진 거야."

"선생님과 제가 우주 생성 전부터 만날 운명이었다……."

"그래. 가깝게는 오늘 내가 상태가 나빠져서 병원에 갔다면 우린 만나지 못했겠지. 혹은 지난번 라스트 인터뷰가 깊은 울림이 없었다면 우린 다시 만날 생각을 못 했을 거야. 그런데 결국 자네와 내가 만날 수 있었던 것도 우리가 이 세상에 있기 때문이지. 태어났기에 만난 것 아니겠나? 따져보면 내 부모도 자네 부모도 그저 스쳐갈 인연이었을지도 몰라. 그날 버스를 놓치고 약속이 어긋나고 만나야 할 사람을 못 만나고, 우연히 옆에 있는 여자에게 '차 한잔 하실래요?' 했다가 혼인하고 아이가 태어났을 수도 있지. 그때 아버지가 늑장 부리다 버스를 놓치고, 내가 어느 날 암에 걸리고, 자네가 내게 전화를 하고…… 이 모든 것이 나비 한 마리가 허리케인을 몰고 온 격이지.

이게 곧 불교에서 말하는 연기론이야. 오늘의 자네와 나는 우연히 이 자리에 있는 것 같지만 이건 운명이었네. 이 세상에 운명 아닌 것은 없으니까. 일례로 내 계보의 조상 중에 한 명이라도 잘못되었으면 나는 태어나지 않았어. 내 아버지와 어머니, 할아버지와 할머니가 태어난 것은 우연이 아니야. 그렇게 되면 생명은 빅뱅까지 거슬러 올라가지 않겠나.”

죽음을 앞둔 현자와 마주 앉은 가을 아침에, 36억 년 전 빛의 찌꺼기가 있던 그 거리를 더듬어가자니, 정신이 아득해졌다. 내 아득한 눈빛을 보더니 스승은 오묘한 미소를 지었다.

“질문 하나 하겠네. 한밤의 까마귀는 눈에 보일까? 안 보일까?”

“한밤의 까마귀는 안 보이겠지요.”

“한밤의 까마귀가 안 보이더라도 한밤에 까마귀가 어딘가에는 있어. 그렇지? 어둠이 너무 짙어서, 자네 눈에 안 보이는 것뿐이야. 그리고 한밤의 까마귀는 울기도 하겠지. 그런데 우리는 그 울음소리도 듣지 못해. 이게 선에서 하는 얘기라네. 한밤에 까마귀는 있고, 한밤의 까마귀는 울지만, 우리는 까마귀를 볼 수도 없고 그 울음소리를 듣지도 못해. 그러나 우리가 느끼지 못할 뿐, 분명히 한밤의 까마귀는 존재한다네. 그게 운명이야. 탄생, 만남, 이별, 죽음…… 이런 것들, 만약 우리가 귀 기울여서 한밤의 까마귀 소리를 듣는다면, 그 순간 우리의 운명을 느끼는 거라네.”

“한밤의 까마귀를 보고 그 울음소리를 듣는 것…….”

“그러면 깨닫게 돼. 우리 모두가 연결되어 있고, 지금 이 순간의 어긋남 혹은 스파크가 도미노처럼 내 이웃, 그 이웃의 이웃, 나아가 전 세계에 종으로 횡으로 은은하게 퍼져가고 있다는 걸.”

네 번째 수업:

"그런 인과관계를 다룬 영화들이 많습니다. 우연의 신비를 담은 〈세렌디피티〉나 '일어날 일은 일어난다'는 메시지를 담은 〈테넷〉 같은 영화들이요."

"영화에서는 그 인과관계를 한 번에 관찰할 수 있지. 안타깝지만 실제 인생에서는 쉽게 관찰할 수 없어. 원인이 많으면 어떤 게 결정적 원인인지 모르거든. 우리가 감당할 수 있는 인지능력의 범위는 한정돼 있네. 개는 넓은 범위의 냄새를 다 맡고 돌아다니지만, 우리의 인지능력은 한계가 있잖아. 인지 범위 바깥의 것, 가령 적외선이나 미립자는 볼 수도 없어. 존재해도 감각적으로 파악을 못 하는 거지. 그게 존재론이야. 있는 줄 알아도 감각으로 느끼지 못하는 것. 반대로 내가 분명히 존재한다고 느꼈던 것, 영원하리라고 믿었던 것도 내일이면 다 변하고 없어져. '산천의구란 말 옛 시인의 허사로고'라는 노래 구절도 있잖나.

그래서 유한한 인생을 사는 우리는 질문해야 하네. 없어지지 않고 영원히 존재하는 건 무엇인가?"

"없어지지 않고 영원히 존재하는 것은 무엇인가? 과학자들은 죽음조차 내가 사라지는 것이 아니라 우주로 원자가 흩어지는 거라고 설명하지요. 이해할 수 있는 차원으로 범위를 축소해서요."

"풀리건 안 풀리건 그 문제를 붙드는 게 철학이라네."

"끝없이 문제를 제기하면서요?"

"그렇지. 내가 어릴 때부터 남들과 다른 점이 바로 그거였어. 한번 문제를 붙들면 풀릴 때까지 놓지 않았지."

"'문제적 인간'이셨죠."

"그래. 그래서 사는 내내 불편했지. 아이 때도 어른이 되고서도. 이상한 사람이다, 말꼬리 잡는다, 얄밉다는 소리만 들었으니까. 지금도 마찬가지야. 나 좋다는 사람 많지 않아. 모르는 사람은 좋다고들 하지. 나를 아는 사람들, 동료들, 제자들은 나를 다 어려워했어. 이화여대 강의실에서 강의하면 5~6백 명 좌석이 꽉꽉 차도, 스승의날 카네이션은 다른 교수에게 주더구만. 나한테는 안 가져와. 허허."

갑작스러운 고백에 괜스레 멋쩍어져서 나는 두 손을 비볐다.

"섭섭하셨겠어요."

"섭섭했지. 강의실 인기는 대단했어. 단연코 월등했지. 난 배고픈 건 참아도 궁금한 건 못 참아 했으니까. 그러나 그것과는 달랐어. 내 강의에 영감을 받고 내 글을 사랑해줬지만, 스승의날 나에게 꽃을 들고 찾아오고 싶다는 친밀감은 못 주었던 모양이야. 그건 뭐랄까……."

"항상 지적 대치 상태 같은 긴장을 요구하셨으니까요. 온유하기보다는 서늘했을 겁니다."

"그래서 외로웠네."

'그래서 외로웠네.'

나는 속으로 스승의 말을 가만히 따라해보았다. 동굴 속에 숨어든 메아리처럼 외로움이 덩어리째 만져지는 어조였다. 스승은 혼잣말 하듯 작은 목소리로 덧붙였다.

"이 외로움 속에서도 수십 년씩 변함없이 관계를 맺고 찾아오는 사람들이 있어. 그들도 다 나처럼 외로운 사람들일 거야."

평화롭기보다 지혜롭기를 선택해서 살았던 이어령의 치열한 나날들. 그가 그렇게 살았기에 우리는 여전히 스승의 옷자락을 붙들고 배울 수 있다. 여든여덟 살의 스승은 아낌없이 지혜를 나눠주는 동시에, 간간이 소년기의 고독과 지적 분투의 현장으로 빠져들었다.

5

고아의 감각이 우리를 나아가게 한다

"생각하는 자는 지속적으로 중력을 거슬러야 해.

가벼워지면서 떠올라야 하지.

떠오르면 시야가 넓어져."

솔로몬이라는 바보, 바보들의 거짓말

오랫동안 인터뷰어로 살아오면서 작게나마 깨달은 게 있다. 질문하는 한, 모든 사람은 배우고 성장한다는 것이다. 질문은 자기 모순적이고 연약한 인간이 이 미스터리한 세계와 대면할 수 있는 유일한 무기이며, 내가 낯선 타자와 상호작용할 수 있는 유일한 도구였다.

화요일의 만남이 조금씩 자리를 잡아가고 있었다. 스승과 내가 깊은 결속 관계에 빠져 있다는 착각이 들수록, 평범한 질문은 '맥락' 속에 한층 더 드라마틱해졌다. 어쩌면 인터뷰의 신비는 질문을

다 섯 번 째 수 업 :

던지고 받는 미묘한 행위 그 자체에 있다. 스승의 컨디션에 맞춰, 묻는 순서를 재배치하는 게 이 대화의 기술의 거의 전부였다.

"꼬마 철학자 기질은 타고나셨지요? 지적인 독립군 기질 말입니다."

"글쎄…… 일전에 운명론 이야기를 했네만, 나는 꼬마 때부터 나쁜 짓도 안 하고 모범생이었는데, 내가 뭐라고 하면 다들 나를 따돌렸지. 나보다 두 살 위인 형은 항상 귀여움을 받았어. 얼굴도 내가 더 희고, 말도 내가 더 잘했는데…… 형은 어딜 가나 인기였고, 나는 인기가 없었어. 어린애가 그냥 넘어가는 법이 없이 꼬투리를 잡았으니, 선생님들도 좋아했겠나? 하지만 멈출 수 없었어. 숙명적으로 물음표와 느낌표 사이를 오가며 살았지. 가령 이런 식이야. 대개는 선생님이 엄숙하게 이야기를 시작하거든.

'술 취한 사람이 들에 쓰러져 자는데 산불이 났단다. 그의 충견이 제 주인을 구하려고 강에 몸을 적셔 동이 틀 때까지 주인을 적셨지. 덕분에 주인은 살았지만 개는 죽었단다. 나라에서 이 훌륭한 개를 기려 무덤과 비석을 만들어주었어. 어떠냐? 개가 사람보다 낫지?'

친구들은 고개를 주억거리는데, 나는 납득이 안 되는 거야. 나는 항상 이미지로 상황을 그려보고, 그 입장이 돼서 따져보거든. 내가 개라면? 불이 붙었다면? 내가 술이 취했다면? 그래서 따박따박 따져 묻지.

'에이. 선생님 말도 안 돼요. 들판이 다 타는데, 어떻게 그 사람만 안 죽어요? 개가 물 적셔 비빈다고 어떻게 불이 안 붙어요? 연기 때문에 질식해서 먼저 죽지 않나요? 그 개도 그래요. 냇가에서 물 묻히고 뒹구는 것보다 주인을 물어서 냇가로 끌고 가는 게 낫지 않아요?'"

"도발을 하셨군요. 반론 제기는 우리나라 교실에서 허용이 안 되는데요."

"그러니 선생님들은 얼굴이 죄다 벌게져서 나한테 화를 냈지.

'이 고얀 놈, 네가 선생님을 놀리는구나.'

그 유명한 솔로몬의 재판은 아직도 고전으로 인용이 되는데, 그것도 말이 안 돼. 진짜 어머니와 가짜 어머니가 다퉜더니 솔로몬이 '아이를 둘로 나눠 가져라'라고 해서 진짜를 가려냈다는 그 판결 말이야. 자네는 그게 말이 된다고 생각하나?"

"일종의 수사학 아닐까요?"

"그 현장으로 가보자고. 그게 쇼라는 걸 누가 몰라. 만약 진짜 그랬다면 솔로몬은 바보야. 대중을 바보로 아는 거지. 동양에서는 똑같은 상황에서 어린애를 양쪽에서 잡아당기라고 했어. 아파서 애가 우니까 진짜 어머니가 본능적으로 팔을 놓겠지. 그걸 본 왕이 '아이의 아픔에 반응한 네가 진짜 어미다'라고 판결한 거야.

결과는 비슷해 보여도 과정이 완전히 달라. 솔로몬의 지혜의 출발은 '반으로 가르라'는 수학이야. 솔로몬의 지혜라고 알려진 것이 이어져 오늘의 과학을 만들고, 인간과 동떨어진 우주론을 만들었다고. 생각해보게. 지구가 동그랗든 평평하든, 그게 우리가 사는 평범한 일상에 무슨 영향을 미치나? 미국엔 진화론도 지동설도 믿지 않

다섯 번째 수업:

는 사람이 아직도 4천만 명이나 돼. 그래도 사는 데는 문제가 없어. 왠지 아나? 현실적인 문제를 다루는 데 수학적 진실, 과학적 진실, 삶의 진실이 일치하지 않기 때문이야. 그걸 알아야 하네. 그런데 어릴 때 야단맞을까 두려워 딴소리 안 하고, 고분고분 둥글둥글 살면 무엇이 진실인지 모르고 살게 돼. 안타까운 일이네."

'고분고분 살면 평생 진실을 모르게 된다'는 말이 뼈를 때렸다.

"'모난 돌이 정 맞는다'라는 속담도 있는데, 어찌 그리 '미움 받을 용기'로 충만하셨을까요?"

"허허. 정말 무던히도 손가락질을 당했어. 좋은 얘기에 왜 토를 다느냐고. 비뚤어진 놈이라고. 하지만 낸들 어쩌겠나. 지적으로 생각하면 말이 안 되니, 손을 드는 거야. 솔로몬의 지혜? '아이를 반으로 가르라'고?

갈릴레이의 혼잣말이야말로 대표적인 거짓말이지. 갈릴레이가 종교재판이 끝나고 나오면서 '그래도 지구는 돈다'라고 혼잣말을 했다는 기록. 그런데 혼잣말은 들리지 않거든. 혼잣말을 타인이 듣고 기록했다는 건 논리적 모순이야. 그래서 손 들고 '선생님, 혼잣말한 걸 누가 들었대요? 혼잣말은 못 듣는 거잖아요?' 바로잡으려 들면 바로 엎드려뻗쳐지."

"사실 그렇게 후대에 임의로 덧붙여진 역사가 많지요. 갈릴레이의 '그래도 지구는 돈다'도 과학계가 종교계의 탄압을 부추기려고 갈릴레이의 초상화 밑에 있던 글귀를 나중에 짜맞췄다고 해요."

"그런 어처구니없는 말의 모순을 당대의 지식인들이 만들어 전파

했다는 게 놀라운 거라네. 다른 것도 아니고 과학을 얘기하는 자리에서."

"탐구해서 더 들어가지 않으니 그런 오류들이 전파되는 거지요."

"(호통치며) 탐구할 얘기가 아니야! 듣자마자 거짓말이라는 것을 알아차려야 하네. 알겠나? (힘줘서) 거짓말!

솔로몬이 '아이를 반으로 쪼개 가져라' 했을 때, '죽은 아이 반쪽을 뭐에 쓰려고 저 가짜 어머니는 좋다고 했을까? 아, 이거 거짓말이구나' 하고 알아야지. 내가 왜 이 주제에 이렇게 열을 내는지 자네가 알아야 하네. 사람들이 얼마나 많은 프레임에 갇혀 사는지 스스로 깨달아야 해. 어린애 눈으로 보면 직관적으로 알아. '어, 이상하다!'

그런데 고정관념의 눈꺼풀이 눈을 덮으면 그게 안 보여. 달콤한 거짓말만 보려고 하지."

스승은 탄식하며 가슴을 쳤다.

"그렇게 어린아이의 눈으로 하나하나 새롭게 사귄 진실이니 깨달음의 환희가 평생 가셨겠지요."

"내가 깨달은 지식이 주는 환희가 있지. 이런 일도 있었다네. 한번은 수업 시간에 선생님이 제비와 거북을 비교하면서 제비가 거북보다 몇 배나 빠른지 계산을 하라는 거야. 그래서 또 손을 들었어.

'선생님, 저는 제비가 빠르다는 건 수학으로 계산 안 해도 알아요. 제가 궁금한 건 어미 제비가 새끼 제비 입에 먹이를 넣어줄 때, 어떻게 먹은 놈, 안 먹은 놈을 구별해서 주느냐예요. 우리 집 처마 밑의 제비집을 보면 새끼들이 다 똑같이 입을 쫙쫙 벌리는데, 어미는

무슨 기준으로 새끼들에게 벌레를 나눠줘요?'

선생님은 버럭 소리를 질렀어. '지금 장난해? 선생님을 놀려?'

(눈을 빛내며) 나는 그게 정말로 궁금했다네. 40년 동안 풀지 못한 수수께끼였지. 그런데 40년 후에 우연히 신문의 과학 칼럼을 보고 그 의문이 풀렸어. 새들을 관찰해보니, 안 먹은 놈, 배고픈 놈이 가장 입을 크게 벌린다는 거야. 어미는 입 크기를 보고 배식 순서를 안다는 거지. 제비뿐만 아니라 모든 새가 다 그렇대. 아! 40년 만에 무릎을 쳤어. 환희지! 그 앎의 기쁨을 선생님이 가르쳐주지 않았네. 학교가 가르쳐주지 않았어."

아직도 '모르는 게 많다'는 즐거움

"물음표와 느낌표의 거리가 40년이나 걸린 셈이군요. 선생님의 물음표와 느낌표 사이에는 지적 환희와 외로움이 징검다리처럼 놓여 있었고요."

"고백건대 생각하며 산다는 건 정말 괴로운 일이야. '좋은 게 좋은 거'라며 사는 사회에서 얼마나 불편한지 모르네. 그러나 그게 나의 운명이었던 거지. 사람들은 말끝마다 '가타부타 따질 거 없다'고 해. 질문을 하면 '지금 나한테 따지는 거야?' 공격 신호로 오해를 한다고.

나는 상대를 비방하려는 게 아니라 납득이 안 가면 질문을 하는 본능을 따라갔어. 그런데 질문을 받으면, 다들 자기를 무시하고 놀린다고 착각하는 거야. 질문 없는 사회에서 자라는 게 그렇게 무서운 거라네. 그런 문화 속에서 나는 사랑받지 못했네. 존경은 받았으나 사랑은 못 받았어."

"존경은 받았으나 사랑받지 못했다…… 지금도 그게 그렇게 사무치세요?"

"허허. '저 사람은 남들이 그냥 패스하는 것을 패싱 안 하는구나. 하나하나 생각을 하는구나. 그러다 결국 남이 모르는 것을 발견했구나. 인류는 저런 사람들에 의해서 발전하고, 창조되고, 새로운 세계가 열리는구나.' 이런 눈빛을 기대했네만……."

"질문 없는 사회에서 질문자로 사는 건 형벌이지요."

"알아도 모른 체하고 몰라도 아는 체하며 사는 게 습관이 된 사회는, 삐걱거리는 바퀴를 감당 못 해. 튕겨내고 말지. 나뿐이 아니네. 글을 쓰는 사람들, 한 치 더 깊게 생각하는 사람은 고통을 겪게 돼 있어. 요즘엔 더하지 않나? 생각이 자랄 틈을 안 주잖아. 인터넷에 물어보면 다 나와. 이름 몰라도 사진 찍어서 올리면 다 나와. 그럼에도 불구하고 나는 여전히 내 머리로 생각한다네."

"시간이 걸려도요?"

"그럼. 모르는 시간을 음미하는 거야. (활짝 웃으며) 모르는 게 너무 많거든."

모르는 게 남아 있어서 좋아 죽겠다는 표정이었다.

다섯 번째 수업:

"아직도 해결되지 않는 질문이 있으신가요?"

"수천 수백 가지야. 아직도 납득이 안 되는 게 있어. 그리스 사람들은 매우 이지적이야. 인체 조각을 제일 먼저 만든 사람들이잖아. 그런데 그렇게 육체를 찬미하는 문화 속에서 지혜를 가르치던 소크라테스는 왜 죽기 전에 '육체는 감옥'이라고 선언했을까. 독배를 앞에 두고 그의 죽음을 슬퍼하는 사람들을 그는 이렇게 위로한다네.

'너희들 나 죽는다고 울지 마라. 축복해라. 철학은 육체의 무덤에서 해방되는 거다.'

인류 최초로 나체의 아름다움을 발견한 그 문화 속에서 소크라테스는 왜 육체를 저주하고 육체를 부수고 육체에서 벗어나려고 했을까. 영혼이 육체에서 해방되는 것이 철학이니, 내 죽음을 기뻐하라고 했을까? 그게 사실일까? 그게 정말 영원이고 이데아일까? 그게 플라톤의 철학으로 이어져 천 년이고 2천 년이고 내려왔단 말인가? 서양의 모든 철학은 플라톤의 주석에 지나지 않는다는데 말이야. 나는 이 모든 모순이 정말 궁금해."

이야기의 밀도는 점점 높아져 철학, 언어, 기호학으로 확장되려하고 있었다.

"갑자기 공부하자니 머리가 지끈지끈 아픕니다(웃음)."

"쉬운 얘기 해볼까?"

"아니요. 제가 반드시 들어야 할 이야기를 해주세요."

"그러지. 도끼가 하나 있었어. 아버지는 그 도끼를 가지고 매일 산으로 올라가서 나무를 베었네. 그 도끼는 '아버지의 도끼'였어.

그런데 아버지가 돌아가셨어. 아버지는 돌아가셨지만, 누가 '아버지 도끼 가져와라' 그러면 아들은 그 도끼를 가져갔지. 그런데 도끼자루가 썩어서 아들이 자루를 바꿨네. 날이 너무 무디어져서 날도 바꾸었어. 그럼 그게 아버지 도끼일까?"

"아버지도 사라지고 도끼도 사라졌지만…… 그래도 여전히 아버지 도끼죠."

"맞아. 이게 사고의 기본이야. 아버지 도끼는 존재하지 않고 개념으로 살아 있는 거지. 잘 생각해봐. 우리가 개를 개라고 할 때도 개의 형태를 지칭하는 게 아니라 사실은 노루와의 차이를 얘기하는 거라네. 명명은 약속된 기호야. 전쟁 중에 종로가 폭격당해서 건물이 다 쓰러져 없어져도 우리는 그곳을 여전히 종로통이라고 불러. 그게 언어고 우리는 언어를 기반으로 생각을 하는 거야. 정리하자면 물질 그 자체가 언어가 아니라 차이의 의미가 언어란 말일세."

"최근에는 가장 물질적인 건축조차 장식이나 공간을 넘어서 정보로 이해하기 시작했습니다만."

"그걸 잘 분별해야 하네. 그래야 이 세계를 정확히 판단하고, 새로운 세계로 나아갈 수 있어. 가령 도로 가운데 노랗게 그은 선 있잖아? 중앙분리선. 자동차 타고 그거 넘어갈 수 있나, 없나?"

"넘어갈 순 있지만 안 넘어가죠."

"맞아. 안 넘기로 약속했으니 넘지 않는 거야. 그런데 고속도로 중앙분리대는 어때?"

"못 넘어가죠."

"맞아. 중앙분리대는 기호가 아니라 물질이거든. 반면 중앙분리선은 물질이 아니라 기호이고. 똑같은 분리의 역할을 해도 콘크리트로 중앙분리대를 만들어 못 가게 하는 것은 자연계로 규제하는 것이야. 반면 선이라는 기호를 긋는 건 법으로 금지하는 거지. 기호를 뒷받침하기 위해서는 법이 필요하거든. 이 세상은 자연계, 기호계, 법계 크게 세 가지로 나누어져 있다네. 이 세 가지는 전혀 다른 세계야. 이걸 이해해야 우리는 혼돈 없이 세계를 보고 분쟁 없이 대화할 수 있어."

폭풍우 친다고 바다를 벌하는 사람들

"섞이면 어떻게 되죠?"

"오늘부터 법으로 코로나를 금한다! 이런 황당한 논리가 나오는 거지. 오늘 몇 월 며칠에 코로나 바이러스를 사형에 처하는 법안을 국회의원들이 가결시켰다. 말이 되나? 바이러스에게 벌금을 물릴 수 있어? 안 된다고. 치료하는 인간들의 법은 만들 수 있지. 그것은 법계의 영역이야. 방역 시스템은 법과 제도의 논리인데, 그것을 마치 자연계의 일처럼 진리로 소통하면 안 돼. 어느 나라에서는 열흘 격리시키고, 한국은 보름을 격리시키는 것, 이것은 매우 자의적인 인간들의 법이야. 자연은 그런 거 없어. 15일이고 10일이고 상관 않는다고.

　옛날에 황제가 바다를 건너 싸우려고 하는데, 거센 물결이 다리를 부숴놨어. 격노한 황제가 바다에 태형을 내렸네. 바다를 죄인으로 몰아서 엄벌에 처한 거야. 왜? 자기 왕국이니까. 자기가 황제니까 모든 것 위에 있고 바다까지도 다스릴 수 있다고 믿는 거야. 그게 자연계와 법계를 혼동해서 생긴 어리석음이라네."

　"바다를 때리다니…… 인간의 착각과 어리석음은 끝이 없네요."

　"알렉산더가 통 속에 사는 거지 철학자 디오게네스를 찾아갔을 때 일화도 그 예야. 아주 유명한 얘기지. 대제국을 건설한 알렉산더가 조그만 통 속에 들어앉아 햇빛을 쬐는 디오게네스에게 그랬어.

　'나는 정복자니, 왕국의 일부를 너에게 줄 수 있다. 소원을 말해보라.'

　'비키시오. 당신이 햇빛을 가리고 있으니 비켜주시오.'

　디오게네스는 알고 있었어. 알렉산더가 지배한 건 법계의 세계였다네.

　'왕국은 네가 지배하지만 햇빛은 지배하지 못해. 왕국은 네 것이라도 태양은 자연의 것이다. 그러니 비켜, 나 지금 햇빛 쬐고 있는 거야. 네 권력 쬐고 있는 거 아냐. 난 이 통 속에서 살아. 네 왕국이 아니라.'

　디오게네스에게 통은 생각의 세계야. 그래서 권력자 앞에서 단호할 수 있는 거지. 네가 지배하는 세계로 나를 지배할 수 없다고. 내 생각을, 태양빛을 너는 지배할 수 없다고. 너는 그저 말 타고 땅 따

　　　　　　　　　　　　다섯 번째 수업 :

먹는 권력을 갖고 있을 뿐이라고. 그런데 독재자들이 그걸 몰라. 자기가 하늘도 움직이고 바다도 때리고 햇빛도 가릴 수 있다고 생각하지."

그런 '비논리'에 저항할 수 있어야 '자유인'이라고 그가 목소리를 높였다. 볼륨이 커진 동시에 밭은기침이 오래 이어졌다. 그의 호통, 그의 안타까움, 그의 쓸쓸한 미소와 지적인 열기…… 훗날 이 시간이 얼마나 그리울 것인가. 나는 녹음기를 바라보았다. 저 작은 기계 안에 차곡차곡 쌓이는 웅장한 지성의 메마른 기침 소리. 철창을 나온 호랑이를 마주한 채 쏟아내는 현자의 포효를 듣고 있자니, 간절하게 더 깨어 있는 삶을 살고 싶었다.

"선생님! 일상에서 생각하는 자로 깨어 있으려면, 구체적으로 어떤 연습을 해야 합니까?"

"뜬소문에 속지 않는 연습을 하게나. 있지도 않은 것으로 만들어진 풍문의 세계에 속지 말라고. 스스로에게 묻고 또 물어 진실에 가까운 것을 찾으려고 노력해야 하네. 그게 싱킹맨thinking man이야. 어린아이처럼 세상을 보고 어린아이처럼 사고해야 하네. 어른들은 머리가 굳어서 '다 안다'고 생각하거든. '다 안다'고 착각하니 아이들에게 '쓸데없는 거 묻지 말라'고 단속을 해. 그런데 쓸데없는 것과 쓸데 있는 것의 차이가 뭔가? 잡초와 잡초 아닌 것의 차이는 뭐냐고? 그건 누가 정하는 거야? 인간이 표준인 사회에는 세상 모든 것을 인간 잣대로 봐. 그런데 달나라에 가면 그거 다 소용없다."

"아직 저는 달나라에 못 가봐서요(웃음). 시인들은 달의 이면을 꿰뚫어보고 쓴다지만요."

"어렵게 생각할 것 없네. 중력과 질량만 봐도 그렇잖아. 지구에선 중력이 곧 질량이지만 달나라에선 아니잖아. 지구에서 사과를 밀고 던지는 것, 달나라에서 밀고 던지는 것, 화성에서 밀고 던지는 것, 다 다르잖아. 환경이 달라지면 기준도 달라져. 그래서 한나 아렌트는 『인간의 조건』이라고 쓴 거야. 자연의 조건, 사회의 조건처럼, 인간의 조건만 가지고 이야기하자는 거지.

인간을 기준으로 정해도 쉽지 않아. 인간중심주의, 휴머니즘도 보는 앵글에 따라 확확 달라지거든. 휴머니즘이라는 게 뭐야? 실존주의가 휴머니즘이야? 기독교가 휴머니즘이야? 아니면 유교가 휴머니즘이야?"

"요즘엔 인간중심주의라는 개념에도 비상이 걸렸어요. 하나의 중심축으로 돌아가던 세상이 생명 다양성의 세계로 전환되고 있으니까요."

"생명체 전체의 관점에서 보기 시작하는 거지. 그럴수록 경계를 알아야 해. 누군가와 대화할 때 그가 인간중심주의로 말하고 있는지, 탈인간중심주의로 말하고 있는지 그것부터 가늠해야 한다네. 철학이 따로 있는 게 아니야. 아까 말한 자연계(피지스), 법계(노모스), 기호계(세미오시스)처럼 범주를 구분해서 사고할 줄 알아야 하는 거야. 기호 안에서도 정확한 개념을 토대로 사고해야 하고.

안타까운 것은 사람들이 자연계, 법계에는 그나마 고개를 끄덕여도 기호계까지는 못 넘어와. 기호계야말로 놀라운 세계라네. 기호

다섯 번째 수업:

계에서 문학이 나오고 예술이 나오고 본격적인 철학이 나오거든."

"선생님은 대표적인 기호계의 인물이지만, 노모스(법계)와 피지스(자연계)를 두루 건너다니며 사셨지요. 기호계에서 보는 시야가 그만큼 넓기 때문이겠지요?"

"그렇지. 법의 잣대로 볼 때는 '소설 쓰시네요'라는 말이 얼마나 비웃는 얘긴가. 법으로 보면 소설이 가소롭겠지만, 소설계에서 보면 법이야말로 웃기는 말장난이야. 소설이 진리에 더 가깝지. 법은 내일이라도 바뀌어. 지역에 따라 달라져. 여기선 불법이 저기선 합법이지. 그게 무슨 진리인가. 그런데 소설로 쓰여진 『전쟁과 평화』나 『안나 카레니나』는 러시아 전쟁이 나와 아무 상관이 없어도 마치 내 비극의 가정사처럼 느껴지거든. 법적으로 제도적으로 아무런 관계없는 사람들인데도, 내 형제자매 같지. 그게 기호계의 힘이야. 그래서 나는 답답하다네. 과학 하는 사람, 정치 하는 사람, 경제 하는 사람이 문학을 알아야 해. 교양으로 인문학 하라는 게 아니야. 인문학은 액세서리가 아니라네."

중력을 거스르고 물결을 거슬러라

"선생님 말씀대로 만약 우리가 기호계의 문법으로 끊임없이 질문하고 사고하면, 외로움도 죽음도 겁낼 일이 아니겠지요."

"물론이야. 여섯 살 때부터 질문을 시작한 이래, 나는 타인과는 내내 껄끄럽고 소외되고 외로웠네. 내가 사는 내내 외로웠다고 하면 사람들은 '이 아무개가 외롭다니 우리가 찾아가서 좀 도와줍시다' 그래. 제발, 오해하지 마시게. 그건 남이 도와줘서 없어질 외로움이 아니야. 다르게 산다는 건 외로운 거네. 그 외로움이 모든 사회생활에 불리하지만, 그런 자발적 유폐 속에 시가 나오고 창조가 나오고 정의가 나오는 거지.

둥글둥글, '누이 좋고 매부 좋고'의 세계에선 관습에 의한 움직임은 있지만, 적어도 자기가 가고 싶은 곳으로 가는 자가 발전의 동력은 얻을 수 없어. 타성에 의한 움직임은 언젠가는 멈출 수밖에 없다고. 작더라도 바람개비처럼 자기가 움직일 수 있는 자기만의 동력을 가지도록 하게."

"자기만의 동력이요?"

"백번을 말해도 부족하지 않아. 생각이 곧 동력이라네. 우리가 사는 세상은 중력 속의 세상이야. 바깥으로부터 무지막지한 중력을 받고 살아. 억압과 관습의 압력으로 살아가기 때문에, 생각하는 자는 지속적으로 중력을 거슬러야 해. 가벼워지면서 떠올라야 하지. 떠오르면 시야가 넓어져."

"생각이 많으면 무거워지는 게 아니라 가벼워진다고요?"

"생각이 날개를 달아주거든. 그래비티, 중력에 반대되는 힘, 경력이 생기지. 가벼워지는 힘이야. 그런 세계에서는 사실 '사회성'이라는 건 중요하지 않아."

다섯 번째 수업:

"(반색하며) 사회성 떨어지는 저 같은 사람도 희망이 있겠네요."

"하하. 사회성 좋은 사람이 위대한 철학자가 되고 예술가가 된 사람 있으면 나와보라고 해. 철학자 헤겔도 훌륭한 성품은 아니었어. 하숙집 딸과 결혼하겠다고 공짜로 머물다가, 나중엔 그 모녀를 낯선 동네에 데려다 놓고 몰래 도망간 이력이 있어. 나중에 자식과 친권 소송을 벌이기도 해. '나는 네 애비가 아니다'라고 부정했고, 그 아이는 결국 군대에 가서 죽었지. 헤겔은 역사철학을 만들어서 마르크스에게 영향을 미치고 전 세계의 정신세계를 지배했는데, 그 자신은 정작 상식적인 사회생활, 가정생활을 못 했다고.

성공한 사람들…… 뒤집어보면 다 실패자들이야. 양면이 있는 거야.

『레미제라블』을 쓴 빅토르 위고는 죽을 때까지 자기 아버지가 진짜인지 의심했어. 어머니가 밤낮 사교계에 드나들었거든. '내가 당신 아들이 맞습니까?' 하고 하도 의심을 하니까, 친부가 위고를 산 꼭대기에 데리고 올라가서 현장검증까지 했다지. '이 산이 너무 아름다워 손잡고 오르다 여기서 너를 가졌단다.' 유명한 이야기야. 지독한 사람들이지."

"스스로 생각한 자들의 그늘이군요."

"서양 위인전 읽다 보면 머리가 돌아버릴 정도지. 컴퓨터 만든 친구 있지? 튜링Alan Turing은 안 그런가? 튜링의 부모는 자식을 양자로 맡겨놓고 인도 식민지 공무원으로 근무했어. 몇 년에 한 번씩 영국으로 돌아와 자식을 봤으니, 그 어린아이가 정신이 성했겠나? 유일하게 마음이 통했던 친구도 죽어버려. 나중에 자기가 만든 컴퓨터에 그 친구 이름을 붙이잖아. 튜링이 평안한 삶을 살았겠나? 동성애자였고, 천재였고, 자살했지. 컴퓨터 없는 시대에 오직 개념으로 컴퓨터를 만든 사람이야. 끔찍한 가족사에서 그런 천재가 나왔다네.

그래서 나는 이런 생각도 들어. 자식은 부모에게 자연스러운 보살핌을 받고 자라야 하는데, 인위적으로 떼어놓으니 때로는 그 반작용의 힘으로 대단한 문명을 만들어내는구나. 그런데 그렇게 자연스러움을 거슬러 인위성, 인공적인 힘으로 만들어낸 문명이 과연 인간에게 잘 맞는 옷일까? 생각이 사회를 변화시키고, 합리주의와 계몽주의 시대를 열었고, 중세 암흑기에서 생각의 빛을 통과해 근대로 왔는데, 그게 진정 인간을 위한 흐름이었을까?"

"답을 찾으셨나요?"

"(미소 지으며) 답을 찾고 있는 중이라네. 계몽주의를 enlightenment라고 해. 그런데 어둠이 우리를 행복하게 했는지 빛이 우리를 행복하게 했는지는 명쾌하게 결론지을 수 없어. 중세적 평화가 오늘날보다 낫다는 사람도 있거든. 중세에는 근세와 같은 첨예한 갈등, 현대의 테러와 전쟁은 없었으니까. 기독교라는 하나의 가치 속에서 살았잖나. 객관적으로 보면 불행했는데 개개인으로 보면 의심 없이 모든 것을 신에게 맡겼으니 순종의 태도로 공포를 이겼지. 세례 받으면 천국 간다고 믿고 평화 속에 산 중세의 인간이 행복한 건지, 눈 뜨고 개인의 자아를 향해서 끝없이 회의하고 투쟁한 대낮의 인간, enlightenment를 지난 오늘의 우리가 행복한 건지, 나는 아직 모른다네.

다만 자네에게 얘기한 대로 우린 짐승이 아닌 인간이잖아. 주체적 인간으로 인간의 운명을 어떻게 바꿔가느냐, 그 선택지 속에서 폭넓은 사고를 해야 해. 동양 사상만 갖고도 안 되고, 서양 사상만 갖고도 안 돼. 나도 자네도 포함해서 모든 현대인은 중세와 근세의 역사적 수레바퀴가 지나간 벌판의 한복판에 고아처럼 떨어져 있는 거야. 여기서 한 발짝 한 발짝 걸으면서 생각해야 해. 동쪽으로 갈지, 서쪽으로 갈지."

"고아는 서글픈데, 고아라는 감각이 또 우리를 한 발 한 발 신세계로 떠미는군요."

"그렇지. 살아 있는 것은 물결을 타고 흘러가지 않고 물결을 거슬러 올라간다네. 관찰해보면 알아. 하늘을 나는 새를 보게나. 바람 방향으로 가는지 역풍을 타고 가는지. 죽은 물고기는 배 내밀고 떠밀려가지만 살아 있는 물고기는 작은 송사리도 위로 올라간다네. 잉어가 용문 협곡으로 거슬러 올라가 용이 되었다는 전설이 있지. 그게 등용문이야. 폭포수로 올라가지 않아도 모든 것은 물결을 거슬러 올라가거나 원하는 데로 가지. 떠내려간다면 사는 게 아니야.

우리가 이 문명사회에서 그냥 떠밀려갈 것인지, 아니면 힘들어도 역류하면서 가고자 하는 물줄기를 찾을 것인지…… 고민해야 한다네. 다만, 잊지 말게나. 우리가 죽은 물고기가 아니란 걸 말야."

6

손잡이 달린 인간, 손잡이가 없는 인간

이 컵을 보게. 컵은 컵이고 나는 나지. 달라. 서로 타자야.

그런데 이 컵에 손잡이가 생겨봐. 관계가 생기잖아.

손잡이가 뭔가? 잡으라고 있는 거잖아. 손 내미는 거지.

그러면 손잡이는 컵의 것일까? 나의 것일까?

'케이스 바이 케이스'에 진실이 있다

정육점의 고기를 볼 때마다 '우리는 모두 미래의 시체'라던 화가 프랜시스 베이컨이 생각난다. 우리는 모두 앞으로 시신이 될 사람들이다.

삶의 끝이 아닌 삶의 한가운데에서 죽음을 그려본다. 코로나 바이러스는 시간이 지날수록 수그러들 기미가 없었다. 사회적 거리두기 단계가 올라간 도심은 정적이 가득했다. 마스크 쓴 눈동자들은 겁에 질려 있었고, 사람들은 엘리베이터 문이 열리면 도망치듯 뛰쳐나갔다. 팬데믹이 장기화하면서 뉴스 화면은 유럽과 미국 곳곳에 늘어선 시신 트럭과 시체 안치소, 널브러진 관을 보여주었다. 장의사들은 비명을 질렀다. 장례 절차조차 사치였다. 죽음이 삶의 천막을 찢고 들어온 듯 서늘하고 일상적인 장면을 보며, 비감한 기분으로 평창동의 스승을 찾아갔다.

가장 생생하게 살아 있는 어른. 이어령 선생님을 만나면 거짓 희망이 아닌 정직한 미래를 볼 수 있을 것만 같았다. 겨울이 오면 봄이 온다는 단순한 사실조차 얼마나 큰 힘이 되는가. 가죽 슬리퍼를 신은 단정한 어른이 문을 열어주었다.

"선생님, 요즘엔 '희망을 버려야 살 길이 보인다'고 해요. 정신이 번쩍 듭니다."

"코비드의 d자가 disease잖나. 이미 병이 된 거야. 때 되면 앓는 인플루엔자처럼, 그냥 함께 살아가는 거라네. 백신도 인간이 개발한 화학 치료제가 아니야. 인체에서 생긴 면역체를 가지고 만드는 거지."

"네. 토착화되는 데 일이 년 걸린다고 해요. 그나저나 코로나로 녹다운과 초연결이 동시다발적으로 일어나서인지 저는 일상의 시간 감각, 공간 감각에 에러가 생겼습니다. 어지러워요."

"어지럽지. 인류가 생겨난 이후 처음이니까. 세계화가 세계화를 막아버렸잖아. 문 닫고 이동 제한하고 마을과 마을을 봉쇄하고. 글로벌과 로컬이 한데 뒤엉킨 이 상태는 코로나의 역설이라네."

"바이러스 회오리가 아래부터 위까지 전 지구를 골고루 흔들어놓으니, 새롭게 전복된 시야가 생기는 것도 같습니다. 지구 생명체 전체에 시련이어도 언젠가는 겪고 넘어가야 할 과정이라는 데 동의

해요."

"인류가 늘 그렇게 살아왔어. 세계대전, 페스트, 에이즈, 사스……
인류는 끝없는 재앙 속에서 진화해왔네. 지금은 21세기니까 그에
걸맞은 글로벌 시련이 온 거야. 그런데 이번에는 각 나라 리더들도
합을 맞춘 듯 좀 특이한 사람들이야. 트럼프, 시진핑, 푸틴, 마크
롱…… 일종의 동기화(synchronism)라고 봐야 할까. 왜 매미들이 각
자가 울어도 자기들끼리 약속이나 한 듯 리듬을 맞추잖아. 박수 칠
때도 처음 칠 때는 각자 치지만 치다 보면 짝짝짝 박자가 맞거든.
그걸 동기화라고 해. 각 나라가 떨어져 있어도 어디서 혁명 나면,
비슷한 시기에 다른 데서도 일어나거든. 생명이든 문명이든 지구에
서 발생하는 모든 일은 약속이나 한 듯 하나의 흐름을 형성하고 있
지. 우리는 거기에 마리오네트 인형처럼 맞춰서 흔들거리고 있는지
도 몰라.

리처드 도킨스의 『이기적 유전자』도 결국 그런 얘기잖아. 우리가
사랑하고 일하는 것도 다 유전자를 퍼뜨리려는 일관된 프로그래밍
이라고. 그런 의미에서 보면 공자, 맹자, 노자도 다 국가와 인류 존
속을 위한 프로그램 선전원들이지(웃음). 나라에 충성을 바쳐라, 부
모에게 효도하라. 허허. 코로나 바이러스도 결국 인구 조절이라잖
나. 고령화로 늘어난 노인 인구 조절이라고. 그런데 거기서 또 놀라
운 신비가 있어."

"어떤 신비요?"

"이런 재앙이 끝나면 인구가 확 올라간다는 거야."

여 섯 번 째 수 업:

"생명의 욕구가 그만큼 힘이 센 거죠."

"그렇지. 아까 동기화처럼 전쟁, 역병 이후엔 생명이 꽃을 피워. 자연의 역사, 지구의 역사, 우주의 역사의 큰 드라마가 우연만은 아닌 것 같아. 우연이라면 로또복권 천만 번 당첨되는 것과 같은 확률의 우연이지. 과학자들은 모든 걸 우연이라고 해. 생명도 진화도 우연이라고. 모르면 다 우연인가? 허허. 빅 데이터를 보면 우연이란 없어."

"선생님은 조망의 시야가 넓어서 뒤와 앞을 동시에 보니 이야기의 사이즈가 늘 빅 히스토리를 향해 있어요."

"하지만 나는 작고 사소한 이야기를 즐긴다네."

"하지만 듣다 보면 어느새 커져 있어요. 다행히 오페라처럼 이야기의 크레셴도, 데크레셴도가 조절돼서 저는 흥이 납니다만."

"큰 얘기들은 다 똑같아. 큰 얘기는 '사람이 태어나서 죽었다'가 전부야. 큰 이야기를 하면 틀린 말이 없어. 지루하지. 차이는 작은 이야기 속에서 드러나거든. 디테일 속에 진실이 있다고. 외국 논문을 보면 모든 게 아주 작고 시시콜콜한 데서 시작해. 구체적이지. 반면 우리나라 논문은 「8·15 해방과 한국 민주주의의 발전」 이런 식이야. 안타까운 일이네.

한국 유학생들이 유학 가서 지적받는 게 뭔 줄 아나? 문제를 구체화(specific)하지 않고 일반화(generalize)한다는 거야. 한국인들은 공통적으로 거대담론을 좋아해. 나도 그런 특성이 있다는 걸 부정하지 않아. 하지만 나는 아주 작고 사소하고 구체적인 이야기에서 시작해. 추상적인 이야기는 질색이거든."

"생활 속을 파고드는 이야기를 좋아하시죠. 문화부 장관 시절에도 가장 잘한 일이 '노견(路肩, 길어깨)'을 '갓길'로 만든 거라고 하셨잖아요."

"그랬지. 생활 언어에서 일반 언어로 나아가는 게 순서야. '효도 해라' '정의를 실천해라' 이런 큰 일반론을 주장하는 건 공허해. 간단한 문제가 아니잖아. 사르트르도 그랬지. 징집 영장과 어머니 부고를 동시에 받았어. 군대에 늦으면 탈영이다. 너는 어머니 장례식에 갈래? 군대에 갈래? 퍼블릭과 개인의 의무가 충돌할 때 어떡할 거냐는 거지. 인간사가 그렇게 간단하지 않다네."

"케이스 바이 케이스라는 말이 허투루 생긴 말이 아니지요. 인간은 모두가 개별적인 존재니까요."

"그래서 마이클 샌델이 '정의란 무엇인가'라는 주제를 놓고 하버드대 학생들하고 논쟁하잖아.

'고장 난 전차가 오고 있다. 선로가 갈라져 있다. 나는 스위치를 바꿔주는 사람이다. 그냥 두면 트레일러가 열 사람의 인부를 깔아 죽이고, 선로를 바꾸면 한 사람이 죽는다. 어떻게 할래?'

학생들은 당연히 열 명을 살리기 위해 한 명을 희생시켜야 한다고 해. 그러면 그다음에는?

'그 한 사람이 네 친구고 다른 쪽의 열 사람은 모르는 사람이다. 어떻게 할래? 그 한 사람이 네 가족이고 다른 쪽의 열 사람은 친구다. 어떻게 할래?'

가혹해도 케이스를 파고드는 거야. 그 목적이 뭐겠나? 처음에 쉽게 결정했던 일반론이 정답이 아닐 수 있다는 거지. 그걸 깨닫기 위해 케이스 스터디를 하는 거야. 일반론이 진리인 줄 알지만, 그게 아니라는 걸 깨달아야 하네."

나는 타인의 아픔을 모른다

"주기도문에 나오는 '우리를 시험에 들게 하지 마옵시며'의 바로 그런 상황들…… 딜레마죠. 살다 보면 수렁에 빠진 것 같은 그런 문제 상황이 생깁니다."

"그럴수록 정신 차리고 봐야 해. 코로나 시절에는 더욱 그런 문제들이 많이 발생해. 한 사람을 구할 것인가, 아홉 사람을 구할 것인가. 마스크는 굉장히 여러 가지 함의를 갖고 있다네. 마스크는 처음엔 내가 살기 위해 썼지? 지금은 어떤가? 나를 위해서도 쓰지만 남에게 안 옮기려고 써. 사회적 시선의 강제가 있지. 마스크 안 쓰면 벌금을 물린다고 하니까. 그러면 마스크는 쓴 게 아니라 '입마개'처럼 씌워진 게 되는 거야. 쓴 거든 씌워진 거든 마스크를 한 건 똑같지만, 파고들어가면 마스크 한 장에 사회와 나의 관계가 나와. 식민지 생활 오래 한 사람은 자기가 스스로를 보호하는 게 아니라 국가가 명령하니까 하는 거야. 복종이고 강제지."

"사회적 매너와 자율성 사이에서 내적 아우성이 있어요. 저만 해도 야외에서는 마스크를 좀 안 하고 싶은데, 잠깐 내렸다가도 저 멀리서 사람 오는 게 보이면 화들짝 놀라서 다시 쓰게 되더라고요."

"스웨덴은 일절 관여를 안 해. 국가에서 통제하지 않지. 쓰든 말든 알아서 해라. 그러니까 다 쓰고 지켜. 교통법규도 그래. 법규를 없애면 오히려 법규를 지켜."

"선생님은 인간의 자율성에 대한 믿음이 있으신 거죠?"

"자율성이 아니라 생명의 주권에 대해 이야기하고 있는 거라네. 개인의 생명에 국가나 제도가 관여하기 시작하면 그게 전체를 위한 합리적인 결정 같아도 위험해. 미친 사람 가두는 건 당연해 보이지만, 미쳤다는 걸 누가 결정하느냐 말이지. 겉으로 보면 감옥이나 정신병원은 당연해 보여도 그 안에 억울하게 갇힌 사람이 얼마나 많겠나. 정상이 아니라는 건 누구의 결정이야? 내 말은…… 환자든 죄인이든 격리하고 처벌을 내릴 때, 무조건 '전체를 위한 결정'이라는 일반론에서 시작하면 안 된다는 거야. 항상 개인의 관점을, 제도의 맹점을 함께 봐야 해. 그런 것들을 보완하기 위해서 재판도 법도 그물을 촘촘히 하고 정밀해지는 거지만, 특정 상황에서, 마음대로 할 수 있는 권력이 있다고 가정해보라고."

"경계해야죠."

"경계해야지. 지금 코로나에 대한 대응도 나라마다 다 달라. 중국은 확진자가 사는 집에 못질까지 해버렸어. 거기는 그래서 코로나 잡지 않았느냐고? 내가 걸렸다고 상상해봐. 그게 옳다고 말할 수 있는지. 소름 끼치는 얘기야. 4천만에 속해 있어도 한 사람은 그냥

여섯 번째 수업:

한 사람이야. 아흔아홉 마리 양을 버려두고 한 마리 양을 구하러 간다는 예수의 말을 생각해보라고. 왜 그랬을까? 아흔아홉 마리가 한 마리보다 귀한 것 같지? 경중이 다를 것 같지? 아니야. 아흔아홉 마리도 다 한 마리씩이야."

"선생님! 아흔아홉 마리 양을 두고 길 잃은 한 마리를 찾아나서는 예수 이야기가 여기서 왜 나옵니까? 우리가 숫자의 논리에 현혹되어 있다는 말씀인가요?"

"이보게! 한 마리가 길을 잃었다면 다른 아흔아홉 마리도 길을 잃을 수 있어. 왜 그 생각을 못 하나? 길 잃은 한 마리가 아흔아홉 마리와 다른 게 아니야. 똑같아. 똑같다네. 어려운 얘기가 아니야. 한 명의 죽음은 모두의 죽음을 예표하는 거야."

"네, 압니다. 그래서 〈라이언 일병 구하기〉 같은 영화가 나오는 것일 테지요. 라이언 일병 한 사람을 어머니에게 돌려보내기 위해 전장에서 수많은 희생을 감수했던⋯⋯."

"그 반대편에 있는 소설이 레마르크의 『서부 전선 이상 없다』야. 참혹한 전쟁터에서 청년들이 죽어나가지. 주인공 폴이 총에 맞아 숨을 거두던 날 '서부 전선 이상 없음'이라는 최고사령부의 공식 발표가 나온다네. 거기선 백 명 이상 죽으면 이상이 있지만, 한 사람이 죽으면 아무런 이상이 없어. 그런데 죽어간 폴의 어머니에게는 과연 서부 전선에 이상이 없었던 걸까?"

"⋯⋯'이상 없다'는 말이 잔인하게 들리네요. 나의 고통이 '이상 없음'으로 처리될 때, 타인의 안도 속에 더 큰 소외가 일어나는군요."

"'백만 명이 죽었다'고 하면 그건 통계야. 백만 명이 죽어도 그건 다 한 사람의 사적 죽음이거든. 그걸 잊으면 안 돼. 이 세상에 백만 명이라는 건 없어. 국가에서, 사회에서 볼 때 백만 명인 거야. 서부 전선도 독일 병사의 시각에서 보니까 '서부 전선'인 거잖나. 그게 인식론의 문제야. 철학자들이 말하는 타자성의 철학이 거기서 나오지. '타자를 나의 것으로 만들지 말고 그가 있는 그대로 있게 하라.'

타자의 절대성을 인정하는 게 사랑이고, 그 자리가 윤리의 출발점이라네. 타자를 나의 일부로 받아들이기 위해 왜곡해선 안 돼. 일례로 우리는 내가 아플 때 남이 그걸 아는 줄 알아. '아프냐? 나도 아프다!' 그런데 그 아픔은 자기 아픔을 거기다 투영한 것뿐이네."

"나는 타인의 아픔을 모른다고요?"

"몰라. 모른다네. '지금 저 사람이 피를 흘려서 얼마나 아플까?' 그건 자기가 아픈 거야. 자기 마음이 아픈 거지. 우리는 영원히 타인을 모르는 거야. 안다고 착각할 뿐. 내가 어머니를 아무리 사랑해도 어머니와 나 사이에는 엷은 막이 있어. 절대로 어머니는 내가 될 수 없고 나는 어머니가 될 수 없어. 목숨보다 더 사랑해도 어머니와 나의 고통은 별개라네. 존재와 존재 사이에 쳐진 엷은 막 때문에. 그런데 우리는 마치 그렇지 않은 것처럼 위선을 떨지. '내가 너일 수 있는 것'처럼.

그런 면에서 보면 일본인들이 솔직해. 깊은 사유의 결과라기보다는 관습이 그래. 대담하게 윤리의 선을 넘고, 그 모순을 있는 그대로 드러내 보여."

여 섯 번 째 수 업 :

"다자이 오사무의 『인간실격』 같은 작품만 봐도…… 자신의 추함과 추락을 낱낱이 관찰해서 드러내죠. 짐승의 몸으로 신을 갈망하는 존재가 인간이라면, 일본인들은 그러한 특질을 부끄러워하지 않는 것 같습니다."

"자신의 동물적 본능을 억압해왔지만 일본 작가들은 아무렇지 않게 드러내는 편이지. 한국 작가로는 김승옥 정도야. 가령 김승옥은 이런 식으로 써. '고향인 무진에 갔다가 성묘를 하지 않았는데, 비가 와서 하루 더 묵는 바람에 어머니 산소에 갔다.' 그리고는 '비가 나를 효자로 만들었다'라고.

보통 작가들은 이렇게 못 써. 일본의 경우 포르노 아닌 순수문학 작품에서도 담담하게 형수랑 자고, 며느리랑 자고…… 노벨상 받은 작가급도 그런 식이야. 다자이 오사무, 무라카미 하루키를 우리 젊은 독자들이 좋아하는 것도 그런 이유인지 몰라."

손잡이 달린 인간, 손잡이가 없는 인간

"성경에도 인간의 못남과 부도덕함이 바닥까지 다 드러나 있잖아요. 다윗 왕은 전쟁터에 나간 부하의 아내를 탐했고, 유다도 며느리인 다말과 합방했다고 기록되어 있지요. 비루함과 위대함이 다 한몸에서 나왔다는 거죠."

"그런 의미에서 기록자들, 작가나 예술가는 특별한 사람이 아니야. 도덕자나 지식자가 아니라네. 감추고 싶은 인간의 욕망, 속마음을 광장으로 끌어내 노출시키는 사람들이지. 거울로 비춰주는 거야. 보통 사람은 비참한 자기 얼굴을 안 보려고 해. 흐린 거울이나 깨진 거울로 보지. 직면할 용기가 없으니까. 예술가만이 일그러진 자기 얼굴을 똑바로 봐.

왜 주사 맞을 때 고개 안 돌리고 똑바로 쳐다보는 사람 있지? 독한 사람이잖아. 바늘 들어가는 거 보는 사람, 심지어 그 장면과 느낌을 묘사하는 사람…… 그런 사람이 예술가가 돼. 지독한 인간들이지."

"자기 삶이 사소하면 사소한 대로 비루하면 비루한 대로, 정직하게 기록하는 인간들이야말로 담대한 사람들이죠. 일본 문단이 부러운 게, 그런 사소설 분야가 잘 발달돼 있어요."

"무라카미 하루키가 잘하더구만."

"새로운 이야기보다 그 기록의 태도에 반응하는 것 같아요. SNS를 봐도 그 어느 때보다 '일상을 꾸준히 정확하게 기록하고 싶다'는 욕구가 자주 보여요. 정확할수록 공감과 차이를 다 끌어낼 수 있어서겠죠?"

"정확성보다는 솔직성이 우선이네. 솔직해야 정확할 수 있어."

"솔직성이 선행조건이군요. 좀 전에 주삿바늘 얘기도 하셨는데, 자기 육체의 고통을 정확하게 바라보고 솔직하게 기록하는 사람들도 늘고 있어요. 가려졌던 사람들의 일상적 통증이 들춰지니, 그동안 '건강조차 이데올로기화했던' 사회의 편견이 다 새롭게 보였어요."

여섯 번째 수업:

"이데올로기 사회도 이데올로기 소설도 나는 나쁘다고 생각해."

"네. 개개의 인간을 커다란 이불로 다 덮어버리니까요. 요즘엔 이데올로기 소설은 거의 찾아볼 수 없어요."

"아무렴. 자네와 얘기하는 것도 커다란 이불을 하나하나 들추는 작업이야. 바깥에 있는 덮개, 내부에 있는 덮개, 다 까야 진실이 드러나. 예술가라면 그동안 사회가 덮어왔던 것들을 까발려야지. 한 꺼풀 한 꺼풀. 죽음이라는 게 뭔가, 산다는 게 뭔가, 친구가 뭔가, 사회가 뭔가……."

"자네도 짐작하겠지만, 나는 그동안 집단주의, 국가주의를 경멸해 왔네. 바글바글한 데는 끼고 싶지 않아서 해수욕장도 안 갔어. 사람들 잔뜩 있는 곳에서 군중의 한 사람으로 끼어 있는 게 싫었다네."

"무리 속에 숨어서 안전하게 살고 싶은 생각이 한 번도 없으셨어요?"

"(단호하게) 싫어. 보들레르도 그랬잖아. '주여, 내가 저들과 똑같은 숫자의 하나가 아니라는 것을 증명하기 위해서 아름다운 시 한 줄을 쓰게 하소서.'"

"아름다운 오만이군요!"

"오만이 아니야. 인간은 다 그래야 하는 거야."

"내가 타인과 다르다는 것을 증명해야 한다……?"

"그렇게 하지 않으면 그건 '떼'로 사는 거라네. 떼 지어 몰려다니는 거지. 그게 어떻게 인간인가? 그냥 무리 지어 사는 거지. 인간이면 언어를 가졌고, 이름을 가졌고, 지문을 가졌어. 그게 바로 only one이야. 무리 중의 '그놈이 그놈'이 아니라 유일한 한 놈이라는 거지. 그렇게 내가 유일한 존재가 되었을 때 비로소 남을 사랑하고 끌어안고 눈물도 흘릴 줄 아는 거야. 내가 없는데 어떻게 남을 끌어안겠나? 내가 없는데 어떻게 우리가 있어? 그런데 '나 없는 우리?' 아니 될 말씀이야. 큰일 날 소리지. 그래서 내가 사이를 강조했잖아. 나와 너 사이. 그 사이에 나도 있고 너도 있다는 거지. 자네와 나 사이에 interview가 있는 것처럼."

"갈수록 inter가 중요하죠."

"중요해. 앞으로 점점 더 interface 접속장치가 중요해. (컵을 가리키며) 이 컵을 보게. 컵은 컵이고 나는 나지. 달라. 서로 타자야. 그런데 이 컵에 손잡이가 생겨봐. 관계가 생기잖아. 손잡이가 뭔가? 잡으라고 있는 거잖아. 손 내미는 거지. 그러면 손잡이는 컵의 것일까? 나의 것일까?"

"서로의 것이죠."

"컵에 달렸으니 컵의 것이겠지만, 또 컵의 것만은 아니잖아. '나 잡아주세요'라는 신호거든. '손잡이 달린 인간으로 사느냐. 손잡이 없는 인간으로 사느냐.' 그게 중요한 차이를 만들어. 그런데 또 한편 컵에 손잡이가 아니라 자기 이름이 쓰여 있다고 생각해봐. 갑작스럽게 내 것이 되잖아. 같은 사물인데도 달라지는 거야. 유일해지는 거지. 이런 생활 속의 생각이 시가 되고 에세이가 되고 소설이 되고 철학이 되는 거라네."

시인이 따로 있고 철학하는 사람이 따로 있다고 생각하지만, 일

여 섯 번 째 수 업 :

상에서 우리는 이미 다 시인이고 철학자라고 스승은 목소리를 높였다. 밥숟가락으로 밥을 먹듯, 언어를 사용하는 누구나 할 수 있는 것이 예술이고 철학이라고.

"요리사만 요리하나? 집에 오면 다 요리하잖아."

듣고 보니 그러했다.

열띤 토론을 벌인 후엔 선생님은 늘 점심 먹고 가라고, 나를 불러세웠다. 당신의 접시에 있던 스테이크와 생선을, 브로콜리와 채소를 내 접시로 직접 옮겨주고는 흐뭇하게 내가 먹는 모양을 지켜보시곤 했다.

"나는 많이 먹지 못해. 천천히 들게나. 물김치도 먹고 사과도 먹고, 후식까지 배불리 먹게나."

선생이 씹어주는 지식으로 정신의 허기를 채우고, 나눠준 음식으로 육체의 허기를 채운 날이면, 한동안 아무도 만나고 싶지 않고 아무 음식도 입에 대고 싶지 않았다. 혼자 있어도 외롭지 않고 끼니때가 되어도 주리지 않았다. 신기한 일이었다.

7

파 뿌리의 지옥, 파 뿌리의 천국

"끝까지 이기적일 것 같은 사람도
타인을 위해 파 뿌리 하나 정도는 나눠준다네.
그 정도의 양심은 꺼지지 않는 존재가 인간이거든."

기자로서 나의 생활은 선생님을 만나는 일과 묘하게 영향을 주고받으며 돌아갔다. 내가 의문을 가지고 쓴 칼럼에 스승의 의견을 듣는 일은 즐겁기도 동시에 두렵기도 했다. 두려움은 무서움이라기보다는 다른 세계로 확장되기 직전의 긴장과 떨림에 가까웠다. 매주 화요일의 그 만남은 공적인 일도 사적인 일도 아닌 채로, 매일 남루해지는 나를 일으켜 세웠다. 선생은 휘파람 불 듯 무심하게 '내가 죽거든 책을 내게'라고 말해서 나를 놀라게 하곤 했다. 때로는 비바람이 분 뒤 젖은 낙엽 위로 그날이 왔고, 때로는 축복처럼 눈이 내린 후의 아침이기도 했다.

어쩌면 우리는 모두 파 뿌리

"제가 어제 '부탁'에 대한 칼럼을 썼어요. 성공한 사람 중에는 도움을 받기만 하는 '테이커taker'보다 도움을 주는 사람 '기버giver'가 많습니다. 그런데 요즘엔 도움을 주는 사람만큼이나 도움을 요청하는 '리퀘스터requester'도 중요하다고 해요. 사람들은 거절이 겁나 부탁을 두려워하지만, 실험해보면 많은 사람들이 타인에게 도움을 주기를 기다리고 있다는 거죠. 사회적으로 묻힐 수 있는 자원을 캐내어 유통시킨다는 차원에서, 부탁이 매우 역동적인 행위라는 데 대해 어떻게 생각하세요?"

"그게 마스크와 똑같은 얘기라네. 마스크는 나를 위해 쓰지만 남을 위해서도 쓰잖아. 부탁도 그래. 나를 위해 하는 거지만, 그게 남에게도 유익이거든. 나는 남에게 부탁할 수도 부탁받을 수도 있어. 그걸 알기에 도와주는 거야. 반대로 남한테 부탁 안 하는 사람은 남의 부탁도 잘 들어주지 않아."

"맞습니다. 빈자들은 늘 타인의 도움을 필요로 하기에 이웃의 부탁을 선선하게 들어주는 한편, 부자들은 타인의 도움이 필요 없기에 이웃을 신뢰하지도 부탁을 들어주지도 않는다고, 데이비드 데스테노David DeSteno라는 사회심리학자가 그러더군요."

"어려운 얘기가 아니야. 보통 사람들은 길거리에서 남의 부탁을 받으면 쉽게 거절 못 해. 돕는 게 생존에 유리하거든. 살아남으려는

'이기적 유전자'가 이타성으로 프로그래밍이 돼 있어. 타인의 부탁을 거절 못 하는 게 딱 그 얘기야."

"사회적 생물의 특성이죠."

"사람들이 다 자기만 아는 것 같잖아? 실제로는 안 그래. 길 가는데 어린애가 물에 빠져 허우적거리잖아? 그러면 백이면 백, 다 뛰어들어서 그 어린애부터 꺼내. 버스가 진흙탕에 빠져 헛바퀴 돌리고 있으면 지나가던 사람이 차에서 내려서 함께 민다고. 그래서 그 유명한 소설 도스토옙스키의 『카라마조프의 형제들』의 파 뿌리 이야기가 나오는 거야. 심오한 이야기지.

살면서 선행을 베푼 적 없는 인색한 노파가 지옥에 갔어. 지옥불에 빠져 허우적거리는데 수호천사가 그 노인을 가엾게 보고 하나님께 간청을 하지. '생전에 저 노파가 거지에게 파 한 뿌리를 준 적이 있으니 선처해달라'고.

하나님은 그 노파가 파 한 뿌리를 붙잡고 천국으로 오는 것을 허락해. '평생 인색했지만 그래도 파 한 뿌리의 작은 선행이라도 했으니 그것을 기억한다'고. 노파가 신이 나서 파 뿌리를 붙잡고 지옥불을 빠져나오려는데, 그걸 본 다른 놈들도 '살려달라'고 그 파 뿌리에 우루루 아귀처럼 달라붙는 거야.

노파가 달라붙는 손길을 밀쳐내며 소리쳤지.

'이거 내 파 뿌리야!'

그 순간, 후드득 파 뿌리는 끊어지고 모두 지옥불에 떨어졌다네."

스스로 파 뿌리의 은혜를 입었다는 것조차 모르는 인간의 이기심

　　　　　　　　　　　　　　　　　일곱 번째 수업:

에 뼈가 저렸다.

"어쨌든 파 뿌리 하나의 선행이라도 신에게 구제받을 수 있다는 희망이 생기네요."

"끝까지 이기적일 것 같은 사람도 타인을 위해 파 뿌리 하나 정도는 나눠준다네. 그 정도의 양심은 꺼지지 않는 존재가 인간이거든. 남을 위해 뭔가를 해주려는 마음이 인간에게는 있어.

러시아 대문호 도스토옙스키는 『카라마조프의 형제들』에서 막내아들 알료샤를 통해 많은 걸 이야기하네. 알료샤는 수사가 되려 했지만, 자신이 존경하는 신부가 죽고 그 몸이 썩자 창녀를 찾아가 고민을 털어놓지.

'내가 수사가 되기는 틀렸다. 고결한 성인도 저렇게 되는데, 나는 이미 죄인이니 다 글러먹었다.'

그때 창녀가 알료샤에게 해준 이야기가 파 뿌리 이야기라네. 그날 밤 깜빡 잠이 들었는데 알료샤의 꿈에 죽은 신부가 나타난 거야. 천국에서 잔치가 열렸다면서 알료샤를 불렀다네.

'너 뭐하는 거야? 빨리 와.'

'거기는 천국이잖아요. 저는 못 가요.'

'무슨 소리야? 여기 있는 사람들 다 파 뿌리들이야.'"

"아! 천국에 온 자들이 다 파 뿌리였다는 거죠?"

나도 모르게 기쁨 섞인 탄식이 나왔다. 살면서 파 뿌리가 이토록 감미롭게 느껴진 적이 있었던가.

"맞아. 인간은 다 구제불능으로 이기적이라고 생각했는데, 그래도 각자 붙들 파 뿌리 하나씩은 있었던 거야. 하다못해 길거리에서 라이터 하나라도 빌려줬던 거야. 싫어도 본능적으로 타인에게 건넸던 거야. 그게 인간이야. 인간의 참모습이야. 천국에 가보니 가까스로 파 뿌리 붙잡고 올라온 자들이 가득한 거야. 부탁하고 도움 주고…… 설사 그게 하찮은 것이라도 서로를 구제해주는 파 뿌리라는 거지. 그러니까 돈 빌려달라면 푼돈이라도 주고, 누가 떨고 있으면 자기 외투라도 벗어주는 거야, 대단히 선량하지 않은 아주 보통의 인간들이. 어떤가?"

선생의 장난스러운 미소가 마치 '자네도 나도 다 파 뿌리지?'라고 말하는 것 같아 묘한 동지 의식이 느껴졌다.

"파 뿌리의 지옥이 아니라 파 뿌리의 천국이라니, 안도감이 듭니다."

"정신과 의사 빅터 프랭클Viktor Frankl이 유대인 수용소에서 경험한 이야기 『죽음의 수용소에서』도 그런 거잖아. 지옥 같은 수용소에서 서로 살려고 악다구니를 쓸 줄 알았던 거야. 극한상황이 오면 악마의 본성이 살아날 거라고. 그런데 전혀 예상치 못한 풍경이 펼쳐졌어. 못된 깡패가 남을 위해 봉사하고, 피도 눈물도 없을 것 같은 나치 장교 중에도 인간적인 사람이 있어. 배신하는 놈은 평소 믿었던 사람이야. 극한에 몰리지 않으면 인간은 모르는 거라네. 수용소에 와서 비로소 인간의 민낯을 본 거지. 보통 때는 감추고 살아. 자기도 자기가 어떤 인간인지 모르는 걸세. 불이 나봐야 알고, 홍수가 나봐야 알고, 코로나가 덮쳐와야 아는 거야."

일곱 번째 수업:

"나를 덮고 있던 위선과 위악을 다 들춰내는군요, 극한상황이."

"그렇지. 극한상황에 놓인 인간을 관찰하고, 그 반응이 진짜라고 생각하는 게 실존주의라네. 그런데 자네가 내게 '부탁'에 대해 처음 물을 때, 자네를 지배하고 있던 생각은 지극히 윤리적 발상이야."

"'사람들은 남의 부탁을 잘 안 들어줄 것 같지만, 실험해보면 돕는 자들이 훨씬 많다……' 이게 윤리적 발상이라는 거죠?"

"그렇다네. 인간이 선하냐, 악하냐. 성선설이냐, 성악설이냐…… 논의가 이렇게 흐르게 되면 그건 윤리적 판단이지. 진眞의 세계에 들어가면 선악과는 다른 차원으로 그게 진짜냐, 가짜냐로 갈라져. '인간이 참인가, 거짓인가'라는 질문은 '인간이 착한가, 착하지 않은가'의 물음하고는 다르다네. '참인가 거짓인가'는 생각을 다루는 인지론이고 '착한가 악한가'는 행위를 다루는 행위론이야. 선악善惡은 행위를 통해서만 드러나거든.

그런데 아름다움의 영역으로 들어가면 또 달라져. 살인자여도 잘생긴 사람 있잖아. 살인자라고 해서 다 험악하게 생긴 것은 아니거든. 그건 윤리하고도 관계없고 진리하고도 관계없어. 아름다움과 추함은 또 다른 거라네. 참을 다루는 진眞도, 행위를 다루는 선善도 아니야. 제 각자 미美를 느끼고 판단하는 것은 표현의 영역이라네.

생각을 다루는 인지론, 실천을 다루는 행위론, 표현을 다루는 판단론. 인간으로 풍부하게 누리고 살아가려면 이 세 가지 영역을 구분할 줄 알아야 하네."

"앞서 말씀하신 자연계, 법계, 기호계의 구분처럼 대상을 사고할 때도 인지와 행위와 판단의 영역으로 기준을 구분할 줄 알아야 한다는 말씀이지요?"

"맞아. 철학자 칸트가 바로 그 세 가지 영역을 질서 있게 정리했어. 진실(眞)은 『순수이성비판』에서 다루고, 선악(善)의 윤리 문제는 『실천이성비판』에서 다루고 아름다움(美)에 관한 것은 『판단이성비판』에서 다뤘지. 그게 모여서 서양의 세 가지 기준인 진선미眞善美가 된 거라네.

예를 들어볼까? 일상생활 속에서 우리가 신의 물리적 실체를 볼 수 있나? 이것은 '있다 없다'의 문제야. 인지론으로 보면 없는 거야. 순수이성이지. 그런데 세상 살다 보면 신이 있어야 해. 그래야 질서도 잡히고 선악의 기준도 생기거든. 그러면 그건 행위론이 되는 거야. 실천이성이지.

표현의 세계를 볼까? 흔히 시인을 신의 감정을 대필해서 표현하는 존재라고들 해. 그러나 물질중심사회에서 시인은 하등 쓸모없는 존재야. 그럼에도 불구하고 이 세상은 시인을 필요로 한다네. 철학도 시로 표현되면 더 잘 이해되거든. 그게 표현론, 판단이성이라네. 그렇게 서양은 세 가지 다른 기준으로 진선미, 의식주를 구분해서 논하는데 동양은 좀 두루뭉술해. 진이 선이고, 선이 미이고, 미가 선인 걸로 착각해. '착하지 않은 사람은 얼굴에 다 나타나.' 이렇게 얘기하거든. 진선미를 하나의 개념으로 보는 거지. 심지어 서로 갈등시켜서 진선미로 등수를 가려.

다시 얘기하지만 참과 거짓의 세계, 선악의 세계, 미추의 세계는

일곱 번째 수업:

범주가 달라. 이 세 개의 세계를 얼마나 잘 구분하고, 자연스럽게 융합하느냐가 서양과 동양의 큰 차이를 만들어."

사소한 이야기를 하고 싶은데 자꾸 이야기가 커진다며 선생은 미안한 표정으로 웃었다. '독자들이 부담스러워하지 않겠느냐' '지금 얘기한 거 하나도 못 쓰겠다'고 걱정스러운 기색을 내비치시며. 기질적으로 진지해서인지, 나는 스승의 말씀이 하나하나 달고 새로워 더 깊이 지혜의 두레박을 내려도 된다고 스승을 부추겼다.

사람마다 '진선미' 중에서 어떤 가치를 더 우선하는지, 또 사회마다 어떤 가치를 우선하는지 선별해보는 것도 흥미롭겠다는 생각이 들었다. 더군다나 최근에는 '자기다움의 윤리'로 진정성이라는 화두가 올라오면서, 가짜 아닌 진짜를 향한 욕구가 폭발적으로 늘었다.

'그 사람이 착한가, 이타적인가'를 묻는 도덕성, '그 사람이 예쁜가, 실력이 있는가'를 묻는 표현의 힘에 앞서 '그 사람이 정직한가, 일관되는가'라는 진정성의 잣대로 과거와 현재의 '위선'이 낱낱이 들춰지기 때문이다.

착하지 않아도 죄책감 느끼지 않고, 예쁘지 않아도 개성으로 긍정하며, 그 '다름의 값'을 치러야 한다면 기꺼이 타인의 미움까지도 감수하겠다는 용기 있는 사람들, '진짜 나'로 살기로 결심한 사람들, 참자기를 거부하는 거짓의 세계에서 빠져나온 스마트한 개인들이 사는 세상. 점차 이 세계는 그렇게 '진'의 세계를 중심으로 수만 가지 바코드의 선과 미를 재배열하며 나날이 팽창하고 있는지도 모른다.

구구단은 무조건 외울 수밖에 없어

"저는 평소에 선생님이 어떤 부탁을 하며 사시는지 물으려 했는데, 늘 그렇듯 더 깊은 세계로 이끌어주시네요. 또 하나의 궁금증이 있어요. 철학과 손잡고 선악의 문제나 이타성을 다루던 서구 심리학계가 몇 년 전부터 경제학과 손잡기 시작했어요. '어떻게 인간 행위를 유도하는가' 하는 행동심리학 쪽으로 연구가 쏠려 있죠. IT나 기술업계 전 분야에서 인간 심리에 따라 모든 제품을 디자인하고 있거든요. 모든 기업이 어떻게든 소비자의 시선을 붙잡아두기 위해 안간힘을 씁니다. 인간이 홀로 사색하도록 내버려두지 않아요. 그럴 땐 심리학이 경제학의 하녀가 됐다는 느낌도 들어서 좀 착잡합니다."

"따지고 보면 윤리학을 죽인 게 심리학이야. '내가 악해서 저 사람을 죽인 게 아니야. 스트레스 받아서 그런 거야.' 이렇게 분석하거든. 심리는 윤리적인 게 아니니까. 바닥으로 파고들어가면 그 바탕에는 유물론적인 사고가 있어. 호르몬, 전두엽…… 뇌과학으로 풀면 인간은 뇌의 전달물질에 따라 조종당하는 거야. 호르몬에 따라 흥분되고 스트레스 받고 우울해지고…… 윤리학은 정신적인 건데, 심리학이 생기면서부터 과학이 됐어. 뇌과학이 들어서면서부터는 윤리학의 자리를 심리학이 꿰찼고, 심리학이 인지론을 대신해서 AI가 되고 있다네."

"정확합니다. 인간 심리를 바탕으로 설계된 AI, 그 AI가 디자인한 환경에 맞춰 나의 심리와 행동이 따라가고 있어요."

"뇌과학, 인공지능으로 더 나아가면 이제는 로봇이 심리를 가졌느냐 안 가졌느냐를 다투겠지."

"그도 그런 게 요즘 저희 아이들은 인공지능과 농담도 하고 스무고개 놀이도 해요. 친구 같기도 하고 보모 같기도 하죠."

"커튼 쳐놓고 대화하면 자네도 앞사람이 로봇인지 사람인지 분간 못 할 거야. 기계에는 마음이 없다고 하지? 그것도 웃기는 소리일세. 사람도 그가 어떤 마음인지 어떻게 아나? 그 사람의 행동을 보고 아는 거야. 커튼 치고 한쪽은 로봇, 한쪽은 사람이 들어가서 대화해보면 기계가 더 인간 같을 수도 있어. 유물론으로 가다 보면 결과적으로 로봇과 인간은 다르지 않아. 마음도 화학물질론이 되니, 그런 식이면 로봇 하나 사면 되는 거지. 과학의 실수가 거기에 있네."

"과학의 실수요?"

"그래. 진짜 인간을 뺀 거야. 인간은 변덕스럽고 어디로 튈지 몰라. 보편성이 없어. 사실 모든 생물이 다 그래. 개구리가 어디로 튈지 모르는 것처럼. 그런데 생명 아닌 것은 안 그래. 0도에서 얼고 100도에서 끓지. 과학으로 일반화하려면 그 대상이 정물이어야 하는 거야. 생명이 없어야 하는 거지. 나비 관찰할 때 보라고. 날아다니는 나비를 관찰할 수 있나? 죽여서 포르말린 적셔 핀으로 꽂고 보잖아. 과학은 인간이 살지 않는 달나라, 인간이 살지 않는 우주를 기준으로 해서 만들어진 거야. 거기에는 인간이 없어. 그러니까 인간을 표준으로 하지 않는 것이 과학이야. 인간을 배제해야 성립되는 것이 과학이지."

"과학자들은 그것을 자부심으로 여기고 있더군요. 지구에서도 달에서도 화성에서도 동일한 수식으로 힘과 속도를 풀 수 있으니, 과학만이 유일하게 믿을 만하다는 거죠."

"과학은 유니버설, 우주적인 것을 기준으로 하고 있으니까. 만물의 척도를 인간으로 하면 비과학이 돼버려. 왜? 우주 공간에는 인간이 없으니까. 인간을 배제해야 통하는 게 과학이야. 그래서 과학은 '인간이 만물의 척도'라는 걸 인정 안 해. 과학의 눈으로 보면 인간이라는 표준은 가짜야. 인간을 기준으로 하면 제멋대로가 되거든. 사람은 몹시 제멋대로야. 어디로 튈지 모르지. 개는 훌륭하고 벼룩은 나쁘고 까마귀는 흉악하고 꽃은 아름다워! 그런 저마다의 개별적인 주관이 과학의 시야에서는 이물질이야. 인간을 없애야 과학이 선명해져. 그게 수학이라네. 수학은 인간하고 아무런 관계가 없거든. 그래서 구구단은 무조건 외울 수밖에 없는 거야. $6 \times 7 = 42$는 인간의 바깥에서 이미 정해진 논리야. 그래서 한국에서도 통하고 영국에서도 통하고 달나라에서도 통해. 수리라고 하는 것은 인간의 실제 경험과 관계없어. 어쩌면 신에 가까운 거지. 그런데 말이지……."

스승의 말끝에 맑은 기운이 돌았다.

"그런데요?"

"문학예술은 그렇지 않아. 인간을 중심으로 돌아간다네. 동물을 이야기해도 인간이 돼. 『이솝우화』처럼. 과학과 예술이 대립하는 이유는 분명해. 과학은 모든 것을 '비인간'으로 가정하고, 예술은 모든 것을 '인간'으로 상상하기 때문이라네. 물론 예술 중에서도 추상예술이 있지. 그런데 그 또한 인간 경험을 바탕으로 한 거야. 인간의 시각 경험으로 미술이, 청각 경험으로 음악이, 언어 경험으로 문학이 탄생한다네. 인간의 경험, 그 자체는 추상이 될 수 없거든."

"출발 지점은 달라도 과학과 예술은 또 끝없이 서로를 탐색하지 않나 싶어요. 많은 과학자들이 기하학적인 현대 추상미술을 좋아하고, 작곡가들은 수학을 바탕으로 현대음악의 구조를 만들어내고 있습니다. 현대음악 거장인 진은숙이 우주의 탄생 과정을 담은 〈별들의 아이들의 노래〉라는 대작을 작곡한 후 카오스 콘서트에서 과학자들과 함께 강연하는 걸 본 적이 있어요. 피아노 소리를 컴퓨터에 입력한 뒤 여덟 대가 동시에 연주해서 카오스 안의 질서를 이뤄간다든가, 주기적으로 반복되는 '프랙털'에서 미세하게 의미를 바꿔 기묘한 하모니를 만들어간다든지⋯⋯ 구조가 필요할 때 수학적 방법이 돌파구가 된다는 말이 새로웠어요."

"그런데 양자역학이 나오면서 그 세계가 또 한 번 부서진다네."

"무슨 말씀인지요?"

"양자역학의 세계는 보는 자에 따라 달라져. 존재하지 않는데 누군가 보면 또 나타나지. 뜬구름 잡는 얘기가 아니야. 물리 세계에서 모든 것은 입자와 웨이브로 나뉘는데, 양자의 세계로 들어오면 똑같아지거든. 웨이브가 입자고 입자가 웨이브야. 양자 컴퓨터가 그렇잖아. 보통의 컴퓨터는 0 아니면 1이지. 그런데 양자는 0이면서 동시에 1이야. 죽으면서도 동시에 삶이라는 거야. 아인슈타인도 몰랐던 거야. 양자역학에서 보면 우주의 블랙홀도 인간이 없으면 존재하지 않아. 양자역학 연구자들이 노자, 장자 같은 동양철학의 세계로 빨려들어오는 데는 다 이유가 있는 걸세."

"그야말로 '꿈속의 꿈이런가!'의 세계로군요!"

"그게 양자의 세계고, 뉴사이언스의 세계지. 양자 컴퓨터로 하면 0101로 계산해서 만 년이 걸릴 것을, 2백 초에 끝내버려. 지금 중국에도 양자 컴퓨터가 여섯 대쯤 있어. 양자의 세계로 들어가는 거지."

수시로 차원을 넘나드는 스승의 스토리텔링 방식이 내게는 양자역학의 세계처럼 여겨졌다. 죽음과 삶이 등 돌린 채 포옹하고, 진선미와 과학이 뫼비우스의 띠처럼 만나는 이어령이라는 양자역학의 산맥. 한창 열을 내다가도 선생은 '나는 사실 이런 어려운 얘기는 하고 싶지 않은데……'라며 주춤했다.

애초 '라스트 인터뷰'를 준비하면서, 나 또한 그가 이 땅에 남은 자들의 가슴을 적셔줄 잠언에 가까운 카운슬링의 언어를 들려주리라 기대했었다. 그러나 그는 항상 인터뷰어의 통제를 벗어났고, 그 예측불허의 확장성으로 덮여 있던 이불을 들추고, 그 안의 낯선 세계를, 세계의 민낯을 현미경처럼 비췄다.

아무것도 계획하지 않았기에 모든 것을 들을 수 있는 인터뷰라니…… 내가 얼마만큼 알고 얼마만큼 모르느냐에 따라, 스승은 때로는 신이 나서 때로는 분이 나서 목청을 높였다. 호기심과 천진성은 그의 본성이자 나의 본성이기도 했다. 과히 표를 내지는 않았지만, 내가 스승에게 강렬하게 끌리는 이유는 바로 그런 점 때문이었다.

밤사이 내린 첫눈, 눈부신 쿠데타

간간이 여름날의 소나기처럼 질문 없는 답이 숨통을 틔웠다.

"어제 첫눈이 내렸잖아."

"(반색하며) 어제 첫눈이 내렸죠."

"아침에 일어나서 창문을 열었더니 밤에 눈이 와서 새하얗게 깔린 거야. 그때 첫마디가 뭐야?"

"와! 눈 왔다!"

"손님이 온 것처럼 '눈이 왔다'고 해. 어릴 때 생각이 났어. 추워서 이불을 쓴 채로 창문 쪽으로 가서는 창호지 문구멍을 뚫어서 바깥을 보는 거야. 밤사이 내린 눈, 뜰에 장독대에 수북이 쌓인 눈을 보면, 너무 좋은 거야. 눈 내린 게 왜 그렇게 기쁠까? 낮에 내린 눈보다 밤사이 내려 아침에 보는 눈은 왜 그리 더 반가울까? 눈부시지. 맑지. 해는 비치는데 은빛으로 온 세상을 덮어버렸어."

"눈이

새하얗게 와서

눈이

새물새물하오

윤동주 시인의 시 중에 제가 아끼는 시예요."

"(환하게 웃으며) 경이롭지."

"밤사이 내린 눈은 왜 그렇게 경이로울까요?"

"변화잖아. 하룻밤 사이에 돌연 풍경이 바뀌어버린 거야. 우리가 외국 갔을 때 왜 가슴이 뛰지? 비행기 타고 몇 시간 날아왔더니 다른 세상이 된 거야. 하루하루 똑같던 날들에서, 갑자기 커튼콜 하듯 커튼이 내려왔다 싹 올라가니까 장면이 바뀌어버린 거야. 막이 내렸다 올라가는 건 일생 중에 그렇게 많지 않거든. 외국 여행을 한다든지, 수술했다 마취에서 깨어난다든지…… 그런데 일상에서 유일하게 겪을 수 있는 게 간밤에 내린 눈이라네. 잠자는 사이 세상이 바뀐 거지. 보통 쿠데타가 밤에 일어나잖아. 자고 일어났더니 탱크가 한강을 넘어 세상이 싹 달라진 거야. 밤에 내린 첫눈이 그래. 쿠데타야, 오래 권력을 누리지 않고 바로 사라지는 쿠데타. 오래 있어봐. 눈 녹으면 지옥이지. 곧 사라지니까 그만큼 좋은 거야. 아름다운 쿠데타."

"맞습니다. 아름다운 쿠데타네요."

"어제 보던 지붕, 어제 보던 길거리, 어제 보던 논밭이 하얀 바다처럼 변했을 때 세상이 얼마나 찬란한가. 눈 뜨면 달라진 세상, 그런 경이로움을 문학에서는 '낯설게 하기(ostranenie)'라고 하네. 그런 면에서 눈과 비는 느낌이 아주 달라. 비는 소리가 나잖아. 밤새 비

일곱 번째 수업:

내리면 들창에 사납게 들이치거든. 비에는 경이가 없어. 그런데 눈은? 고요하지. 고요한데 힘이 세.

그거 아나? 서양 사람은 눈을 소리로 표현하라고 하면 빗자루로 쓰는 소리를 내. 한국 사람은 함박눈이 펑펑 내린다고 하거든. 소리가 없어도 '펑펑'이라고 표현하는 거야. 얼마나 낭만적인가."

"어제 눈 왔을 때는 기분이 어떠셨어요?"

"문 열어보니까 눈이 왔어. 그래서 집사람한테 그랬지.

'눈 왔다.'

'그래? 정말?' 하고 문을 여는 거야.

가끔 거짓말을 하거든, 우리가. 어떤 드라마가 눈처럼 세상 바뀌는 걸 한순간에 보여주겠나."

멀리 북악산에 희끗희끗 남은 눈을 내다보며 그가 느릿느릿 말을 이었다. 이생에서 볼 마지막 눈인 것처럼, 그 경이로움을 눈에 모두 담아가려는 듯.

"봄 여름 가을 겨울…… 진달래가 피고 단풍이 지고 눈이 내리는 것 외에 아무런 변화가 없는 시골에서 나는 자랐네. 자연의 변화가 가장 큰 볼거리였지. 죽음을 앞둔 요즘은 꽃이 피고 단풍이 들고 눈이 내리면…… 더욱 어릴 적 환희에 가득 찬다네. 요즘 사람들은 어떤가. 바깥 창문보다 텔레비전 창문을 더 많이 보고 살잖아. 옛날엔 창문 열면 바깥에 들어찬 겨울이 들어왔는데, 이젠 인터넷 윈도우 창 열면 클릭 한 번으로 디지털 별세계가 쏟아져 들어와.

그래서 어제 오랜만에 밤사이 내린 눈이 더 별스럽게 좋았던 거야. 축복처럼 느껴졌어. 날리는 눈과는 비교할 수 없을 만큼.

날리는 건 송홧가루가 좋았네. 집 앞 큰 소나무에서 송홧가루가 날리면 세상이 노랗게 변하거든. 온 세상이 노랗게 수채화 속 풍경처럼 바뀌어버리는 거야. 인간은 절대 바람을 볼 수가 없어. 그런데 송홧가루를 통해 바람을 보는 거야. 하늘 전체에 노란 가루들이 움직이거든. 신비하지."

밤사이에 내린 눈과 송홧가루 날리던 풍경을 더듬으며 그는 행복한 신음을 내뱉었다. 줄어드는 그의 몸 안에서 홀로그램처럼 영상이 흩뿌려지는 것 같았다. 눈가루와 송홧가루가 방 안에 가득 찼다. 서정적인 분위기에 휩싸여 나는 다소 엉뚱한 질문을 던졌다.

마지막 춤은 나와 함께

"선생님, 만약 환생을 할 수 있다면 무엇으로 다시 태어나고 싶으세요?"

"환생, 부활…… 나는 그런 걸 아직 몰라. 기독교인이니 겉으로는 받아들이지만, 그 부분에 관해서는 사실은 nothing이야. 무언가 있다고 생각하면 삶이 이만큼 절실할까. 끝이라고 생각하니 절실한 거야. 그래서 나는 환생이나 부활도 삶의 양식으로 생각한다네. 내가 죽음 이후를 생각했다면 그렇게 일관되게 '메멘토 모리'를 얘기했겠나. 앞뒤가 안 맞지."

"한 번도 생각해본 적이 없으시군요."

"글쎄."

한동안 침묵이 흘렀다.

"눈물 한 방울은 어떻게 되고 있으세요? 눈물 한 방울을 생각하다 보니 웃음 한 모금도 생각하게 되었어요."

"(활짝 웃으며) 울 수 있는 사람만이 웃을 수 있다네. 짐승 중에는 웃는 짐승이 없어. 가끔 나무늘보가 스마일 배지처럼 웃는 표정을 짓지. 정말 웃을지도 몰라. 늘보가 나무에서 바삐 돌아다니는 인간을 내려다보면 얼마나 웃기겠어. 하루에 몇 센티미터 움직이는 놈이고 그 안에 모든 세계를 안고 있는 놈인데. 똥 눌 때만 내려오거든. 똥 누기를 기다리다가 거기서 새끼 낳는 놈들도 있어. 너무 재미있지. 그래서 말이지, 웃음이라고 하는 것은……."

"눈물은 한 방울인데, 웃음은 계량이 안 되나요?"

"눈물 한 방울이 모나리자의 미소 같은 거야. 머금은 거잖아."

"미소, 폭소, 농담, 유머…… 가르치면서도 선생님은 웃음을 적재적소에 꽂아 넣으셨어요. 뇌 속에서 기발한 생각이 일어날 때마다 얼굴에 웃음부터 번지시죠."

"허허. 나는 센티멘털한 글을 많이 썼어. 그 안에 눈물도 많고 웃음도 많지. '웃프다'는 말 참 기가 막혀. 눈물 흘릴 줄 아는 사람이 웃음도 있다네. 동일한 거야, 눈물과 웃음은. 기쁨의 눈물이라고 하잖아. 기쁠 때도 웃고 슬플 때도 웃는, 그게 인간이라네. 화가 날 때도 웃어. 버스 와서 막 타려는데 부르릉 떠나면 허탈하잖아. 그때 보라고. 씩 웃어."

"한숨 대신 웃음이 비어져 나오는 거죠."

"멋쩍어서 그래. 웃음이 얼마나 웃기는 줄 아나?"

"웃음이 얼마나 웃기는데요?"

"길 지나가는 사람 관찰해봐. 혼자 지나가는 사람은 웃지 않아. 다 심각하게 가지. 혼자 지나가면서 웃는 놈은 '미쳤다'고 다 쳐다보잖아. 그런데 두 사람 이상이면 다 웃고 지나가. 짝 지어 가는 사람들 얼굴엔 다 미소가 있어. 관찰해보라고. 웃음은 사회적인 제스처야. 그런데 내가 중요하게 생각하는 유머는 미학이야. 아이러니, 패러독스로서의 웃음.

어기여차, 할 때 '어기'에는 힘을 주고 '여차'에는 힘을 빼거든. '여'에서 쉬는 거지. 웃음의 역할이 그렇다네. 셰익스피어 비극에 나오는 어릿광대 같은 거야. 그래서 사는 게 다 희비극이야."

"그러면 힘을 뺀 질문을 드릴게요. 선생님은 평생 역동적으로 머리도 쓰고 감정도 쓰고 사셨는데, 혹시 몸도 좀 쓰셨나요? 춤은 춰본 적 있으세요?"

"나는 춤을 안 춰. 사교댄스 같은 거 해본 적 없다네. 그럴 시간도 없었고 파트너도 없었고. 춤춰본 적 없어. 한 번도 없지."

"한 번도요? 몸을 쓸 기회가 없으셨군요?"

"없었어. 기회가 없었어."

"머리 쓰는 즐거움에 올인하셨군요!"

"내가 어디 가서 춤을 추겠나? 춤출 데가 없잖아. 댄스홀이나 마당 같은 데 사람 몰려 있는 걸 싫어해. 거기 끼어 춤출 이유가 없었어."

"춤추고 싶은 마음이 든 적도 없으세요?"

"없어. 대신 춤에 대해서 썼지. 막춤에 대해서도 얘기했고."

"춤을 춘 적은 없지만, 춤을 쓴 적은 있으시죠. 한때 '인생은 마라톤'이라고 했는데, 지금은 더 나아가 '인생은 춤'이라고들 해요. 자기만의 바이브, 리듬으로 살자는 거죠."

"목적이 있으면 걷는 게 되고 목적이 없으면 춤이 되는 거라네. 걷는 것은 산문이고 춤추는 것은 시지. 인생을 춤으로 보면 자족할 수 있어. 목적이 자기 안에 있거든. 일상이 수단이 아니고 일상이 목적이 되는 것, 그게 춤이라네. 그런 의미에서 글을 쓰고 사는 것이 바로 나에게는 춤이 된다네."

"지금 이 순간의 불꽃인 거죠. 선생님과의 대화가 저는 마치 춤을 추는 것처럼 느껴집니다. 라스트 댄스……라고나 할까요."

그렇게 '마지막 춤은 나와 함께'라는 황홀에 취해, 나는 대놓고 '웃픈' 얼굴이 되어버렸다.

8

죽음의 자리는 낭떠러지가 아니라 고향

인생은 파노라마가 아니야. 한 커트의 프레임이야.
한 커트 한 커트 소중한 장면을 연결해보니
파노라마처럼 보이는 거지.

이익을 내려면 관심 있는 것에서 시작하라

나는 오랫동안 화려한 패션지에서 일했다. 내 27년 기자 경력 중 21년이 패션지에서의 삶이었다. 아름답게 반짝이는 의상, 색색깔로 늘어선 화장품, 파티, 유명 인사, 사진작가와 스튜디오 카메라, 조명, 샴페인, 과장되게 친절한 홍보 전문가들의 웃음…… 속에 둘러싸인 채로, 내 삶엔 '시늉'이 많았다. 완벽하게 꾸며진 세트에서 비현실적인 가격의 옷을 입고 미소를 짓는 서구의 모델들…… 그 모습이 내가 재현하려는 '비주얼'이었고, 사진작가와 촬영 스태프는 마치 그것이 우리의 삶인 것처럼 진심을 다해 그것을 '베꼈다'.

내 삶으로 누리지 못하면서, 그 물에 한 발을 담그고 있다는 것만으로 안도했던 시절. 한편으론 마치 그 탐스러운 것들에 초연한 척, 진지하고 교양 있는 글로 나를 포장하려는 노력도 게을리하지 않았다. 한 다리를 딛고 그림처럼 서 있는 홍학처럼, 비단과 누더기를 함께 기운 천 조각처럼 나의 내면은 믿을 수 없을 만큼 불균질했고 아슬아슬했다.

'내 고향은 달동네. 너무 비루해서 반짝이는 거라곤 별빛밖에는 없지.'

가난과 결핍을 들키지 않으려고 어린 시절부터 시늉이 체질화된 삶을 살던 나는, 그 시늉이 삶을 완전히 집어삼키기 직전에, 버블 낀 청담동을 떠나 잉크 냄새 진동하는 광화문에 정착했다.

내 인생의 거품경제 시절은 지나갔지만, 한동안 나의 환경을 지배했던 '럭셔리'가 무엇인지, 스승에게 물어보기로 했다.

"선생님, 럭셔리한 삶이 뭘까요?"

"럭셔리한 삶…… 나는 소유로 럭셔리를 판단하지 않아. 가장 부유한 삶은 이야기가 있는 삶이라네. '스토리텔링을 얼마나 갖고 있느냐'가 그 사람의 럭셔리지."

"값비싼 물건이 아니고요?"

"(놀라며) 아니야. 똑같은 시간을 살아도 이야깃거리가 없는 사람은 산 게 아니야. 스토리텔링이 럭셔리한 인생을 만들어. '세일해서 싸게 산' 다이아몬드와 첫 아이 낳았을 때 남편이 선물해준 루비 반지 중 어느 것이 더 럭셔리한가? 남들이 보기엔 철 지난 구식 스카

프라도, 어머니가 물려준 것은 귀하잖아. 하나뿐이니까. 우리는 겉으로 번쩍거리는 걸 럭셔리하다고 착각하지만, 내면의 빛은 그렇게 번쩍거리지 않아. 거꾸로 빛을 감추고 있지. 스토리텔링에는 광택이 없다네. 하지만 그 자체가 고유한 금광이지."

이야기가 많은 인생이 럭셔리한 인생이라는 데 절로 고개가 끄덕여졌다. '패션지'에서의 삶이 시늉이었다 해도, 실감나게 시늉해서 내 경험이자 이야기가 되었다면 그 또한 의미 있지 않겠는가, 스스로 위로하며.

"그런데 그렇게 보면 선생님이야말로 대한민국에서 가장 럭셔리한 인생을 사셨네요. 88년 인생 전체가 스토리텔링으로 넘쳐나지 않습니까? 게다가 사후에도 이어질 이야기를 지금 하고 계시니……."

"(미소 지으며) 내 육체의 DNA는 자식들에게 생물학적으로 이어지겠지. 자네가 말한 대로 내 이야기의 DNA는…… 책의 저작권이 70년이니, 내가 죽어도 70년은 더 살 수 있지 않을까? 그런데 이 이야기를 내 명예를 위해서, 이익을 위해서 한다면 재미가 없었을 거야. 좋아서 재미있어서 했어. 모든 일이 그래. 재밌어서 하면 저절로 이익도 된다네.

interest라는 영어 단어는 관심, 재미라는 뜻도 있지만 이익, 이자라는 뜻도 있어. 우리가 이익을, 이자를 내려면 애초에 관심 있는 것, 흥미 있는 것에서부터 시작해야 해. interest가 출발이지. 그게 모든 일의 순서고 이치라네."

"선생님의 평생의 interest는 글쓰기, 스토리텔링이었고요."

"그렇지. 글을 쓸 때 나는 관심, 관찰, 관계…… 평생 이 세 가지 순서를 반복하며 스토리를 만들어왔다네. 관심을 가지면 관찰하게 되고 관찰을 하면 나와의 관계가 생겨."

그러니 이야기를 낳는 지금 우리의 대화가 얼마나 중요하냐고 선생은 다정하게 미소를 지었다.

"이야기는 항상 대화 속에서 만들어지나요?"

"『플라톤의 대화편』을 보게. 위대한 철학이 왜 대화에서 나왔겠나. 대화는 변증법으로 함께 생각을 낳는 거야. 부부가 함께 어린아이를 낳듯이. 혼자서는 못 낳아. 지식을 함께 낳는 것, 그게 대화라네. 내가 혼자 써도 그 과정은 모두 대화야. 내 안에 주체와 객체를 만들어서 끝없이 묻고 대답하는 거지. 자문자답이야. 그래서 모든 생각의 과정은 다이얼로그일세.

과거엔 나 혼자서 생각하고, 나 혼자서 다 만들어낸 줄 알았는데, 아니었어.

이제 '이 글은 내 거야!' 단언하지 않아. 따져보면 내 글이란 없는 걸세. 모든 텍스트는 다 빌린 텍스트야. 기존의 텍스트에 반대하거나 동조해서 덧붙여진 것이거든. 텍스트는 상호성 안에서만 존재해."

"'inter'의 산물이군요."

"그렇지. 내 이야기 또한 자네의 말과 어우러져 의미가 분명해지고, 새롭게 해석될 거라고 믿네. 요즘 들어 더욱 대화의 위대함을 느껴."

"과거엔 그렇게 안 느끼셨다는 말로 들립니다."

"과거엔 에고가 강해서 나를 앞세웠지. 말년에 깨달은 거라네. 내 글은 반만 내 글이라는 걸. 언젠가 소설가 최인호와 이런저런 대화를 나눈 적이 있는데, 내가 한 이야기를 어딘가에 글로 썼더라고. 그런 것도 서로의 텍스트가 섞인 형태지."

인생은 파노라마가 아닌 한 커트의 프레임

"어떤 대화였습니까?"

"그것도 죽음에 대한 이야기였네. 내가 그랬지. 죽음은 신나게 놀고 있는데 엄마가 '애야, 밥 먹어라' 하는 것과 같은 거라고. 웃겨주려고 한 이야기였는데, 농담 속에 진실을 말해버렸어. 죽음이라는 게 거창한 것 같지? 아니야. 내가 신나게 글 쓰고 있는데, 신나게 애들이랑 놀고 있는데 불쑥 부르는 소리를 듣는 거야.

'그만 놀고 들어와 밥 먹어!'

이쪽으로, 엄마의 세계로 건너오라는 명령이지. 어릴 때 엄마는 밥이고 품이고 생명이잖아. 이제 그만 놀고 생명으로 오라는 부름이야…… 그렇게 보면 죽음이 또 하나의 생명이지. 어머니 곁, 원래 있던 모태로의 귀환이니까."

"어머니 곁으로……."

"그래. 인간이 태어나서 사는 과정이 그래. 아기 때는 어머니 치맛자락 붙잡고 떨어지면 죽는 줄 알지. 그러다 대문 밖으로 나가면 언제 그랬냐는 듯 친구들하고 정신 빼놓고 놀아. 시간 가는 줄 모르고 놀지. 그러다 부르면 화들짝 놀라서 원위치로 가는 거야. 어머니에게로 돌아가는 거라네. 죽으면 '돌아가셨다'고 하잖아. 탄생의 그자리로 가는 거라네. 그래서 내가 일관되게 얘기하는 것은 죽음은 어둠의 골짜기가 아니라는 거야. 까마귀 소리나 깜깜한 어둠이나 세계의 끝, 어스름 황혼이 아니지."

"눈부시게 환한 대낮이지요."

"5월에 핀 장미처럼 가장 아름답고 찬란한 대낮이지. 장미 밭 한복판에 죽음이 있어. 세계의 한복판에. 생의 가장 화려한 한가운데. 죽음의 자리는 낭떠러지가 아니야. 고향이지."

"그 말이 왜 이토록 아름다울까요."

"어둠이 아니라 빛이라서, 밤이 아니라 대낮이라 그렇지."

"그 모든 이치를 관심, 관찰, 관계의 맥락으로 깨달으셨다는 거죠?"

"젊었을 때는 관심이 최우선이었어. 사오십대 되니 관찰을 알겠더군. 늙어지니 관계가 남아. 관계가 생기려면 여러 대상에 한꺼번에 기웃거리면 안 돼. 데이트하는 곳에 가봐. 열 명 있어도 한 명만 보이잖아. 그 한 명만 관찰하는 거잖아. 사진 찍을 때 전체 풍경이 잡혀도 내 눈이 가는 한 곳에 초점 맞추듯이. 어차피 우리는 전체를 찍을 수 없어."

"죽기 직전, 눈앞에는 인생이 파노라마 필름처럼 펼쳐진다는 얘기를 들었는데요."

"아닐세. 인생은 파노라마가 아니야. 한 커트의 프레임이야. 한 커트 한 커트 소중한 장면을 연결해보니 파노라마처럼 보이는 거지. 한 커트의 프레임에서 관찰이 이뤄지고, 관계가 이뤄져. 찍지 못한 것, 버렸던 것들이 나중에 다시 연결돼서 돌아오기도 해."

인생이 파노라마가 아니라 한 커트, 한 커트의 연결이라는 말이 새로웠다. 3D영화가 아니라 마치 흑백 무성영화처럼, 우리의 인생은 그렇게 기억의 극장에 저장되고 있겠지. 그리고 어느 날, 가장 환한 대낮에, 가장 눈부신 순간에 편집되어 펼쳐질 테지.

"대화의 중요성을 이야기하다 여기까지 왔어요. 혼자 쓴 글인 줄 알았지만, 글도 말도 함께 낳은 것이었다는 깨달음이요……."

"젊을 때도 그걸 알았지만, 안다는 것과 깨닫고 느끼는 것은 전혀 다른 거였어. 천지 차이야. 지금은 몸으로 그 사실을 느끼고 있다네. 특히 나처럼 환자가 되면 그 느낌이 더 강렬해. 건강했을 때는 혼자 걸어다녔는데, 요즘엔 가끔 부축을 받거든.

평생 혼자 걸을 줄 알았는데 지팡이의 도움을 받고, 부축해주는 이가 나타나더라고. 그렇다고 몰락하고 완전히 의존하는 사람이 됐을까? 아냐. 반만 의존하잖아. 업혀가는 게 아니니까. 마지막 업혀가는 건 죽음이지. 완전한 의존은 내가 존재하지 않는 거야. 그렇게 나라는 사람이 없어지는 과정에서 '상호성'을 느끼고 있다네. 지팡이에 무게를 실으면서 중얼거리는 거야.

'완전히 독자적인 힘이라는 게 없구나!'"

선생의 고백처럼 이미 다 알던 것이 몸으로 느껴지는 순간, 우리의 지각은 저 아래서부터 꿈틀댄다. 젊어서도 알았지만 늙어서야 비로소 깨닫게 되는 것. 육체의 명료성과 지각의 명료성은 그렇게 가뭄에 비 내리듯 서로의 상호성으로 몸을 적셔 늦지 않게 우리를 지혜의 바다로 이끈다.

사랑, 그 쓸쓸함에 대하여

실내에서도 멋진 베레모를 쓰고 앉아 있는 그를 보고 있으면, 때때로 「우상의 파괴」라는 글로 문단을 뒤집어놓던 시절의 젊은 이어령이 떠오른다. 날렵한 턱선에 수려한 콧날, 그리고 여기와 저기를 동시에 바라보는 검은 눈동자, 흑백사진 속의 잘생긴 사내. 그러다 문득 돌아서서 서가에 책을 가지러 갈 땐, 일본의 차가운 다다미방, 앉은뱅이책상에 앉아 『축소지향의 일본인』을 쓰던 당신의 외로운 등이 만져지곤 했다.

겨울이 깊어갈수록 그의 몸은 메마른 나무처럼 수척해졌고, 점점 식욕을 잃어갔다. 함께 앉은 점심 식탁에서 빈 수저를 달그락거리는 시간이 길어졌다. 나는 괜스레 장난이 치고 싶어 짓궂은 질문을 던졌다.

"선생님, 이제 사랑과 연애에 대해 이야기해볼까요? 젊은 날의 이어령은 어떻게 사랑했나요?"

"나는 연애를 제대로 못했어. 관찰하는 사람이 어떻게 연애를 제대로 했겠나. 관찰하면 연애 못해. 콩깍지가 씌워서 훅 빠져들어야 연애를 하지. 대학 다닐 때 사랑할 뻔한 여자 친구가 하나 있었다네. 서로 호기심이 있었고 얘기도 잘 통했지. 그런데 운 나쁘게 전차를 탄 거야. 전차를 안 탔으면 연애가 됐을지도 모르지."

"전차가 왜요?"

"(싱긋 웃으며) 둘이 꽤 가깝게 동그란 손잡이를 잡고 서서 이야기를 하고 있었어. 아직은 서먹한 사이야. '얘가 호감이 있구나' 정도만 느끼는 사이지. 그런데 별안간 전차가 확 서는 거야. 옛날 전차가 그랬어. 그 여학생이 순간 균형을 잃고 자세가 흐트러지잖아. 꿈틀하는 움직임, 그 안의 육체성. 고양이 같거나 자벌레 같거나⋯⋯."

"맙소사! 그 순간에 관찰을⋯⋯."

"그런 느낌이 오니 연애 감정이 싹 가시는 거야. 하하하. 요즘은 어떤지 모르겠네. 어쨌든 난 그랬어. 플라토닉러브하고는 다르지만, 정신에서부터 시작했거든. 왜 초등학생들이 좋아하던 여선생이 화장실에서 나오는 걸 보면 질색하잖아. 아니, 저 선녀 같은 분이 우리랑 똑같이 똥을 싼다고? 어려서 미숙한 거야. 커서도 그러면 정상이 아니지. 성인이 되면 DNA의 생식 본능에 따라 그 여자의 모든 게 신비해 보이는 '콩깍지'가 씌거든.

그런데 나는 커서도 그랬어. 딱 초등학교 아이들 수준이야. 허허. 지금도 머릿속에 선명한 사랑의 장면이 두 개 있는데 얘기해줄까?"

여덟 번째 수업:

"어서요."

"또 전차 얘기야. 옛날에는 도시 체험이란 게 다 전차야. 전차 칸에서 다양한 도시의 사건이 벌어졌지. 카페나 등산로가 아니라 다전차 칸이었어. 어느 역에서 어느 역까지 가는 동안의 일이야. 거기서 소매치기 당해 알거지도 되고, 거기서 원수도 만나고, 눈이 맞아결혼도 해. 도시의 이야기는 전차의 이야기였어.

나는 밤늦게 도서관이나 친구 집에 있다가 전차를 타고 집으로돌아오곤 했다네. 용산에서 영등포 방향으로 가는 노선이 있고 거꾸로 효자동 청와대 쪽이 종점인 노선이 있어. 그 전차가 남대문 옆에서 마주치며 아슬아슬하게 스쳐 지나가. 손 내밀면 건너편 전차를 잡을 수 있을 정도로. 막차를 타고 가던 길이었지. 여기저기 술거나하게 취한 사람들 가운데서 나는 바깥 남대문 풍경을 바라보고있었어.

그때 바로 내 눈앞으로, 나를 물끄러미 쳐다보는 한 여학생의 눈이 다가온 거야. 반대편 효자동 쪽으로 올라가던 전차 칸에서. 일초도 되지 않는 찰나였지. 전에 봤던 사람도 아니고 이름도 몰라. 그런데 우리가 서로를 보고 있었던 거야. 그 여학생이 누구였는지나는 영원히 알 수가 없어. 하지만 그날 밤 건너 칸 전차에서, 서로의 검은 눈동자가 완벽히 일치했다가 비껴가던 그 순간을, 나는 잊을 수가 없다네."

"신비롭군요!"

"두 번째는 백화점 로비에서였어. 여섯 살 무렵에, 아버지를 쫓아서 서울에 왔었지. 화신백화점 로비에 애들이 타고 놀던 말이 있었어. 동전 넣으면 움직여서 아이들이 고삐 잡고 타는 그런 말 있잖아. 무서웠지만 아버지가 타라고 동전 넣어주시니 엉겁결에 올라탄 거야.

나는 갈색 말을 탔고 내 상대편 여자아이는 빨간 말을 탔어. 차양 있는 모자를 쓴 예쁜 소녀였다네. 그런데 말이 덜컹 움직이니까 그 소녀가 무서워서 말 목을 붙잡고 우는 거야. 부모들은 아이를 달래느라 나를 가리키며 그랬지.

'괜찮아. 쟤 봐. 아무렇지도 않잖아.'

순간 그 아이가 애절한 눈으로 나를 바라보았네. 말은 움직이고 눈물은 쏟아지니 '믿을 건 너밖에 없다'는 눈으로. 나도 무서워 죽겠지만, 그 아이가 날 보니 안타까워서 '괜찮니? 내가 도와줘?' 하는 눈빛이 되더라고.

그렇게 그 애가 나를 보고 내가 그 애를 바라봤어. 그 소녀가 누군지, 어디에 사는 아이인지, 지금 살았으면 뭐하고 있을지 나는 몰라. 전차 칸의 그 여학생처럼 영원히 모르지만 지금껏 잊히지 않아. 그 두 장면이 내게는 가장 순수하고 신비로운 사랑이었네."

"'아! 이렇게 정다운 너 하나 나 하나는 어디서 무엇이 되어 다시 만나랴' 김광섭의 시구절처럼, 이 시간이 지나면 다시 못 본다는 마음에 더 애절해지는 거죠."

"한 번밖에 못 만난다······ 그건 상대가 여자든 남자든, 가슴이 저며오는 거야. 지금 이 순간은, 오늘 이 하루는 절대 돌아오지 않는다

여덟 번째 수업:

는 기지. 그때 내 앞에 연필 한 자루도 바삐 걸어가는 행인 한 사람도 새롭게 보이는 거야. 마치 사형수가 보듯 세상을 보는 거지."

사형수라는 말에 마음이 아렸다.

"죽음을 앞둔 마음으로……."

"도스토옙스키가 사형 5분 전에 쓴 글 봐. 사형수한테는 쓰레기도 아름답게 보인다네. 다시는 못 보니까. 날아다니는 새, 늘 보는 새가 뭐가 신기해? 다시는 못 본다, 저 새를 다시는 못 본다…… 내 집 앞마당에 부는 바람이 모공 하나하나까지 스쳐간다네. 내가 곧 죽는다고 생각하면 코끝의 바람 한 줄기도 허투루 마실 수 없는 거라네. 그래서 사형수는 다 착하게 죽는 거야. 마지막이니까.

아까 내가 깨달음이라는 얘기했었지? 평소에 알던 것과 몸으로 깨달아지는 것은 다르다고. '너와 나 사이엔 엷은 벽이 있다'고 내가 했던 얘기를 기억하고 있나? 그런데 그 벽이 딱 바늘구멍만큼 뚫리는 순간이 있어. 타자와 내가 하나가 되는 흔치 않은 순간이 있다네."

"선생님은 그 바늘구멍을 사랑이라 부르는 건가요?"

"그것을 사랑이라 할까, 상호성이라 할까."

"어린 날 흔들리는 말 위에서, 젊은 날 스쳐가는 전차 칸에서…… 불쑥 하나가 된 순간을 맛보셨군요. 그런데 선생님, 갑남을녀가 하는 보편적인 사랑에 대해서는 더 보탤 말씀이 없으신지요?"

"그런 건 다 책에 써 있잖아. 거기서 다 확인들을 하잖나. 나는 사람들이 책 읽는 이유가 두 가지라고 생각하네. 내가 모르는 걸 발견하려고 읽는 사람이 있고, 내가 아는 걸 확인하려고 읽는 사람이 있어. 대부분은 확인하려고 읽는 거야. 이미 알고 있는 사실을.

'이 사람도 이렇게 생각하다니, 안심해도 되겠어.'

'이게 진리지? 내 생각이 맞았네.'

그런데 기억을 되살리는 것은 생각이 아니야. 상기하는 거지. 이미 알던 것을 깨워서 흔드는 거지. 책이라는 건 그렇게 흔들어주는 역할을 해. 머리를 진동시키는 거지. 그런데 오히려 머리를 굳히는 책들이 있어. 굳은 머리에 아예 콘크리트를 들이붓는 거지. 알고 보면 콘크리트 양생하는 거야. 그러니 내게 보편적인 것 말고 새로운 걸 물어보게."

여 덟 번 째 수 업 :

9

바보의 쓸모

'너 존재했어?'
'너답게 세상에 존재했어?'
'너만의 이야기로 존재했어?'

탕자, 돌아오다

"성경에서 이야기하는 사랑은 선생님에게 얼마나 새로운 사랑인가요?"

"(눈을 빛내며) 성경은 참 새로워. 정말 새로워."

"성경의 어떤 면이 그렇게 새롭다는 거지요?"

"우리의 상식을 완전히 뒤집거든. 성경처럼 우리의 상식을 통째로 뒤집는 책은 없어. 아흔아홉 마리 양을 두고 한 마리 양을 찾아가는 사람이 세상에 어디 있겠나. 그런데 생각해보면 기가 막힌 얘기야. 자식 키워본 사람은 알지. 성한 자식보다 학교도 안 다니고 말썽 피운 놈이 더 눈에 밟히거든. 그게 사랑이잖아. 회사에서는 무능한 놈 해고하면 돼. 그런데 어머니는 자식을 못 바꿔. 다른 애하고 바꿀 수 있어? 못 바꾸잖아. 그게 한 마리 양을 버리지 못하는 예수님 얘기야. 숫자로 따질 수 없다는 거지."

"하지만 양으로 장사하는 주인 입장에서 보면 아흔아홉 마리 버려두고 한 마리 찾기 쉽지 않습니다. 한 마리 찾으러 갔다가 늑대가 아흔아홉 마리 다 먹어버리면 어쩝니까?"

"이보게. 성경의 '탕자' 이야기를 생각해보게나. 자기한테 효도하는 큰아들 놔두고, 집 떠났던 작은아들이 빈털터리가 되어 돌아오니 반가워하잖아. 탕자이기 때문에, 집을 나갔기 때문에, 그 한 마리 양이 아흔아홉 마리보다 뛰어날 거라는 생각은 왜 못 하나?

아흔아홉 마리 양은 제자리에서 풀이나 뜯어 먹었지. 그런데 호기심 많은 한 놈은 늑대가 오나 안 오나 살피고, 저 멀리 낯선 꽃향기도 맡으면서 지 멋대로 놀다가 길 잃은 거잖아. 저 홀로 낯선 세상과 대면하는 놈이야. 탁월한 놈이지. 떼로 몰려다니는 것들, 그 아흔아홉 마리는 제 눈앞의 풀만 뜯었지. 목자 뒤꽁무니만 졸졸 쫓아다닌 거야. 존재했어?"

허공에 날아든 단도처럼, '존재했어?'라는 스승의 말에 뒷골이 서늘해졌다.

'너 존재했어?'

'너답게 세상에 존재했어?'

'너만의 이야기로 존재했어?'

"그렇게 허를 찌르시면 어떡합니까?"

"길 잃은 양은 자기 자신을 보았고 구름을 보았고 지평선을 보았네. 목자의 엉덩이만 쫓아다닌 게 아니라, 멀리 떨어져 목자를 바라본 거지. 그러다 길을 잃어버린 거야. 남의 뒤통수만 쫓아다니면서 길 잃지 않은 사람과 혼자 길을 찾다 헤매본 사람 중 누가 진짜 자기 인생을 살았다고 할 수 있겠나. 길 잃은 양은 그런 존재라네. 그런 의미에서 나한테는 종교조차 문학이었다네. 신학에서 'ㄴ'자를 빼면 시학이잖아. 보들레르도 니체도 나는 성경을 읽는 마음으로 읽었지."

부모 입장에서도 시키는 대로만 사는 효자보다 '존재하겠다'고 아버지의 울타리를 박차고 나갔다 돌아온 자식이 얼마나 더 장하고 측은하겠느냐고, 그가 탕자의 변호인처럼 목소리를 높였다. 그렇게 집을 나가 자수성가한 아이가 울퉁불퉁해도 자기 금덩이를 캐고 돌아온다고. 목장 물려받아 유산 상속하면 유산세 내고 몇 푼이나 남겠느냐고. 자기 집 목장에 없는 쓴 열매라도 따온 탕자가 인간을 앞으로 나아가게 한다고.

"앙드레 지드의 「탕자, 돌아오다」가 생각납니다."

"앙드레 지드가 서른여덟 살에 쓴 단편이 「탕자, 돌아오다」라네. 그걸 읽으며 나는 눈물을 흘렸어. 집 나갔다 돌아온 아들이 아버지에게 차마 못 한 말을 어머니에게 고백하지.

'나는 아버지가 잡아주는 기름진 양보다 가시밭길 헤매다 굶주림 속에 따먹은 썩은 아가베 열매가 더 달았어요'라고.

아홉 번째 수업 :

앙드레 지드의 이런 경지를 모르면 문학을 못 하네. 정치를 하고 경제는 할지 몰라도 문학은 못 하네. 동생과 형의 대화도 말할 수 없이 깊어. 동생이 그러지.*

'집 나간 형을 생각하고 그 꿈을 꾸며 살았는데, 형이 돌아오면 나는 어떡하느냐.'

'미안하다. 나는 실패했지만, 너는 떠나라. 나는 실패했지만 너는 돌아오지 말아라. 낯선 곳에서, 한 번도 가보지 못한 곳에서 살아라. 내가 도와주마.'

새벽에 떠나는 동생을 형이 도와줘. 돌아온 탕자인 형이 동생에게 마지막으로 한 말이 그거잖아.

'계단 헛딛지 마라. 쓰러져. 발밑 조심해. 쓰러지면 돌아오지 못해.'

지드는 「탕자, 돌아오다」를 쓰고 기독교인들에게 욕을 바가지로 먹었다네. 나는 생각이 달라. 이 정도의 성경을 읽을 줄 모르면 예수님을 뭐하러 믿나? 예수 자체가 바보 예수잖아. 보통 사람의 눈에는 예수가 바보가 아니고 뭐겠나. 바보니까 그렇게 죽지, 누가 그렇게 죽어. 그런데 예수의 바보스러움, 앙드레 지드의 이 바보스러움, 스티브 잡스가 '스테이 풀리시'라고 할 때의 그 바보스러움을 자네는 깨달아야 하네."

* 앙드레 지드의 소설 「탕자, 돌아오다」에서는 성경의 이야기와 달리 형제가 아닌 삼형제로, 집 나간 탕자에게 동생이 있는 것으로 설정되어 있다.

바보로 살아라, 신념을 가진 사람을 경계하라

"그 바보의 삶은 선택인가요? 운명인가요?"

"그 바보스러움은 타고나지. 바보는 그 바보스러움으로 다른 길을 간다네."

"무슨 말이요?"

"내가 문화부 장관 하던 시절에 그 바보를 비유해서 한 유명한 연설이 있어. 그 연설로 한국예술종합학교를 만들었거든. 농림부 장관, 동자부(동력자원부) 장관들이 문화부에만 전문학교 특권 준다고 들고 일어났을 때 한 이야기야. 들어볼 텐가?"

"좋지요. 저도 바보 중의 한 사람이니까요."

"정원식 총리 시절이었고, 곧 개각이 단행될 예정이었어. 예술학교 만들고 그만두려고 교육계 반대를 무릅쓰고 개각 직전에 안건을 올렸지. 마지막 국무회의에서 나한테 딱 5분을 췄어. 그게 한예종 탄생 5분의 비사야. 반대하는 사람들에게 물었지.

'동자부 장관! 당신이 그랬지요? 문화부에만 학교 만드는 특권 주는 게 말이 되냐고. 좋아요. 당신이 어린애 낳았는데 그 애가 기저귀 찬 채로 '여기 파라' 하면 석유 나오고 '저기 파라' 그러면 가스 나오고, 그런 애가 있어요? 있다면 에너지 학교 만드세요.'

그랬더니 사람들이 '와' 하고 웃어.

'농림부 장관! 당신이 어린애 낳았는데 여섯 살도 안 된 애가 하루에 열 명이 심어야 할 모를 혼자 심으면 농림학교 만드세요. 그런데 문화 영역에서는 네 살짜리 모차르트와 피카소가 나와서 '아버지, 그거 틀렸어요' 하고 가르쳐요. 이런 천재들을 보통 애들처럼 길러서 대학 입학시키자고요? 그사이 아이는 다 망가져요.

천재가 있으면 특별 교육시켜야 해요. 특권이 아니에요. 오히려 불쌍한 애들이지. 하나님이 인간을 만들어 세상에 내보내기 전에, 쓸모를 못 찾은 놈에게 눈곱 하나 떼서 붙여주면 그 아이가 화가가 되고, 귀지 좀 후벼서 넣어주면 그 아이가 음악가가 되는 거예요.

'너 세상 나가면 쓸모없다 조롱받을 테니, 내 눈곱으로 미술 해먹어라. 너 세상 나가면 이상한 놈이라고 왕따 당할 테니 내 귀지로 음악 해먹어라.'

그게 예술가예요. 예술가들은 그 재능 빼면 세상 못 살아요. 아무것도 못해서 범죄자 돼요. 그러니 자비를 베풀라는 말이에요. 학교 만들어주는 게 자비예요.'

그 얘기 듣고 사람들이 '와' 웃고 잠시 침묵했어. 총리가 '그럼, 통과된 걸로 알겠습니다' 하고 땅땅땅 때린 거야. 그 순간 한국예술종합학교가 생겨났다네. 한예종 아이들이 세계적인 콩쿠르에서 우승하고 오면 내가 그래.

'너희들이 five minute kids, 5분 동안 태어난 아이들이야.'"

"신의 눈곱, 신의 귀지를 몸에 붙이고 태어난 아이들이군요!"

"그래서 바보야. 쓸모를 따지는 인간 세상에서는 바보지."

나는 신의 뜻과 바보의 쓸모를 아는 선생을 존경을 머금고 바라보았다. 사는 동안 외롭고 황홀했을 또 한 명의 바보를! 바보 이어령과 세상의 모든 바보를 애틋해하는 스승 이어령. 위격이 다른 두 개의 소명을 감당한 천재를. 불을 머금은 불처럼, 불현듯 그가 알바트로스 이야기를 꺼냈다.

"알바트로스라는 새가 있다네."

"날개가 일이 미터 되는 큰 새 말이지요?"

"그래. 알바트로스는 하늘을 날 때는 눈부시지만, 날개가 커서 땅에 내려오면 중심을 못 잡고 기우뚱거려. 사람이 와도 도망 못 가고 쉽게 잡혀서 바보새라고 한다네. 하늘을 나는 아름다운 알바트로스가 땅에 내려오면 바보가 되는 거야. 그게 예술가야. 날아다니는 사람은 걷지 못해. 예술가들은 나는 사람들이야. 시인 보들레르처럼, 이상처럼. 그들은 알바트로스에서 자기를 본 사람들이지. 지상에서 호랑이처럼 늑대처럼 이빨 있고 발톱 있고 잘 뛰는 놈이라면 예술가가 되겠나. 알바트로스니까 예술 하는 거야."

"스스로 알바트로스라고 느끼시는지요?"

"내가 알바트로스라고? 아니야. 장관도 하고 큰 집에 살고 비서도 기사도 있잖아. 나는 알바트로스가 아니야. 오히려 알바트로스의 큰 날개를 잘라서 걷기도 잘해. 백 미터도 뛴다구. 그런데 잃어버린 반쪽 날개, 잘려진 날개, 하늘을 날던 그 날개의 기억을 갖고 살아. 날개가 반쯤 남은 채로 살지. 그런데 말이야, 알고 보면 다들 똑같아. 이 세상에 영웅은 없지만 영웅이 있다고 생각하면 '용자'가 나타나는 것처럼, 현자가 있다고 생각하면서 현자의 문화를 만드는 것처럼, 반쪽 날개로라도 날아보려고 소설을 쓰고 음악을 하고 미술을 하는 자들이 예술가라네."

"예술에 한정시키지 않더라도, 재능은 타고나는 것이라고 생각하세요?"

"타고나. 모든 아이들이 다 타고나. 천재로 태어나서 둔재로 성장할 뿐이지. 하나님이 주신 것을 훼손하지 않고 그대로 갖고 사는 사람들이 천재라네. 그 재능을 어머니가 줬겠어? 아버지가 줬겠어? 학교 선생님이 줬겠어? 하늘이 준 거지. 태아는 하늘이 준 재능으로 엄마 배 속에서 10개월을 살아. 그리고 태어날 시간을 스스로 정해서 나온다네. 제왕절개 수술을 하지 않는 한 그래. 아이는 스스로 태어나는 거야. 엄마의 의지로 낳은 게 아니야. 아이가 아이의 의지로 나온 거지. 생일날이 그 의지와 힘이 가장 만개한 날이야. 출생일만은 하나님이 주신 날짜 중에 내가 골라서 나온 것이거든. 그 이후로는 전부 남의 간섭과 보호를 받고 산다네."

"이미 이전 세대가 정해준 코스를 달리게 되죠."

"그러다 보니 '짜장면 먹을래? 짬뽕 먹을래?'도 잘 못 고르잖아. 선택의 자유를 못 누리는 거지."

"정해주는 대로 따라가면 책임도 남에게 전가할 수 있거든요. 선택은 에너지가 드는 일이니까요. 선택하고 책임지는 것도 인간답게 사는 재능인 것 같습니다."

"제 머리로 선택한다면 그렇지. 그런데 요즘엔 생각도 좌우로 진영 나눠서 정해주더구만. '저건 좌니까 빨갱이! 저건 우니까 꼴통.'

바보의 쓸모

173

자판기 비슷해."

"정의냐, 불의냐도 진영에 따라 답을 내죠."

"(혀를 차며) 참으로 안타까운 일일세. 지금 내가 자네와 이 정도 대화를 하는 것도 내가 자판기가 아니기 때문이라네. 답이 정해져 있으면 대화해서 뭘 하겠나? 자네가 만약 내일 같은 질문을 한다면 내 대답은 달라져 있을지도 몰라. 그래서 오늘의 대화가 중요한 거야. 우리가 내일 이 대화를 나눴더라면 오늘 같지 않았을 걸세. 그래서 오늘이 제일 아름다워. 지금 여기. 나는 오늘도 내일도 절대로 변하지 않는 신념을 가진 사람을 신뢰하지 않아. 신념 가진 사람을 주의하게나. 큰일 나. 목숨 내건 사람들이거든."

"신념이 위험한가요?"

"위험해. 신념처럼 위험한 게 어디 있나?"

"왜 위험하죠?"

"육탄 테러하는 자들이 다 신념을 가진 사람들이네. 나치 신념을 가진 사람들이 8백만 명 유대인을 죽였어. 관점에 따라, 시간에 따라 변하는 게 인간사인데 '예스'와 '노우'만으로 세상을 판단하거든. 메이비maybe를 허용해야 하네. 메이비maybe가 가장 아름답다고 포크너가 그랬잖아. '메이비maybe' 덕분에 우리는 오늘을 살고 내일을 기다리는 거야.

오늘도 내일도 똑같으면 뭐하러 살 텐가. 진리를 다 깨우치고 신념을 가진 사람들은 더 이상 살 필요가 없네. 이제 다 끝났잖아. 서울이 목표인 사람은 서울 오면 끝난 거야. '인생은 나그네길'이라고

아홉 번째 수업:

생각하는 사람은 경유지, 반환지가 있을지언정 목표는 없네. 평생을 모험하고 방황하는 거지. 길 위에서 계속 새 인생이 일어나는 거야. 원래 길의 본질이 그래. 끝이 없어. 이어지고 펼쳐질 뿐."

왠지 야속한 마음이 들어서 나는 물었다.

꿈은 이루는 게 아니라 지속하는 것

"길 위의 인생은 안식이 없지 않습니까? 신념은 거짓 안식일지언정 비빌 언덕이라도 되는데 말입니다."

"신념에 기대 사는 건 시간 낭비라네. 말 그대로 거짓이야. 신념 속에 빠져 거짓 휴식을 취하지 말고, 변화무쌍한 진짜 세계로 나와야 하네."

"평생 안식이 없더라도요?"

"여행자가 될 텐가, 승객이 될 텐가? 그것부터 결정해야지. 승객은 프로세스가 생략돼 있어. 비행기 타고 한숨 자고 나면 뉴욕이지. 신념을 가진 사람은 인생 프로세스를 생략한 사람이야. 목표만 완성하면 끝이지. 돈이 신념이다? 백만장자 되고 나면 어떻게 살 거야? 집 한 채 갖는 게 목표다? 집들이 하고 나면 허무해서 어떻게 살아?"

"그러면 어떻게 살아야 합니까? 집에 안주하면 안 되나요?"

"프로세스! 집이 아니라 길 자체를 목적으로 삼게나. 나는 멈추지 않았네. 집에 정주하지 않고 끝없이 방황하고 떠돌아다녔어. 꿈이라고 하는 것은 꿈 자체에 있는 거라네. 역설적이지만, 꿈이 이루어지면 꿈에서 깨어나는 일밖에는 남지 않아. 그래서 돈키호테는 미쳐서 살았고 깨어나서 죽었다고 하잖나. 상식적인 사고로는 이해가 안 되는 헛소리일 수도 있어. 하하."

"그런데 선생님께서는 기어이 유언의 레토릭으로……."

"이런 역설을 모르면 인생 헛산 거라니까. 꿈이라는 건, 빨리 이루고 끝내는 게 아니야. 그걸 지속하는 거야. 꿈 깨면 죽는 거야. 내가 왜 남은 시간을 이렇게 쓰고 있겠나? 죽고 나서도 할 말을 남기는 사람과 죽기 전부터 할 말을 잃는 사람 중 어느 사람이 먼저 죽은 사람인가? 유언할 수 있는 사람이 행복한 거라네. 나는 행복한 사람이라네."

10년 전에 할 말 다하고 동어반복 하는 사람은 유언조차 할 수 없는 사람이라고, 죽음 전에 이미 죽어버린 사람이라고, 스승은 일갈했다. 목이 마른지 그가 물을 한잔 들이켰다. 나는 머리통에서 식은땀이 나는 것 같았다. '존재했어?'라는 질문만큼이나 '죽음 전에 이미 죽어버린 사람'이라는 말에 화들짝 놀라 인중에도 땀이 고였다. 코밑에 손가락을 갖다 대고 크게 숨을 내쉬었다.

선생의 말은 둥글면 둥근 대로 뾰족하면 뾰족한 대로 모두 연결되고 이어져 하나로 만났다.

아홉 번째 수업:

남의 신념대로 살지 마라

방황하라.

길 잃은 양이 돼라.

'구하라 그리하면 주실 것이다'의 성경 구절을 실현하기 위해, 우리는 먼저 길을 잃어야 한다는 선생의 말은 깊고도 깊어 호흡을 가다듬어야 했다. 그것은 용기의 과제이기도 했고, 믿음의 문제이기도 했다.

길을 잃어도 영영 미아가 되지 않을 거라는 믿음, 그 거친 길에서 내 손으로 따먹는 열매, 그 열매에서 맛보는 목자의 은혜와 마침내 성숙한 탕자로 돌아올 집이 있다는 안식까지(그 집의 좌표가 설사 죽음일지라도). 그것이 눈보라 치는 우주의 회오리 속에서 기어이 '자기'를 사는 인간의 아름답고 기구한 운명이라고 그는 가르치고 있다. 나는 괜스레 울컥해져서 말했다.

"선생님은 참으로 스승이시군요!"

"스승의 굴레에조차 나를 가두지 말게. 나를 전 국민의 스승으로 추앙하는 것은 몹시 부담스러운 일이라네. 그것은 사실이 아니거든."

그의 머릿속에서 또 한 번 상쾌한 도움닫기가 일어났다. 새로운 땅에서 또 하나의 우물이 파이기를 기다리고 있었다.

"그럼 사실은 뭐지요?"

"나는 계몽도 영광도 멀리하네. 그저 내가 좋아서 할 뿐이지. 88

올림픽 개폐막식 행사만 해도 사람들은 날더러 '애국하셨습니다' 하지만, 나는 진심으로 감사하고 있네. 누가 날더러 맘껏 놀라고 그 넓은 운동장을 주고 전 세계인을 관객으로 몰아주겠나. 결코 국가를 위해 국민을 위해 한 일이 아니야. 너무 즐거워서 돈 한 푼 받지 않고 신나게 일한 거지."

"타인의 인정이 아니라 일 그 자체의 즐거움에 빠지셨군요. 그 즐거움의 결과가 애국이 된 거고요. 신기합니다. 나를 위한 놀이가 남을 위한 일이 되는, 그 순수한 자기 몰두의 사이클이!"

"그와 관련해서 내가 매우 중요하고 재미난 사실을 하나 발견했네."

"또 무엇을 발견하셨는데요?"

"강화도에 화문석이 유명하잖아. 꽃 화자에 무늬 문자 써 화문석花紋席이거든. 그런데 나는 무늬가 있는 것보다 없는 게 더 좋아서, 그걸 달라고 했지. 그런데 그 무문석이 더 비싸다는 거야. 그래서 따졌네.

'이보시오. 어째서 손도 덜 가고 단순한 이 무문석이 더 비쌉니까?'

'모르는 소리 마세요. 화문석은 무늬를 넣으니 짜는 재미가 있지요. 무문석은 민짜라 짜는 사람이 지루해서 훨씬 힘듭니다.'

그 소리를 듣고 내가 무릎을 쳤어. 화문석은 짜는 과정에서 무늬 넣을 기대감이 생기고 자기가 신이 나서 짜. 반대로 무문석은 오로지 완성을 위한 지루한 노동이야. 변화가 없으니 더 힘든 거지.

인생도 그렇다네. 세상을 생존하기 위해서 살면 고역이야. 의식

주만을 위해서 노동하고 산다면 평생이 고된 인생이지만, 고생까지
도 자기만의 무늬를 만든다고 생각하며 즐겁게 해내면, 가난해도
행복한 거라네."

성실한 노예의 딜레마

"내 인생이 무문석이 될지 화문석이 될지……."

"그 차이가 뭔 줄 아나? 리빙과 라이프야. 의식주와 진선미지. 월
급 더 많이 받고, 자식이 더 좋은 학교 가고…… 이게 목적이 되면
그건 리빙이야. 진선미에서 오는 기쁨이 없지. 그러니까 돈은 더 벌
지 몰라도 인생이 내내 고된 거야. 진선미를 아는 사람은 밥을 굶어
도 웃는다네.

공자가 그러지 않나. 자기가 좋아서 하는 일에는 식사를 잊어버린
다고. 자는 걸 잊고 먹는 걸 잊어. 의식주를 잊어버리는 거지. 그게
진선미의 세계고, 인간이 추구하는 '자기다움'의 세계야."

"화문석이 되라는 말씀이지요? 자기 무늬를 짜면서……."

"그렇지. 그게 아이덴티티거든. 자기 무늬의 교본은 자기 머리에 있
어. 그걸 모르고 일평생 남이 시키는 일만 하다가 처자식 먹여 살리
고, 죽을 때 되면 응급실에서 유언 한마디 못 하고 사라지는 삶……
그게 인생이라면 너무 서글프지 않나? 한순간을 살아도 자기 무늬

를 살게."

"그런데 선생님, 세상에는 무문석도 필요하지 않을까요? '자기다움'을 애써 드러내지 않고 '민짜'로 그저 착실하게 살고 싶은 사람도 있지 않겠습니까?"

"모르는 소리! 들어보게. 착실한 노예가 있었어. 시키는 대로 해도 되니 이 노예는 행복했네. 하루 지나면 해 뜨고 밥 먹고 열심히 일하고. 생각할 필요가 없으니 '세상에 이렇게 편한 삶이 다 있나' 좋아했지. 주인의 명령에 따라 감자 씨를 뿌리고, 거두고, 쌓았어. 어느 날 주인이 말했네.

'큰 감자는 오른쪽 구덩이에 넣고 작은 감자는 왼쪽 구덩이에 넣어라.'

그 노예는 해가 떨어지도록 들에서 돌아오지 못했네. 엉엉 울고 있었어. 주인이 물었겠지.

'성실한 네가 왜 이런 쉬운 일을 못 하고 울고 있느냐.'

'주인님, 감자를 잡을 때마다 이걸 큰 감자로 넣을지 작은 감자로 넣을지, 도무지 판단할 수가 없습니다. 너무 힘이 들어요. 앞으로 저에게 이런 일은 시키지 마세요.'

무슨 뜻인지 알겠나? '정해진 대로 살면' 그게 정말 행복일까? 아니야. 가짜 행복이네. 길 잃은 양이 된다는 것은 자기 의지대로 '큰 감자와 작은 감자'의 기준을 만드는 일이라네. 화문석을 짜는 일이야. 돈을 받는 노동이라도 자기 생각이 들어가 있고 자기만의 성취의 기준이 있어. 그때 비로소 '그림자 노동'에서 벗어나는 거야. 예

아홉 번째 수업:

술가가 되는 거야. 노동을 하는 순간에도 예술을 하고 있는 거야.

올림픽 때 내가 운동장에서 무엇을 보여줬나? 여섯 살짜리 한 아이가 자기 혼자 굴렁쇠를 굴리는 모습을 보여줬잖아. 굴렁쇠를 굴리면서 파란 잔디 위를 지나가잖아. 그게 노동인가? 놀이지. 이해할 수 있겠지? 내가 억만금을 줘도 단체로 흔들면서 신념을 전시하는 매스게임하고 그 놀이를 바꾸겠나?"

"안 바꾸죠."

"절대로 안 바꿔. 그게 내 일생인 거야. 매스게임 하지 않고 굴렁쇠를 굴리며 산 삶. 그것을 좌와 우의 개념으로 보면 안 되네. 사회주의와 자본주의의 대립으로 보면 안 돼. 자본주의라도 노동은 재미없는 거야. 인생 그렇게 살면 노예 되는 거야. 노예는 사회주의에도 있고 자본주의에도 있어. 반대로 예술은 사회주의에서도 할 수 있고 자본주의에서도 할 수 있어. 단, 그러려면 자유의지가 있어야 하네. 길을 일탈해서 길 잃을 자유가 있어야 해. 그게 선이든 악이든 일단 나의 행위가 있어야 하는 거지. 선악과를 따먹는 순간, 인간은 신에 가까운 자유의지를 갖게 된 거야. 신이 그것을 허락한 거야. 신은 자유의지를 가져도 실수를 안 하는데, 인간은 실수할 수 있어. 악도 선도 행한다네. 그래서 선악과야. 그게 인간의 원죄인 거야. 그 모든 배경을 알고 이제는 자네가 답할 차례야."

"네? 무슨 답을?"

"자네, 무문석 짤래? 화문석 짤래?"

순식간에 화살이 내게로 왔다.

"이 대화가 노동이 될래? 예술이 될래? 그게 자네에게 달려 있네. 책 나와보면 알겠지. 자네가 노동한 건지. 예술 한 건지. 쫄지마. 우리는 지금 이 순간, 살아 있는 말을 나눴어. 내년 3월이면 나는 이 세상에 없을 거야. 그때 책을 내라고. 살아 있을 때는 내지마. 살아 있을 때 내면 내가 멋쩍잖아."

선생의 환한 미소를 지켜보며 나는 그 자리에 오래도록 앉아 있었다.

10

고통에 대해서 듣고 싶나?

"인간이 함께 사는 게 그렇게 힘든 거라네.
개인이 혼자 있는 것도 그렇게 힘든 거라네."

카오스 앞에서 어떻게 반응하는가

『죽은 자의 집 청소』라는 책을 쓴 특수청소부 김완을 인터뷰한 적이 있다. 김완은 고독사, 범죄 현장 등 여러 이유로 생명이 떠난 '죽은 집'과 저장 강박증으로 오물이 쌓인 '쓰레기 집'을 청소하는 일을 했다. 코를 찌르는 죽음의 냄새와 카오스가 돼버린 쓰레기 집을 무릎 꿇고 앉아 찬찬히 정리하는 그 일을, 그는 '언두잉undoing' 혹은 '컨트롤 제트(Ctrl+Z, 실행 취소)'라고 명명했다. 그가 하는 일은 한 공간의 기억을 '돌이켜', 아무 일도 없었던 이전의 '텅 빈 상태'로 복원하는 일이다. 누구든 거기서 다시 시작할 수 있도록.

특별히 몇몇 사람의 이야기가 더 가슴에 사무쳤다. 생명이 끊어지기 전까지 부탄가스와 신문지를 분리수거했던 사람, 셔츠 색깔까지 맞춰 행어에 정리했던 사람, 전화로 자기 '죽음의 청소 견적'을 물은 뒤 세상을 떠난 사람…… 끝까지 폐 끼치지 않고 주변을 청소하려 했던 그들의 고독, 결벽, 자책이 아프게 만져졌다.

그 반대편에 냄새피우며 사는 '쓰레기 집' 사람들이 있었다. 무질서 속에 웅크리던 사람들은 마지막 순간에 그에게 SOS를 쳤다. 오줌과 똥과 명품 가방과 배달 음식이 범벅된 병적인 쓰레기 산이 치워지면, 그들은 그 거짓말 같은 무無의 상태에 감격했다. "다시 시작할 희망이 생겼다"라고.

왜 어떤 이는 실낱같은 희망을 붙잡고 혼돈의 쓰레기 더미에서 탈출하고, 어떤 이는 스스로를 '폐기물'로 정리하며 더 큰 죽음의 카오스로 뛰어들었을까. 죽은 자의 정돈된 절망과 산 자의 어지러운 희망 사이에서, 나는 잠시 현기증이 일었다. 세상은 늘 해결할 수 없는 문제로 가득 차 있고, 아무것도 통제할 수 없다고 느낄 때 우리는 극심한 무기력에 시달린다. 어쩌면 정리의 문제는 내 삶의 '컨트롤 키'에 관한 문제다.

이어령 선생님의 공간은 항상 정돈돼 있었다. 문 앞의 슬리퍼는 일렬로 늘어서 있었고 서가에 꽂힌 책들은 키 높이를 맞춰 반듯했다. 손님용 긴 테이블엔 항상 과일과 초콜릿 등의 다과가 놓여 있었다. 북악산의 긴 빛이 드리우는 일인용 책상, 안쪽의 응접실 소파 옆에 놓인 설치미술 형태의 명함 나무, 화장실 옆 장식장 위에선 따님인 이민아 목사님이 이 모든 광경을 바라보며 슬프도록 환하게 웃고 있었다.

가끔은 선생님의 원고가 테이블 위에 30센티 높이로 도열해 있을 때도 있다. 선생님은 돌아가시기 전에 책 저작물을 하나하나 정리해놓고 싶어 하셨고, 여러 출판사에 저작권이 흩어져 있는 것을 몹시 안타까워하셨다. 선생님의 병세가 전해질 때마다 촉이 좋은 사람들이 방송과 기사, 유튜브 영상으로 선생의 마지막 지혜 부스러기라도 쓸어 담으려고 이리저리 인맥을 동원해 평창동을 노크했지만, 정작 당신이 원하는 방대한 '전집 컬렉션' 정리에는 아무도 선뜻 나서지 않았다. 나는 간간이 선생님이 내비치시는 서운함에 몸 둘 바를 몰랐다.

"'정리정돈'의 욕구는 마지막으로 갈수록 더 커지는 걸까요? 선생님 댁도 오늘따라 제게는 더욱 정갈하게 느껴집니다."

"아니야. 정반대야. 나는 무질서해."

"네? 무질서하시다고요?"

"그럼. 내가 B형이야. 얼마나 무질서한데. 나는 A형하고는 갑갑해서 못 살아. 너무 깨끗하게 정리돼 있으면 슬쩍 가서 흩어놔(웃음). 그런데 정돈해야겠다고 마음먹으면 요만한 거 하나라도 흐트러져 있으면 안 돼. 그래서 남들이 보면 이상하지. 처음부터 정리하는 습관이 밴 사람이 아니라, 어질러놨다가 한번에 A형보다 지독하게 정리하니까."

"제가 요즘 주의 깊게 보는 것이 '정리'라는 개념인데요. 창조도

열 번째 수업:

어찌 보면 카오스에서 핵심만 남기는 정리 작업이 아닐까 싶습니다만."

"창조는 카오스에서 생겨. 질서에서는 안 생기지. 질서는 이미 죽은 거라네."

"카오스가 질서보다 우선한다는 말씀이신가요? 그러니까 카오스가 정리정돈보다 더 우위에 있다는 말씀이지요? 제 예감이 맞다면 기질적으로 '내적 불안이 큰' 저는 코스모스에서 안도를 느끼는 사람인데, 선생님은 앞선 카오스에서 더 큰 잠재력과 흥분을 느끼시는 것 같군요."

"그렇다네. 코스모스가 되면 죽은 거야. 수타면 뽑을 때를 생각해보라고. 물과 밀가루를 섞어 반죽된 덩어리가 카오스야. 그것을 탁탁 치면서 밀고 당기는 과정에서 국수 가닥이 착착 뽑아져 나오잖아. 그 반죽된 덩어리가 바로 최초의 우주, 혼돈이지.

혼돈에 관한 재미난 이야기가 있어. 세상에서 가장 오래된 직업에 관한 농담이라네. 누군가는 태초의 땅과 물의 자리를 만드는 토목 엔지니어가 가장 오래된 직업이라고 했고, 누군가는 에덴동산의 정원사라고 했어. 마지막 사람이 가장 그럴싸한 대답을 했네. 혼돈이 최초의 비즈니스였다면, 뭘 하더라도 온 세상을 혼돈에 빠뜨리는 재주가 있는 정치가야말로 최초의 직업이 아니겠냐는 거지."

"어쨌든 카오스나 아노미는 저처럼 평범한 인간에게는 공포로 다가옵니다. 통제할 수 없으면 무력해지거든요. 그런데 선생님은 혼돈 그 자체를 에너지로 느끼신다니 놀랍습니다. 선생님이 파고 계신 우물도 혼돈의 우물인가요?"

"혼돈은 내게 목마름 그 자체야. 호기심이라는 덩어리지. 여기 파면 물이 나올까? 저기 파면 물이 나올까? 즐거운 카오스, 해결되지 않는 갈증이지. '대통령이 돼야겠다' '장관이 돼야겠다' 하는 그런 분명한 목적이 있었다면, 그 우물 앞에서 멈췄겠지. '어, 시원하다. 다 됐다' 그러고 나면 그다음은 어떻게 살아? 그래서 나는 의도적으로 갈증을 남겨둔다네. 다 채우지 않아."

"갈증을 남겨두신다고요?"

"그렇다네. 목마름을 다 채우지 않는 거지. 나는 그동안 올림픽도 해보고 희곡도 써보고 소설도 써보고 시도 쓰고 기호학도 연구했어. 각 분야에서 웬만큼 이뤄내니, 남들은 '저분이 하나만 하면 대단할 텐데 이것저것을 다 한다'고 안타까워해. 아니야. 나는 이것저것을 했기 때문에 계속할 수 있었어. 그러지 않았다면 재미없어서 못 했을 걸세. 그리고 정상에 오를 만하면 갈증을 남겨두고 길을 떠나지. 왜? 올라가면 끝나는 거니까."

갈증이 고통인 나는 갈증이 쾌락이라는 그가 신기하기만 했다. 카오스를 불안의 흑점이 아니라 창조의 밝은 점으로 바라본다는 것도. 우리의 선생님은 혼돈 앞에서 생명력이 용솟음쳤다. 세상의 혼돈과 어떻게 대면하는가가 한 인간의 동선을 결정한다면, 그는 이 산과 저 산을 주저 없이 건너다니며 인식의 핵융합 반응을 일으켰다.

나는 물독인가 두레박인가 돌멩이인가

"정상에 머무르지 않는 진짜 이유가……."

"갈증이 사라질까 두려워서야. 내겐 갈증이 필요하다네. 나는 그 것을 두레박 같은 갈증이라고 불러. 두레박은 물을 푸면 비워야 해. 그래서 영원히 물을 풀 수 있어. 독은 차면 그만이잖나. 채우는 게 목적이니까. 반면 두레박은 물의 갈증을 만들지."

"그게 그 물질의 속성이니까요."

"두레박의 속성이지. 영원히 채울 수 없다는 것. 나는 사람들 지 나가는 거 보면 딱 감이 와!

'저 사람은 두레박이구나! 저 사람은 물독이구나!'

물독들은 제 인생을 남만큼 물로 채우겠다고 아웅다웅하며 살아. 반면 두레박들은 눈이 반짝반짝해. 좀 까칠하고 불만도 많고 빨리 걷지. 딱 두레박이야. 두레박들은 원하는 거 줘도 금방 딴 거 할 사 람들이야. 붙들려고 하면 떠나버려. 지적 보헤미안인 거라. 내가 늘 말하는 우물 파는 사람들이라네."

"나 자신이 물독인가 두레박인가, 아는 것도 중요하겠습니다."

"그렇지. 두레박 스타일은 한곳에 안주하지 못하고 직업도 이것 저것 여러 가지야. 인생이 변화무쌍해서 '나는 왜 이럴까' 곧잘 후 회는 해도 자살은 안 해. 다음이 또 있으니까. 그런데 물독은 다 채 우면 허무해진다네. 예를 들어 부부가 인생 올인하고 빚내서 아파트 한 칸 마련했어. 이사하면 그다음에 뭘 할 거야?"

"남들처럼 새 가구 넣어야죠. 욕망은 매일매일 새살처럼 자라나니까요."

"남 쫓아가는 욕망은 물독도 두레박도 아니고 돌멩이라네. 아름답다는 것, 살아 있다는 것, 그 갈증을 자기 안에서 만들어내지 못하면 돌멩이처럼 되는 거야. 문제 하나 내지. 자네 앞에 열두 개의 문이 있다고 상상해보게나. 한 개는 행복의 문이고 나머지는 지옥의 문이야. 하나의 문을 선택해서 들어가라고 하면 어떻게 하겠나?"

"어렵네요. 우물쭈물하며 시간만 보낼 것 같습니다."

"행복의 문이 저 앞에 있지만, 잘못 열었다가는 떨어져 죽을 테니 그냥 그 자리에 앉아 있겠다는 거지? 행복을 추구하지만 행복의 문 바깥만 서성거리는 사람. 모험보다는 안정을 추구하는 보수주의자의 태도지.

그런데 정반대가 있어. 산꼭대기에 올라가면 행복이 있다는 소리를 듣고, 죽어라 올라가. 거기 가면 또 행복은 다른 산꼭대기에 있다고 해. 이 사람은 계속 이리저리 뛰어다니는 거야. 사람은 그렇게 두 종류야. 가만히 앉아 어딘가 행복이 있다고 생각하는 사람, 부산하게 행복의 뒤꽁무니를 쫓아 뛰어다니는 사람."

"선생님은 어느 쪽이신가요?"

"나는 산도 올라가고 호수도 건너가지."

"거기에 행복이 있었나요?"

"나에게 행복은 완벽한 글 하나를 쓰는 거야. 그런데 그게 안 되는 거지. 그러니까 계속 쓰는 것이고. 그런데 알고 보면 이 세상에 존재하는 모든 글은 실패한 글이라네. 지금까지 완성된 성인들 중에 글을 쓴 사람은 없어. 예수님이 글을 썼나? 공자가 글을 썼나? 다 그 제자들이 쓴 거지. 역설적으로 말하면 쓰여진 글은 완성되지 못한 글이야. 성경도 하나님의 계시를 받아 인간이 쓴 글이고. 세상의 모든 경전, 문자로 쓰여진 것은 결국 완성되지 못한 그림자의 흔적일 뿐이네. 나 또한 완성할 수 없으니 행복에 닿을 수 없어. 그저 끝없이 쓰는 것이 행복인 동시에 갈증이고 쾌락이고 고통이야. 어찌 보면 고통이 목적이 돼버린 셈이지."

상처를 가진 자가 활도 가진다

"그 고통을 어떻게 다루고 계십니까?"

"고통에 대해 듣고 싶나? 나는 모든 걸 비유로 이야기할 수밖에 없네. 고통에 대해서도 마찬가지야. 소포클레스가 쓴 비극 중에 『필록테테스』라는 작품이 있어. 빛나는 작품인데 그만큼 알려지지 않았네. 고통에 관한 자네의 질문은 필록테테스 이야기로 답할까 해. 아주 뜨거운 이야기야. 들을 준비가 됐나?"

"말씀하시지요."

"트로이전쟁이 일어나서 희랍의 영웅들이 다 배를 타고 전쟁터로 떠났네. 연합군 중에 필록테테스라는 왕이 있었어. 필록테테스도 배를 타고 트로이로 가다 잠시 섬에 들어가 신전에서 운을 빌었지. 그런데 거기서 재수 없게 독사에게 물린 거야. 전신에 독이 올라 고통으로 소리 지르고, 상처엔 악취가 진동했네. 결국 그리스군은 악취와 소음을 견디지 못하고 필록테테스를 렘노스 섬에 버렸어. 아무도 없는 무인도에 홀로 버려진 거지. 이 이야기는 집단과 개인 사이에 벌어지는 기가 막힌 사건이야.

육체적 고통은 발작적으로 반복됐어. 필록테테스는 비명을 지르다 통증이 멈추면 열매를 따먹으며 10년을 지냈다네. 병과 함께 외롭게 10년을 보낸 거야. 트로이전쟁은 쉽사리 끝나지 않았어. 신탁은 예언했지. '아킬레스 같은 영웅이 있어도 못 이긴다. 이기려면 헤라클레스의 활(아폴론의 신궁)이 있어야 한다.' 그런데 헤라클레스의 활을 누가 가지고 있었을까? 바로 무인도에 버려진 필록테테스야. 필록테테스는 헤라클레스가 죽을 때 그를 도운 대가로 아폴론의 신궁을 받았네. 그 당시의 상황도 아주 기가 막혀. 헤라클레스는 온몸에 히드라의 독이 올라 괴로워했어. 반신반인인 그는 '내가 육체의 고통을 이겨야지. 이 독한테 질 수 없다'고 결단하고는 장작더미 위에 올라가 자기를 불태우라고 명령해.

'나를 불태우라. 나를 불 질러야 내 몸속의 독도 죽으리라.'

몸과 함께 독이 있으니 몸을 태워버리겠다는 거야."

"천하의 헤라클레스도 고통을 멈추려고 자살을 시도한 건가요?"

열 번째 수업:

"죽이는 거니까, 그건 자살이 아니라 타살이지. 그런데 누가 그 불을 당기겠어? 아무도 나서지 않자 헤라클레스가 '나를 불 지르는 자에게 아폴론의 신궁을 선물로 주겠다'고 해. 그때 헤라클레스를 불 지르고 그 활을 받은 자가 필록테테스야."

"독사에 물려 상처는 있지만, 아폴론의 신궁을 가지고 있었네요."

"그렇지. 그런데 사람들이 필록테테스를 왜 버렸나?"

"상처 때문에 버렸죠."

"그거야! 상처 때문에 버려졌지만 상처를 가진 자가 활도 가지고 있는 거라네."

'상처와 활'이 주는 감각이 이야기 속을 빠져나와 내 살갗을 파고들었다.

"그리스 사람들은 자신들이 버린 필록테테스를 찾아갔겠군요."

"지략가인 오디세우스와 아킬레스의 아들인 소년 네오프톨레모스가 함께 활을 훔치러 섬으로 갔네. 그 섬에 와보니 땅끝까지 닿는 긴 머리를 한 사람이 달빛 아래서 짐승처럼 울부짖고 있었어. 골짜기에 신음 소리가 흘러넘쳤지. 그런데 그 모습에서 소년은 고귀함을 봤네. 10년 동안 외로운 섬에서 고통과 싸우며 죽음과 대면한 한 사람, 그 사람의 영혼이 뿜어내는 아름다움을 본 거지. 아킬레스의 아들은 필록테테스에게 사실대로 말을 해.

'활을 훔치러 왔지만, 당신을 여기 두고 활만 가지고 갈 수는 없습니다. 활은 당신의 상처이고 상처는 당신의 활입니다.'

결국 필록테테스는 자기를 버린 민족과 동지를 용서하고 그 섬을 떠나 활과 함께 트로이의 전쟁터로 간다네. 나는 고통을 겪을 때마다 이 이야기를 떠올리지. 알다시피 대장장이가 두드릴수록 강철은 더욱 강해진다네. 보리밭은 밟힐수록 더욱 영글어지지. 인간의 모든 이야기는 결국 고통의 이야기야."

"고통을 피할 수는 없는 건가요?"

"삶의 고통은 피해가는 게 아니야. 정면에서 맞이해야지. 고통은 남이 절대 대신할 수 없어. 오롯이 자기 것이거든."

"'고통이 순수하게 자기만의 것'이라는 사실이 슬프기도 하고 위로도 되는군요."

"안타깝지만 그건 부정할 수 없는 사실이네. 그런데 타자의 고통을 체감할 수 있는 하나의 상황이 있어. 바로 추위지. 겨울날 거리에서 떨며 구걸하는 어린애를 그냥 지나칠 수는 없어. 돈을 주든가 피해 가든가 하지. 그 아이가 배고픈지 아닌지는 몰라. 하지만 추위는 다르거든. 나도 알고 너도 아는 거야."

"굶주림은 그 아이의 육체 안에서 일어나는 고통이지만 추위는 내 피부로도 느껴지는 감각이니까요."

"피부뿐 아니라 온몸으로 함께 느낄 수 있지."

"환경을 공유한다는 거죠?"

"그래. 인간은 다 다른 삶을 살고 있어. 그러나 추위처럼 모두가 느끼는 감각이 있네. 인류 공통의 아픔이 있으면 내 추위와 남의 추위의 공감이 일어나는 거야. 외로운 섬, 무인도의 삶에서 광장의 삶으로 나갈 수 있는 거야. 최인훈이 쓴 「광장」도 결국 그런 이야기인 거지. 골목이나 골방에 있는 사람은 남의 골방의 아픔을 모르거든. 그러나 추위로 확연하게 느껴지기 전까지는 오히려 '모른다'는 인정이 매우 중요하다네.

레비나스의 '타자의 윤리'가 그래서 나온 거야. 타자의 자리, 그 절대성을 인정하는 게 사랑이고, 그 자리가 윤리의 출발점이라고. 타자의 고통을 내 시야에서 단정 내리면, 모든 그림이 단순해지고 왜곡이 생겨.

예를 들어볼까? 인간은 타자의 고통을 해결해보려고 분배의 문제로 풀어서 사회주의와 자본주의 시스템을 만들었지만, 그 복잡성에 부딪히고 말았네. 사회주의가 그렇게 쉬운 선이 아니고 자본주의가 그렇게 쉬운 악이 아니었던 거지.

그 진실을 알려면 또 골방에서 나와야 해. 필록테테스가 그때 뱀에 물려 무인도에만 있었다고 가정해보게. 전쟁에서 이기는 승리의 참의미를 알았겠나? 그 스스로의 전쟁에서 이길 수 있었겠어? 상징적인 자기 인생의 전쟁에서 말일세. 영원히 못 이기는 거야. 그런데 결국 광장으로, 트로이 전쟁터로 나갔잖아. 상처와 활이 하나가 됐을 때는, 아무도 끝내지 못했던 그 전쟁을 끝낼 수 있는 거야. 인생을 해결할 수 있는 거라네."

비극 속에서만 보이는 영혼의 움직임

"상처를 가진 채 골방에서 광장으로 나갔을 때 말이지요."

"그렇다네. 보들레르를 보게. 보들레르의 시를 읽으면 그가 말하는 추위를 우리가 같이 느낄 수 있어. 보들레르의 시를 읽으면 보들레르를 아는 거야. 남을 아는 거야. 보들레르의 추위가 내 추위로 느껴지는 거지. 『악의 꽃』을 읽으면 그의 악이 나의 악이 된다고.

그런데 누구도 보들레르의 인생을 가지려고 하지 않아. 술주정뱅이에 아편쟁이의 삶을 살았으니까. 무슨 말인 줄 아나? 보들레르의 시를 가지려면 그의 상처도 같이 가져야 하는 거라네. 한 사회가 '보들레르의 시는 좋지만, 그의 상처는 필요 없으니 그를 내쫓는다'면? 그런 사회는 예술을 추방하는 사회라네. 추방하고 격리하는 사회는 위험한 사회야. 반대로 상처와 활을 동시에 가질 수 있는 사회, 그게 창조적인 사회고 희망이 있는 사회라고 나는 말하는 걸세."

"필록테테스를 버렸지만, 다시 그를 찾아가서 전쟁을 끝낸 그리스 사람들처럼 말이지요?"

"그래. 악, 퇴폐, 질병…… 이런 것까지도 포용할 수 있는 사회가 진짜 건강한 사회야. 술주정뱅이, 거지 이런 낙오자들을 싹쓸이해서 가둬버린 무균 사회는 희망이 없어. 그게 푸코의 『감옥의 역사』라고. 유럽과 미국의 역사를 보게. 『마농 레스코』라는 소설에도 나오지만 유럽에서 창녀, 깡패, 죄수들을 전부 배에 태워 미국으로 쓸

열 번째 수업:

어 보내잖아. 그렇게 해서 남은 사람들로 살아가면 그게 건전한 사회인가? 아니라네. 반면 미국은 그런 쓰레기 취급받던 인간들이 함께 모여 성장해간 거야. 상처와 활을 동시에 가졌기 때문에 구대륙이 아닌 신대륙에서 새로운 종교, 정치, 문화가 끓어오를 수 있었던 거야.

알 카포네가 있는 미국이 된 거라고. 지금도 대낮에 총질하고 민주주의의 왕국이라고 하면서도 암살당한 대통령이 대체 몇 명인가 말이야. 민주주의의 표본이지만 또 선거할 때마다 가장 '꼴통짓'을 하는 게 미국이야. 그러나 그게 미국의 힘이고 희망이라네. 일사불란하게 투표하고 통제하는 사회에 사는 사람들은 지금 미국 보고 엉망이라고 하는데, 괜한 걱정이야. 그 '엉망진창'이 어마어마한 힘이라네."

"다양성의 힘이겠죠. 카오스를 허용한 사회의 에너지일 테고요."

"그게 상처의 에너지야. 반면 통제 사회, 무균 사회는 상처를 포용할 힘이 없어. 너의 치유와 나의 치유를 나눌 수 있는 타자가 없어. 내가 없어. 전부 낯선 타자뿐이네. 이걸 정치적으로 보면 안 돼. 사회적 병폐, 악, 우리가 쓰레기라고 생각하는 그것까지도 '끌어안는 것', 그게 추위를 느끼는 거야. 추위를 함께 느껴야 한다네. 추위 속에서 타자와 내가 하나가 될 수 있는 거라고.

가족도 마찬가지야. 집안에 깡패 같은 놈이 하나 있고 탕자 같은 놈이 하나 있어야 정이 두터워지지. 전부 모범생만 있으면 효자도 안 나와. 전부 효자인데 무슨 효자야. 불효자가 있으니 효자도 있는 거지."

　상처와 활이 함께 있는 것, 그게 인간의 모습이고 가족의 모습이
고 나라의 모습이라고 그는 피를 토하듯 말을 토했다. 눈이 이글이
글 불타는 것 같았다. 트로이전쟁은 10년 만에 필록테테스의 상처
와 활이 하나가 되면서 끝났지만, 천년 이천 년 내려오는 우리의 기
약 없는 전쟁, 휴전 없는 전쟁은 언제 끝날지 모르겠다고, 선생은
깊은 수심을 드러냈다. 우리의 필록테테스는 언제 나타나겠느냐고.

　"그런데 선생님, 필록테테스는 어떻게 무인도에서 죽지 않고 계
속 살아 있을 수 있었을까요?"

　"영혼의 생명력 덕분이네. 필록테테스는 영혼이 죽지 않았어. 오
히려 더 강렬해졌지. '나 아파. 나 상처 입었어. 나 외로워'라고 외
치는 자기 모습을 객관화해서 바라보았지. 끝없이 아파하는 자기와
그것을 바라보는 자기, 그 자기와의 싸움 속에서 맑은 영혼을 갖게
된 거야. 활을 잡게 되는 거지. '바라보는 나' 그게 자의식이고 자아
라는 거야.

　우리가 서양에 지는 게 바로 이 자아라는 거네. 동양인들은 그냥
있어. 내 육체와 내 정신을 바라보는 나, '난 바보야' '나는 죽어가'
'나는 아파'라고 말하는 나가 없기 때문에 집단주의에 쉽게 매몰되
는 거라네. 일렬로 죽 서는 거야."

　"나를 바라보고 나를 장악하고 내게 명령하는 나……."

　"그래. 내가 나의 의지가 있으면 그건 70억 명하고 대립하는 거
야. 나는 절대로 타자가 될 수 없기에."

"타자가 될 수는 없지만, 나를 위한 타자를 만들어낼 수는 있는 거죠."

"그 내가 다시 진짜 타자 속으로 들어가야 되는 거지. 그렇지 않으면 무인도니까."

"무인도에 남을 것인가, 전쟁터로 나갈 것인가…… 저에겐 그것이 '사느냐 죽느냐'를 고민하는 햄릿의 대사보다 더 절절합니다."

"이해하네. 필록테테스는 10년 동안 아픔과 싸우면서 이지러진 얼굴이 아니라 맑은 얼굴을 갖게 됐어. 그의 영혼이 독을 이기는 육체를 만들어갔지. 그게 그의 활이야. 빛나는 영혼인 활과 썩어가는 육체가 같이 있는 거야. 그런데 인류는 그래본 적이 없다네. 상처와 활을 통합한 존재는 이 지구상에 예수와 공자 정도가 있을까…… 그러니까 현실의 인간사에서 트로이전쟁은 끝날 수 없는 거라네.

계속 자살자가 나오고 계속 폭군이 나오고 계속 병원과 감옥이 만들어지는 거야. 필록테테스가 트로이전쟁에서 승리한 것, 그게 진짜 인류의 역사였다면 감옥이 왜 있겠고, 병원이 왜 있겠나? 여전히 감옥이, 병원이 만들어지잖아. 육체가 병든 자, 마음이 병든 자가 나오잖아. 정신을 가르치는 선생과 육체를 낫게 하는 의사가 계속 쏟아지잖아."

"전쟁이 계속되고 있으니까요."

"인간이 함께 사는 게 그렇게 힘든 거라네. 개인이 혼자 있는 것도 그렇게 힘든 거라네. 그래서 나는 글을 쓴다네. 현실에서는 끝낼 수 없는 전쟁이지만 글 속에서는 가능하지 않을까 하여…… 현실의 무대에는 필록테테스가 없지만, 연극 무대에는 있으니까. 소포클레스의 비극 속에서만 현실의 취약한 세계를 들여다볼 수 있으니까. 올림픽 경기장에서만 그 스포츠가 있듯이 말일세. 올림픽을 통해서만 우리가 노동과는 전혀 다른 육체의 찬란한 움직임을 보듯이, 비극 속에서만 영혼의 진짜 움직임을 보는 거야. 그래서 그리스가 올림픽과 비극 이 두 개로 버틴 거야."

육체와 영혼을 통합하고 싶어 올림픽과 연극에 몰두했던 그리스인들…… 문득 그가 왜 88올림픽 행사를 맞아 진두지휘했는지 실마리가 잡히는 것 같았다.

"심지어 노천극장과 올림픽 경기장은 생김새도 비슷하다네. 거기서 서양철학과 인간 행동 양식의 원천이 다 나왔어. 짐작했겠네만, 내가 올림픽 했을 때 그렇게 열심히 뛰어다닌 것도 바로 그 이유야. 희랍의 오리진은 아니지만, 육체와 영혼을 발견하는 그 순수 체육의 세계로 들어가보자. 모르는 우물을 파보자. 박사 학위논문 쓸 때라 무척 바빴을 때인데, 사서 고생을 했잖아. 우물 파고는 미련 없이 떠났지."

인간은 지우개 달린 연필

"화제를 좀 바꿔볼까요? 요즘엔 잠자리에서 어떤 꿈을 꾸세요?"

열 번째 수업:

"동양 사람에게 꿈은 깨야 하는 것이고 이룰 수 없는 헛된 것이고 악몽이지. 서양은 달콤해. 드림이잖아. 무지개를 좇아서 식민지를 만들고 나노 테크놀로지를 만들고 로봇을 만들었지. 전부 꿈이 이끈 거야. 나는 두 가지 꿈을 다 꾸네. 깨어나는 꿈도 있고 목마름의 꿈도 있어. 목마름의 꿈은 계속 꿔. 이뤄지면 또 꾸지.

밤에 꾸는 꿈은 딱 세 가지야. 6·25 전쟁이 나서 도망가는 꿈, 신발 잃어버린 꿈, 높은 마루에서 추락하는 꿈. 도망가고, 잃어버리고, 추락하고…… 이 세 가지 트라우마가 남아 있어. 그중에서 신발 잃어버리는 꿈은 반복해서 꾼다네."

"요즘도 신발 잃어버리는 꿈을 꾸세요?"

"그럼. 해가 막 넘어가는 오후의 교실이야. 나는 선생님 심부름으로 시험지 채점을 하느라 남아 있다가, 숙직 선생님이 오시면 밖으로 나왔거든. 그런데 신발장에 내 신발이 없는 거야. 짝짝이 신발, 게다짝 끊어진 거 하나랑 너덜너덜한 신발 하나만 달랑 남았어. 어떤 놈이 훔쳐 신고 가서 내 신발이 없는 거야. 해는 지고 막막한데, 맨발로 갈 수도 없고…… 지금도 계속 그 꿈을 꿔. 신발 잃어버리고 막막해하는 꿈, 그러다 가위 눌리고 깨어나지."

"아득하네요."

"신발은 자연과 나를 분리시키면서 또 연결해주는 거잖아. 사실 어린애가 신발 벗고 맨발로 가면 뭐 어때? 그런데 분하거든. 발가벗고 가는 것 같거든. 신발을 뺏겼다는 것은 상실하는 거야. 문화의 상실이지. 여든이 넘었어도 어렵고 힘들 때는 자꾸 그 꿈을 꾼다네."

"선생님은 왜 자꾸 그 꿈을 꾸는 걸까요? 신발을 잃어버린다는 게 문화의 상실이라면……."

"(잠시 침묵하다) 나는 열렬히 지적 대화를 나눌 상대가 없었다네."

"그래서 혼자 맨발로 걸어가는 기분이셨군요."

"안타까운 일이네만, 필록테테스 이야기를 같이 할 제자, 스승, 친구가 없었어. 교수실에 모이면 다들 바둑, 정치 아니면 스캔들 이야기야. 조금 심각한 주제를 말하면 왕따 당한다고. 외국의 대학 식당에 가면 어떤가? 막장 토론하는 데가 거기야. 거기서 물리학자와 철학자, 생물학자, 수학자가 격론을 벌이지. 그래서 나는 영화 〈뷰티풀 마인드〉의 마지막 장면을 보면 눈물이 나. 정신이 이상하다고 교수 집단에서 쫓겨났던 존 내시가 마침내 그 고통을 이기고 노벨상을 받았잖아. 식당에서 교수들이 자기들 만년필을 존 내시의 테이블 위에 놓고 간다고. 동시대를 살아서 영광이었다는 뜻으로. 그게 사회고 그게 사는 거고 그게 나라고 그게 대학이지. 물론 영화 속 이야기야."

선생님의 대학교수 생활은 영광과 박수로 가득한 것처럼 보였으나, 한편으론 신발을 잃어버리고 맨발로 교정을 걸어나오는 것 같은 상실의 나날이 붙어 있었다. 정신 분열을 앓으며 캠퍼스를 유령처럼 배회하던 영화 〈뷰티풀 마인드〉의 천재 교수 존 내시의 모습에서 선생의 외로운 유랑이 겹쳐보였다.

"인간이 갖은 재앙을 겪고 코로나를 겪고 독재 밑에서 고생하고, 유대인을 수백만 명 죽였어도, 우리가 그런 한 사람 덕분에 인간이

열 번째 수업:

라는 말을 쓰는 거라네. 인간이 저지른 죄악을 보면 정말 사표 쓰고 '나 인간 안 할래' 하고 싶지만, 아직도 내가 사람의 이름표를 달고 사는 건 〈뷰티풀 마인드〉에 나오는 그런 사람들 덕분이야."

"비겁하고 잔인한 존재면서도 놀라울 만큼 경이로운 피조물이 또 인간이지요."

"아름다운 사람들이 많아. 인간은 어쩌면 지우개 달린 연필이야."

"지우개 달린 연필이라니요?"

"연필은 기억하고 남기기 위해 있고, 지우개는 흔적을 지우기 위해 있잖아. 그런데 그게 어떻게 한 몸이 되어 지우개 달린 연필로 탄생했을까? 알고 보니 지우개 달린 연필은 한 형제가 낸 특허품이야. 그림 그리던 형이 밤낮 지우개를 잃어버려서 동생에게 찾아오라고 시키거든. 동생이 그러지 말고 지우개를 연필에 달아서 쓰자고 해. 그게 대박 나서 돈을 엄청 벌었어.

그런데 지우는 기능과 쓰는 기능을 한 몸뚱이에 달아놓은 그게 우리 인생이잖아. 비참함과 아름다움이 함께 있고 망각과 추억이 함께 있으니 말일세."

"젊을 땐 연필을, 나이 들면 지우개를 많이 쓰겠군요."

"일전에도 얘기했네만 요즘 내 몸은 지우개가 차지하고 있다네. 낙서할 단어조차 많이 지워졌어. 한 5백 단어 정도 남았을까. 어제는 정자에 대해 쓰려고 하는데 '정자'라는 말이 생각이 안 나. 그런데 망각이 주는 즐거움도 있다네. 경이로운 기억들이 사이를 비집고 나오거든. 어제는 형하고 나하고 자전거를 타던 기억이 떠올랐어.

야. 그래서 키도 작은데 형 자전거에 올라탔지. 바퀴가 굴러가도 페달에 발이 닿지 않으니 몸이 허공에 뜨잖아. 좌우로 갸우뚱하다 금세 길에 나동그라졌어. 그때 말이지, 내 눈앞에 놀라운 광경이 펼쳐졌다네."

"어떤 광경이죠?"

"내 눈앞에서 자전거 바퀴가 돌아가는 거야. 자전거 바퀴에 빗살이 있잖아. 거기에 햇빛이 비치면 은빛으로 반짝거려. 넘어져서 아파서 눈물이 찔끔 나면서도 자전거 바퀴는 돌아가고, 그 사이로 햇빛이 은빛으로 떠다닌다고. 환상적이야. 가끔 그 장면이 떠올라. 그건 말이지, 뭐랄까…… 미래에 대한 행복의 이미지랄까. 참으로 경이로워. 애들은 꽃의 아름다움을 모르잖아. 그래서 굴러가는 바퀴살과 그 사이로 굴러가는 햇빛이 놀라운 아름다움으로 남아 있는 거야."

인간은 천사로 죽을까 악마로 죽을까

"선생님 인생에는 굴렁쇠 소년이 계속 나타나는군요. 바퀴, 눈물, 햇빛, 정적의 이미지로. 어머니는 어떤가요? 어머니는 절대 지우개로 지울 수 없는 기억이잖아요."

"그럼. 나는 특히 어머니를 일찍 여의었기 때문에 더 선명하지. 나는 늦게까지 어머니 젖을 먹어서 그게 흉이었어. 그래서 어머니 하면 항상 밥으로 남아. 바깥에서 놀면 '밥 먹어라' 하고 부르던 어머니. 도시락 싸주던 어머니."

"10대 때 돌아가셨죠? 한창 어머니 정성이 많이 들어갈 때인데요."

"(쓸쓸하게) 그렇다네. 어머니 돌아가시고, 어느 날 학교 가는데 인력거 하나가 내 앞을 질러가다가 딱 멈춘 적이 있어. 모본단 저고리 입은 귀부인 한 명이 내리더니 날 불러. 학교도 늦어서 심통 난 나를 붙잡고 묻더라고.

'너, 누구누구 집 다섯째지? 책보 좀 끌러볼래?'

'왜요?'

'이리 줘봐.'

'……'

'(도시락 통을 열어서 확인하고는) 됐다, 가봐.'

어머니가 돌아가셨으니 누가 밥을 제대로 싸줬을까, 본 거야. 어머니 계셨으면 장조림도 계란도 싸줬을 텐데, 하면서. 집안 어른이었던가봐. 나는 전혀 모르는 여자였는데 그렇게 갔어. 멀리서 인력거 흔들리는 게 꼭 돛단배 같았지. 돛대처럼 흔들리며 고개를 넘어가는 걸 보고 어머니를 생각했다네. 어머니는 나한테 그래. 지금도 기쁜 일이 생기면 홍수환이 '엄마, 나 챔피언 먹었어' 하듯이 속으로 중얼거리는 거야.

'엄마, 나 이거 해냈어.'

'엄마, 나 이 책 나왔어.'

어머니는 절대로 내 기억 속에서 돌아가시는 법이 없었어."

여든여덟 살이 되어서도 어머니가 그토록 그리운 것은 어머니는 선생에게 밥이었고 책이었기 때문이리라. 돌상에서 책을 잡은 것을 두고두고 자랑삼아 얘기했던 어머니.

"한국 어머니들의 모정이 더 애틋한 것 같습니다."

"품에 안고 등에 업고 육체로부터 밀착 교육을 하니까. 그런데 요즘에는 모성애도 신화라고 해. 짐승들도 급할 땐 자식을 내동댕이치거든. 캥거루는 쫓기다가 도저히 못 견딜 때는 배 안의 새끼를 던져줘버려. 철새도 떠날 때가 되면 못 나는 새끼는 두고 날아가고. 희생하는 어미도 있지만, 버리는 어미도 있는 거야.

프랑스 교육철학의 기틀을 세운 장 자크 루소도 어머니의 사랑을 몰랐던 사람 아닌가. 당시 유럽에서는 양자 제도가 있어서 귀족들은 애들을 다 시골에서 돈 줘서 키워왔어. 똥오줌은 농부들이 다 받고 애는 다 커야 데려왔어. 일본도 사도꼬라는 게 있어서 애들을 시골에서 키우거든.

그리고 보면 우리나라 사람이 자식 사랑이 유별난 거지. 요즘 애 안 낳겠다는 것도 너무 잘 키우고 싶어서 그런 거잖아. 보통 애 정도로 키울 거면 왜 안 낳아? 어머니가 너무 절대적이니, 스스로 자격이 없다고 생각하는 거야. 애가 전부니까 어머니 되기가 두려운 게 아닐까."

이즈음 선생님의 이야기 톤은 많이 달라져 있었다. 뭐랄까. 첫 라

206   열 번째 수업 :

스트 인터뷰 때의 감상적인 톤에서 나와 더 넓고 단단해져 있었다. 나의 이야기에서 시작해도 금세 인류라는 대가족의 이야기로 넘어갔다. 죽어가는 이어령보다, 죽어가는 이어령을 바라보는 이어령이 더 자주 등장했다. 나 또한 그 모습이 더 이상 놀랍지 않았고, 그가 비탄에 빠지기보다 어린아이처럼 승리에 찬 미소를 짓는 걸 보는 게 즐거웠다. 스승의 지혜로운 분신술은 내겐 황홀경이었다.

"선생님의 분신술을 보는 게 저에게 얼마나 큰 즐거움인 줄 아세요?"

"하하. 그런가? 예전에는 바깥에 비도 추적추적 오고 내가 한참 슬펐을 때 대화를 나눴지. 지금은 반은 개구쟁이에 어린애로 바뀌었어. 그때는 촌스러울 정도로 진지했지. 지금은 그것조차 물리치고 드라이해졌어. 웃고, 웃기고."

"맞아요. 웃고, 웃기고."

"필록테테스처럼 고통에 익숙해지면서 내가 고통에서 한 발짝 물러난 거야. 죽음이나 고통을 사실적으로 깊게 느끼면서 또 그만큼 객관화된 거지. 밤에 아파하며 눈물 흘리는 나와, 그런 나를 쳐다보는 나의 거리가 멀어졌어. 첫 라스트 인터뷰 때는 그게 일치했을 때였지. 육체의 언어와 영혼의 언어가 하나가 되었던 순간이랄까. 지금은 또 살짝 냉소주의자가 되었다네."

"계속 변하는군요."

"변하지. 심술궂은 마음도 좀 들고, 그래. 심술 사나워지면 자기한테 잘해주는 사람을 어떻게든 괴롭히려고 하잖아. 천사로 죽는 사람은 없어."

"지난번에는 다 천사로 죽는다고 하셨잖아요?"

"사형수도 착하게 죽는다고 했었지. 그런데 아닌 것 같아. 인간은 다 악마로 죽는 것 같아."

"뭐가 맞는 거죠?"

"맞고 틀린 게 어디 있나? 결국 같은 말이라네. 빛과 그림자."

"아……."

"내가 몸이 아프니 저 의자에 매일 누워 있어. 낮이고 밤이고 앉아 있고 누워 있지. 오늘은 자네 온다고 새 옷 입었지만, 평소엔 겨우 휴지로 코나 풀고 있다고. 여기 누워서 코 푼 휴지를 저쪽 휴지통에 던지는데, 어느 날은 딱 골인이 돼. 기분 좋지. 나도 모르게 박수를 치는 거야.

'나이스 샷!'

그러다가 내 모습이 처량한 거라. 그래서 하나님에게 하소연을 한다네.

'하나님, 우리가 큰 거 원했습니까? 인간들에게 너무하시는 거 아니에요? 재앙이 너무 크지 않습니까?'

그깟 휴지가 쓰레기통에 골인한 게 뭐가 그리 좋아서, 기뻐하는 내가 애처로워서 통곡하는 나보다 더 불쌍해서, 눈물 한 방울이 또르르 떨어지는 거야."

11

스승의 눈물 한 방울

스스로 결점 없는 영웅보다 자기감정에 빠져 울거나 웃거나
추억에 젖기를 좋아하는 나의 스승은
시간이 지날수록 더 수다스러워졌고 더 귀여워졌다.

눈물은 언제 방울지는가

이어령 선생님과 그의 아내인 강인숙 평론가의 이름을 딴 평창동 영인문학관에는 우리 시대 문학을 이끌었던 작가들을 조명하는 전시가 끊이지 않고 열렸다. 코로나로 황량한 계절을 지나고 있어도 그곳에 발을 들이면 김채원, 서영은, 최인호 등 작가들의 육필 원고와 소지품, 젊은 날의 흑백사진이 단정하게 내방객을 맞이했다. 이어령 선생의 자리는 문학관 지하의 가장 안쪽 구석에 소박하게 자리하고 있었다.

일본에서 쓰던 앉은뱅이 나무 책상 하나와 『축소지향의 일본인』

여러 판본이 진열되어 있었다. 남편의 모든 것을 보존해서 보여주려는 아내 강인숙과 아무것도 두지 말라는 이어령이 합의한 자리가 문학관의 가장 조용한 곳에 있는 여덟 평 정도의 공간이었다.

"자리를 좀 크게 만들지 그러셨어요."

"거기가 아무도 안 찾는 구석이라 그냥 내 옛날 책상이나 하나 갖다두라고 한 거라네. 나는 그런 게 싫어. 어느 유명한 조각가가 내 흉상을 만들겠다고 했을 때도 내가 한사코 사양하니, 내 아들이 대신 모델을 서서 조각을 해왔어. 집사람은 나랑 생각이 좀 다르지. 난 감투가 싫어서 대학에서 과장도 안 한 사람이야.

근래에 문학은 없고 이름만 있는 문학관이 얼마나 많은가. 사람 끄는 이벤트지. 나는 그런 게 정말 싫어. 내 장례식도 사람들 병원 영안실로 불러서 하지 말라고 그랬다네."

"장례식은 어떻게 하고 싶으신데요?"

"집에서 몇 사람만 불러서 가볍게 하고 싶어. 왜 다들 마지막 가는 길을 무겁게 하고 가나? 병원으로 왜 불러? 병원이 사람 고치는 데지, 장례하는 데야? 화환 길게 줄 세우고 한쪽에는 환자들, 한쪽에는 죽어서 나가는 사람들…… 그런 나라가 전 세계에 어딨나?"

"그래서 미리 말씀은 해두셨어요?"

"나만 해도 어머니 할머니가 있는 집에서 태어난 세대야. 그러니 죽을 때도 역시 사랑하는 가족, 내가 살던 친숙한 공간에서 눈을 감았으면 해. 최고의 사치지. 가난한 사람도 당연했던 일이 이젠 꿈이 되어버린 거야.

옛날에는 아무리 못살아도 집에서 태어나 집에서 죽었네. 요즘에는 천하 없는 재벌이라도 힘들어. 병원에서 태어나고 병원에서 죽지. 살고 죽는 게 병인가? 탄생이 병이고 죽음이 병이냐고? 생사의 문제가 낯선 사람들의 공간에서 다뤄지니 안타까워. 공간의 쓰임도 그래. 외국은 교회에 무덤이 있고 공원에 무덤이 있지. 우리는 다들 아파트에 살면서 관 하나 들어오고 나갈 데가 없는 세상이 된 거야.

가능하다면 나는 내 마당의 조촐한 장례식에, 틀어줄 노래까지도 내 손으로 했으면 좋겠어. 죽은 자의 생애를 과시하는 듯한 화환조차 나는 필요 없다네."

"마당에 틀 노래는 골라놓으셨어요?"

"아직 못 골랐다네. 김활란 씨는 딱 골라놓고 갔다던데. 부고도 신문에 알리지 말고 몇 사람만 와서 그냥 화장하고 끝내라고 했어. 이제껏 쓴 내 글이 묘비명이고 무덤이고 기념관이니 묘비명도 쓸 거 없다고. 글 쓴 게 하루하루 죽음을 쓴 거잖아. 아무리 잡문이라도 나는 늘 마지막을 썼어. 죽음이라는 건 없어지라고 있는 거야. 사라져버리는 게 최고지."

"눈물 한 방울은 어떻게 돼가고 있나요?"

"어제는 고추잠자리가 떠오르더구만."

"고추잠자리요?"

"그래. 어렸을 때 고추잠자리는 항상 내 빗자루보다 높이 날았어. 못 잡아. 높이 떠 있으니까. 그때 나는 높이 뜬 잠자리 날개를 통해서 하늘을 보는 거야. 얘들은 여름과 가을의 접경에서 뜨거든. 은빛 날개 위로 높아진 가을 하늘이 비치는 거야. 그런데 잠자리는 항상 내 팔보다는 높게 뜨거든. 그놈 잡으려고 아우성치다 그 날개에 비친 하늘을 본 거지."

"그럴 땐 인생이 다 신기루 같습니다."

"눈물 한 방울이 내가 전하고 싶은 마지막 말이라네."

"아…… 88년 통찰의 결론이 눈물 한 방울이라는 말씀이지요?"

"그래. 이 시대는 핏방울도 땀방울도 아니고 눈물 한 방울이 필요하다네. 지금껏 살아보니 핏방울 땀방울은 너무 흔해. 서로 박터지게 싸우지. 피와 땀이 싸우면 피눈물밖에는 안 나와. 피와 땀을 붙여주는 게 눈물이야. 피와 땀이 하나로 어울려야 천 리를 달리는 한 혈마가 나오는 거라네."

눈물 한 방울은 디지로그나 생명자본과 궁극적으로 같은 말이라고 했다.

"일전에 쓸 수 없을 때 쓰는 글이 '눈물 한 방울'이라고 하셨는데요. 늙은이의 세 줄 일기라고요."

"가장 약할 때 가장 강한 것이 나오는 법이라네. 감상적이고 무력한 약자의 눈물이 가장 큰 힘이지. 프랑스인들은 자유평등의 기치를 걸고 혁명을 일으켰잖나. 그 그럴듯한 가치가 공포정치로 엉망진창이 됐을 때, 박애가 나와서 혁명의 역사를 바꿨어. 자유와 평등은 끝 모르게 싸우지만, 그 사이에 박애가 들어서면 눈물 있는 자유, 눈물 있는 평등이 나오는 거라네."

"그런데 그 눈물이 한 방울이라는 게 제게는 의미심장하게 느껴집니다."

"중요한 지적이네. 눈물 한 방울이면 방울이 들어가 있잖나. 소리가 들어가 있는 거야. 눈물은 소리가 없는데도 우리말은 재밌게도 뚝뚝 흘린다고 해. 유명한 농담이 있어. '홍도야 울지 마라'를 한 글자로 줄이면 뭐지?"

"뚝!"

"그렇지. 줄줄 흐르는 눈물이 있고, 방울지는 눈물이 있네. 눈물한 방울은 구슬이 되고 수정이 되고 진주가 되는 거야. 눈물방울은 눈물하고는 다른 걸세. 하나둘 셀 수 있어. 방울이 되면 음향이 되고 종소리가 되지."

"서양에서는 눈물방울처럼 생긴 물방울 다이아몬드를 제일 비싸게 쳐주죠."

"눈물 값이 그렇게 비싼 거야. 눈물만이 우리가 인간이라는 걸 증명해준다네. 이제 박쥐가 걸리던 코로나도 인간이 걸리고, 닭이 걸리던 조류인플루엔자도 인간이 걸려. 그럼 무엇으로 짐승과 사람을 구별하겠나? 눈물이야. 짐승 중에 낙타도 코끼리도 눈물을 흘린다고 하지만, 정서적 눈물은 사람만이 흘릴 수 있어. 로봇을 아무리 잘 만들어도 눈물은 못 흘린다네.

영화 〈터미네이터 2〉를 보면 어린 존 코너가 우는 모습을 보고 터미네이터가 묻잖아.

'너 그거 뭐냐?

아프면 나오는 거니?'

고통은 알지만 마음이 아프다는 개념은 모르는 거야. 이 영화의 엔딩이 기가 막히다네. 터미네이터는 인간과 우정을 나누면서 인간의 편이 되고, 자기 몸 안에 남아 있는 마지막 칩을 없애기 위해 스스로 용광로 안에 들어가거든. 존은 아버지처럼 느껴지던 터미네이터가 사라지는 게 슬퍼서 눈물을 흘리지.

그때 이 로봇이 강철 손으로 그 눈물을 닦아주면서 그래. '이제는 눈물이 뭔지 좀 알 것 같다'고.

기계가 인간을 위해 살신성인을 하는 거야. 인간의 눈물을 이해하고 인간을 위해 죽은 거야. 예수의 눈물이 거기 있다네. 신격을 가진 이가 연약한 인간으로 돌아가셨어. 인간을 이해한다는 건 인간이 흘리는 눈물을 이해한다는 거라네. 그런데 이런 눈물의 이야기가 대중의 시대에 맞을지는 확신이 없다네."

인사이트는 능력 바깥의 것

"선생님의 눈물 한 방울이 왜 대중을 못 울릴 거라고 생각하세요?"
"책이 페이스북을 못 이기고 철학이 블로그를 못 이기고 클래식 음악이 트로트를 못 이기는 시대잖아."

선생님은 가볍게 한숨을 쉬었다. 당신이 쓰는 책 한 권이 SNS의 한 줄 글을 이길 수 없다는 말에 가슴이 아팠다. 디지털의 힘이 바다처럼 드넓으나 아날로그에서 방울지는 지혜자의 눈물을 대신할 수는 없을 거라고 나는 스승을 위로했다. 스스로 결점 없는 영웅보다 자기감정에 빠져 울거나 웃거나 추억에 젖기를 좋아하는 나의 스승은 시간이 지날수록 더 수다스러워졌고 더 귀여워졌다.

"지성도 영성도 더욱 깊어지시니, 그러다 머지않아 천사로 채용되지 않을까 싶습니다."

하늘에서 천사 날개를 달고 날아다닐 선생님을 생각하니 절로 미소가 지어졌다. 그곳에서 좋아하시던 니체와 괴테, 보들레르와 이상을 만나 호형호제하며 지내시겠지. 나의 이런 상상을 물끄러미 지켜보던 스승이 빙그레 미소 지었다.

"나는 체력도 IQ도 남보다 대단히 뛰어나지 않아. 그러나 영성에 있어서는 남과 다른 무엇을 느낀다네. 사람의 능력 따질 때 어릴 때는 먼저 체력을 보지. 어린아이는 키 큰 놈이 최고니까 키 잴 때 까치발 들잖아. 나는 키가 작아서 교실 맨 앞에 앉아서 선생님 침방울 꽤나 맞았다고. 큰 애들이 뒤에 앉아 도시락 먹고 화투 칠 때 말이야. 경쟁 능력의 80~90퍼센트는 어릴 때 체력에서 결정됐어. 그다음엔 천자문, 구구단, 기억력, 아이큐 테스트를 하지.

body, mind 다음이 spirit, 영성이야.

영적인 면, 직관이 뚫려 있다는 것은 어린 시절부터 느꼈다네. 최근에는 더 많이 느끼지. 내가 2020년 1월에 '메멘토 모리'를 방송하며 설날부터 '죽음 기억하라'고 했는데, 2020년 한 해 전 인류가 코로나로 죽음과 대면했어. 영원히 살 것처럼 권력, 돈에 탐닉하다 마스크 한 장 앞에서 죽음을 느낀 거지."

"전 인생에 걸쳐 타인을 꿰뚫어보고 시대를 꿰뚫어보셨어요. 스스로 신과 가장 가까이 자리해 있다고 느끼실 것 같습니다."

"신에 가장 가까운 자리가 영의 세계라네. 플라톤이 말하는 이데아, 영성, 해 같은 것, 태양 같은 것이지."

"영의 세계가 이데아의 세계라고 하셨나요?"

"그래. 육체와는 다른 이데아의 세계. 신의 육성을 느낄 수 있는 자리, 이데아는 경험한 것이 아니라네. 저세상에서부터 가지고 나온 것이지. 땅의 것이 아니고 하늘의 것이야. 땅은 동굴이야. 영의 세계를 군이 비유하자면 태양이지.

나는 어린 시절부터 그 해의 세계를 본 것 같아. 그래서 자꾸만 앞을 내다보고 예언 같은 것을 하게 돼. 금년의 코로나도 그 이전에 예언했어. 달력 보는 자들보다 지도 보는 자들이 세계를 지배할 거라고 얘기해왔지. 전 세계가 녹다운되면서 시계도 달력도 어제와 오늘이 뒤섞여서 똑같아. 어디에서 왔나? 어디를 봉쇄하나? 전부 지정학을 따지고들 있잖아. 삶은 이제 달력이 아니라 지도야. 달력 말고 지도 보며 살아야 하네. 내가 한 말이지만 세상이 딱 그렇게 되는 걸 보면 나도 놀라는 거야."

"선생님은 미래학자들이 전면에 나서기 훨씬 전부터 항상 앞을 내다보고 미래를 '명명'하셨지요."

"'디지로그'라는 말을 내가 확실히 알고 썼겠나? 디지털과 아날로그가 함께 있어야 행복한 세상이라고 했는데, 지금이 전부 그런 세상이거든. 배달앱 쓰고 원격 강의하고. 나도 신기할 때가 한두 번이 아니야. 혼자서 '나한테 이상한 힘이 있나 보다' 느낄 때가 많아."

"매년 1월이면 언론에서 선생님 댁을 찾아와 한 해의 밑그림을 그려가곤 하지 않았습니까. 그런 미래의 그림은 머릿속에서 순간 떠오르시는 거예요?"

"앞을 내다볼 수 있는 인사이트는 내 능력 바깥의 것이라네. 이런 얘기는 오늘 처음 하는데, 나는 전화가 오면 어디서 걸려온 건지 대충 알아. 거의 80퍼센트가 맞아. 물론 어느 정도 훈련이 되어 있겠지만."

"갑자기 초능력자 같으신 말씀을······."

"영성이란 말이지······ 뭔가를 구하고 끝없이 탐하면 자기 능력을 초월하는 영감이라는 게 들어오는 거야. 이런 얘기하면 미쳤다고 할지 모르겠네만, 책 쓰는데 영 글이 안 써지면 마감 직전에 아무 책이나 들춰보거든. 그런데 그 책의 그 페이지를 안 봤더라면 글이 다 틀어질 뻔한 경우가 참 많아. 그 책의 어떤 문장에서 막혔던 게 뻥 뚫리는 거지. 문운이 있듯이 무운이라는 것도 확실히 있어.

알렉산더 대왕이 아무리 용감한 사람이라도 화살이 피해 가니까 산 거 아니겠나. 말 타고 화살 쏘는데 그 사람만 화살이 피해 가는 사람이 있어. 진짜 무운이 있는 사람인 거야. 장비든 관우든 1백 번 싸우는데 화살을 어떻게 안 맞겠어."

"무운이 화살을 피하는 것이라면 문운은 대중의 가슴에 정확히 화살을 꽂는 것이겠군요. 그런 기회는 하늘이 주는 것일 테지요. 글로

벌 트렌드의 중심을 관통해버린 BTS나 봉준호 감독처럼 말입니다."

"기본적인 노력과 능력은 당연히 갖춰야겠지. 그런데 정말 크게 잘되는 스타는 하늘이 도운 거야. 책 낼 때마다 베스트셀러 되는 작가도 있고 안 되는 작가도 있어. 책을 아무리 지성과 정성을 다해서 써도 소리소문없이 사라지기도 하고, 개발새발 대충 쓴 것 같은데도 베스트셀러가 되는 게 있거든. 나중에 읽어보면 확실히 베스트셀러는 그때의 대중을 끄는 힘이 있어. 문운이야. 애 낳으면 천재도 낳고 둔재도 낳는 것처럼, 똑같은 사람 머리에서 똑같은 책을 읽고 써도 책마다 그 운이 다른 거야."

빛이 물처럼 덮치듯 신도 갑작스럽게 우리를 덮친다

"다시 영성 이야기로 돌아갈까요?"

"그러지. 영성을 이야기하면 나는 우리 딸 민아 얘기를 안 할 수가 없어. 우리 딸애가 나보다 공부도 훨씬 잘했어. 미국에서 그 어렵다는 법대 학점을 조기 이수하고 변호사 시험을 쳤지. 수학적이고 합리적인 아이가 어느 날 납득할 수 없는 말들을 하기 시작했다네. 내 딸은 신의 목소리를 듣고 그 존재를 느꼈다네. 영적인 사람은 신을 보는 거야. 꿀벌이 적외선 자외선을 보듯이. 나도 사람의 기운은 느끼고 있네. 아무리 날 반가워해도 말문이 딱 막히는 사람이 있고, 초면인데도 죽마고우처럼 말문이 터지는 사람이 있어. 마음을 투시하고 초자연적인 것을 느끼는 것은 모두 영적의 일이라고 나는 생각해.

아이들은 어른들보다 훨씬 영적이야. 엄마가 떠나고 엄마를 여의는 것도 아이들은 느낌으로 다 알지. 어린 시절에 밤에 자다 깨면 나는 늘 어머니 코밑에 손을 갖다대곤 했네. 숨 쉬나, 안 쉬나 조마조마해하면서. 그러더니 일찍 가셨어."

그렇게 한 몸처럼 애절했던 어머니가 타인이라는 걸 알게 된 하나의 사건이 있다고 했다.

"어느 겨울, 눈이 펑펑 쏟아지던 날이었어. 나는 몸이 연약하고 작아서, 눈비가 심하게 오는 날은 집에서 일하시는 분이 학교로 와서 나를 데려가곤 했어. 그런데 하필 어머니가 그날 나를 깜빡 잊은 거야. 학교 앞에서 하염없이 기다리다 펑펑 내리는 눈을 맞으며, 허리까지 쌓이는 눈을 뚫고 엉엉 울면서 집으로 왔지. 아무도 없는 집에서 이불을 뒤집어쓰고 훌쩍거리며 있는데, 어머니가 오셨어. 바깥에서 찬바람이 싹 들어왔지. 날 보고 얼마나 죄책감이 들었겠어. 누워 있는 내 이마를 서둘러 짚어주시는데, 그때 처음으로 느꼈다네. 어머니와 나 사이의 거리를."

"어머니와 나 사이의 거리라니요."

"어머니도 남이라는 사실 말일세. 펄펄 끓는 내 이마에 어머니의 차가운 손이 닿는 순간, 뜨거운 이마와 찬 손이 닿는 그 자리에 미세한 벽이 만져졌지. 엷은 막이. 사랑하면 사랑할수록 절대 하나의

열한 번째 수업:

몸이 될 수 없는 엷은 막을 느껴. 앵프라맹스inframince라고 아주 미세한 차이야. 모든 사물, 모든 현실 속에는 그런 엷은 막이 있어. 나한테는 그것을 뚫는 게 영성이라네."

"엷은 막을 뚫고 저 너머의 것을 보는 거겠죠? 인식의 시계가 어느 순간 활짝 열려버리는……."

"그런데 나는 그걸 느끼기만 하지 뚫지는 못한다네. 과녁을 맞혔지만 화살이 부러져서 바닥으로 떨어지고 말지. 내 영성은 그런 정도야. 반면 내 딸 민아는 달랐어. 과녁을 탁 뚫었어. 과녁을 뚫으면 화살이 진동하잖아. 생명의 정곡을 찔렀을 때 정지된 화살이 살아서 부르르 떤다고. 부르르 떠는 진동, 그게 영성의 힘이야. 내 화살은 맞추기만 했지 뚫지는 못해. spirit을 감지해도 뚫고 나가지를 못해. 우리 딸처럼 날아가 박혀서 진동하지 못해."

"영성에서는 딸이 아버지를 앞섰군요."

"그렇다네. 성경에도 나중 난 자가 먼저 된다는 말이 있어. 그 애는 죽음 앞에서 두려워 벌벌 떨지 않았어. '지금 나가면 3개월, 치료받으면 6개월' 선고를 듣고도 태연하니까, 도리어 의사가 놀라서 김이 빠졌어.

내 딸 민아는 죽기 전에 정말 충만한 시간을 보냈다네. 일 년간 한국에서 내 곁에서 가장 오래 머물렀지. 죽음에 맞서지 않고 행복하게 시간을 쓴 거야. 암에 걸렸어도 영적인 힘으로, 그 아픈 4기가 지나 온몸에 암세포가 퍼지는데도, 두세 시간을 강연을 했지. 육체가 소멸하기 마지막까지 복음을 전했고, 기도드리고 쓰러져서 대여

섯 시간 있다가 운명했다네.

나도 그래. 다 죽어가다가도 '나 오늘 못 해' 하다가도 얘기 시작
하면 샘물 터지듯 나오잖아. 그건 내 힘이 아니야."

그런데도 딸을 생각하면, 지금도 자꾸 미끄러지는 기분이라고 멋
쩍은 웃음을 지었다.

어쩌면 그 과녁 앞에서 화살이 미끄러지는 이유는, 꽂히는 그 순
간, 그가 알아채고 빠져나와 '내 머리로 생각하기' 때문 아닐까. 화
살의 떨림에, 영성의 진동에서 몸을 빼내는 스승의 자의식 안에, 그
깊은 뇌 주름 안에, 얼마나 얇은 겹겹의 거울이 들어차 있는 걸까.
순간 왜 내 머릿속에는 천사와 샅바를 잡고 씨름을 하는 그의 모습
이 떠오르는 걸까. 그의 곁에 있으면 그의 영성도 그의 지성도 손가
락 끝으로 만져지고 그 짜릿한 감각이 팔을 타고 흘러오는 것만 같
았다. 영성과 지성을 오고가는 스승의 순례, 순복하지도 항복하지
도 않는 이 지적 거인의 머리뼈에서, 나는 아름다운 균열을 보았다.

"선생님, 평소에 보통 사람은 영성을 어떻게 느낄 수 있나요?"

"보통은 몰라. 얇은 막이 있다는 것조차 모르지. 빌로드 바지를
입고 걸을 때 스치듯 나는 소리가 있다네. 사악사악, 있는 듯 없는
듯한 그 소리에 귀 기울이는 예민한 사람이 많지 않아. 얇은 막들이
스치듯 엉키는 소리, 그 얇은 막이 뚫릴 때 쏟아지는 영성의 물성을
나는 이렇게 표현하고 싶어. 프랑스 지하철 노선에 트로카데로라고
있거든. 이 노선은 지하철이지만 유일하게 바깥으로 한 번 나왔다
들어가지.

열한 번째 수업 :

처음 파리에 갔을 땐 그런 정보를 전혀 몰랐어. 프랑스 지하철이 오죽 컴컴해. 그런데 한참을 가다가 그 지하 굴에 어느 순간 물이 쏟아져 들어오듯 햇빛이 쏟아져 들어오는 거야. 언제 바깥으로 나왔는지도 몰랐는데, 순식간에 빛의 샤워를 받은 거야. 그 순간 어떤 성스러움이 느껴졌어."

"예상치 못한 빛의 물결이죠. 정오의 사이렌처럼. 저도 파리의 지하철에서 그때의 느낌을 기억합니다."

"그 외국에서, 그 지하에서, 예상하지 못했으니 더 놀랍지. 빛이 물처럼 덮치듯, 신도 그렇게 갑자기 우리에게 온다네. 준비해도 안 올 수 있고, 준비 안 해도 올 수 있어. 하나님은 우리를 갑작스럽게 방문하시지. 마치 재앙이 예고 없이 덮치듯, 신의 구제도 그렇게 오는 거야. 사랑도 행복도 영성도 그렇게 갑작스럽게 우리를 덮치는 거라고 나는 느껴."

"영성은 바깥에서 오는 것이군요?"

"그렇다네. 다만 흡수할 수 있는 반사판이 있느냐 없느냐의 차이겠지. 필름의 감광지 같은 거야. 빛을 받아서 반응할 수 있는가. 나는 하나님을 믿기 전에도 그런 체험들을 했던 거야. 생과 사의 엷은 막을 어릴 때 느꼈고, 그래서 어머니 코밑에 손을 대어보았고, 대낮에 굴렁쇠를 굴리며 눈물을 흘린 거라네. 어린애들은 다 영성을 가지고 태어나. 어른이 되면 무뎌질 뿐이지. 어린애의 슬픔, 어린애의 두려움, 어린애의 그리움…… 모르지만 다 알고 있는 상태라네."

영성에서 지성으로

"선생님, 저는 어린 시절 그런 느낌이 다가올 때마다 소스라치게 놀라곤 했어요. '이미 이 세계를 다 살아보았던 것 같은……' 처량하고 처연해지고 청승맞아지는 그런 느낌이요. 감각이 다 닫히지 않아서일까요? 그럴 땐 마치 이 우주가 뫼비우스의 띠처럼 연결되어 있는 것도 같은 느낌이 듭니다."

"애들의 동요 속에 미래의 예언이 있다네. 어린아이들이 '원숭이 엉덩이는 빨개, 빨가면 사과, 사과는 맛있어……' 이렇게 부르는 노래도 다 현대사를 반영하고 있거든. 아이들의 영성은 배운 학식에서 오는 게 아니야. 그냥 직관으로 알아버리는 거지."

"가끔 저는 선생님이 웃으시는 모습에서 어린아이를 봅니다. 어린이의 세계와 초인의 세계가 붙어 있다는 느낌이 들어요."

"그런가? 지금도 나는 글을 쓸 때 그런 어린아이의 세계를 느껴. 내 글 중에도 영감과 영성으로 쓰여진 글이 있고 억지로 지식으로 짜맞춘 글이 있어. 설명할 수는 없어도 신들린 듯이 쓴 글에는 영성의 빛이 있는데, 사방의 지식을 가지고 쓴 글은 아무리 절묘하게 썼어도 감동을 주지 않아. 글 쓰는 데도 운이 있고 영성의 담금질이 있는 걸세. 그건 모든 글 쓰는 사람들의 공통의 경험이야. 깜깜한 공백 속에서 도저히 풀리지 않다가 어느 순간 탁 빛줄기가 쏟아지지."

"지하철이 불현듯 땅 위로 올라와 빛의 샤워를 받듯이요?"

열 한 번째 수업:

"그렇지. 갑작스럽게. 물론 준비가 되어 있어야 해. 영적 판, 인화지가 있어야 셔터를 눌렀을 때 빛이 담기지. 종이 넣고 아무리 셔터 눌러봐야 거기에 뭐가 나와. 0.001초의 셔터를 끊어주는 그 짧은 순간에 감광지에 비치는 모습, 그게 영의 세계야. 순식간에 다른 세상을 보는 거지. 그런데 내 딸 민아처럼 하나님을 진실로 믿으면 영성의 세계에 들어가 거기서 머무는데, 나는 미끄러져서 계속 땅에 떨어져. 그래서 영성이 아니라 땅 지地자 지성이 되는 거야. 땅의 성이지."

스승은 신음하듯 한숨을 내쉬었다. 자신의 지성은 은빛 화살이 하늘의 과녁을 통과하지 못하고 떨어진 영성의 부스러기라고. 그의 은빛 머리카락이 오후의 햇살을 받아 하얗게 빛나고 있었다.

_____ 12

눈부신 하루

"궁극적으로 인간은 타인에 의해 바뀔 수 없다네.
스스로 깨닫고 스스로 만족할 수밖에 없어. 그게 자족이지."

누가 짐승이 되고 누가 초인이 될까

코로나 바이러스는 오래도록 수그러들지 않았다. 떠날 수 없고 모일 수 없자 외식업계, 관광업계, 공연업계는 비명을 질렀다. 거리가 온통 을씨년스러운 가운데도 배우이자 평창 동계올림픽 개폐막식을 총지휘했던 송승환이 정동극장에서 공연을 올린다고 알려왔다. 그는 몇 년 전부터 눈이 멀어가고 있었고 이즈음 실명에 가까운 채 생활하고 있었다. 평창 올림픽 이후 인연을 이어가던 나는 그의 실명 과정을 가까이서 찬찬히 지켜보게 되었다. 어느 날 레스토랑에서 메뉴를 읽을 수 없었고, 그다음엔 접시에 놓인 샐러드를 집을

열두 번째 수업 :

수 없었으며, 그다음엔 오직 목소리로만 사람을 구별했다.

평창 동계올림픽에서 찬란한 빛의 드론을 띄우며 감격해하던 그는, 빛의 세계에서 어둠의 세계로 빠른 속도로 진입했다. 놀라운 것은 그가 시력을 잃어갈수록 더욱 명랑해지고 낙관적으로 변했다는 사실이다. 식사 자리에선 낭만적인 제스처로 와인 잔을 부딪쳤고 세련된 농담으로 좌중을 웃겼다. 보이지 않는 채로도 대본을 외워 드라마에 출연했고, 정동극장 무대에서 〈더 드레서〉라는 인생 역작을 무대에 올렸다. 그 옛날 연극 무대 〈에쿠우스〉에서 말의 눈을 찌른 소년은, 자라서 치매로 기억을 잃어가는 노배우를 실감나게 연기했다. 눈먼 배우의 공연이라니!

그러나 연극을 보는 도중 누구도 그가 흑먹 같은 어둠 속에서 움직이고 있다는 걸 눈치채지 못했다. 공연이 끝났을 때 관객들은 벅차오르는 감동을 주체하지 못해 기립 박수를 쳤다. 그가 객석을 향해 말했다.

"여기 계신 분들은 제가 일곱 살 아역으로 연기할 때부터 저를 봐오신 분들입니다. 여러분들 덕에 잘 자랄 수 있었고 여러분들 덕에 잘 늙어갈 수 있었습니다." 눈물방울이 마스크 위를 타고 굴러 떨어졌다. 실명이라는 절망 앞에서도 저렇게 찬란하게 피어날 수 있구나…… 다음날 나는 그 감동을 들고 가서 스승과 대화를 시작했다.

"선생님! 송승환 씨가 평창 동계올림픽 개폐막식 연출할 때 사전에 선생님을 찾아뵌 걸로 알고 있어요. 그는 올림픽이 끝난 후에 눈이 멀었지만, 오히려 시력을 잃고 나서 더욱 활화산처럼 자기 인생을 녹여낸 진실한 연기를 보여주고 있습니다. 대체 절망 앞에서 우리를 앞으로 나아가게 하는 힘의 정체는 무엇일까요?"

"자네 얘기를 듣고 보니, 그 친구의 실명은 그에게 더 많은 세계를 보여준 모양이네. 실명하지 않았더라면 알지 못했을 세계로 여행을 떠난 게로구만. 인간은 극심한 고난에 처하면 자기가 몰랐던 엄청난 힘을 발휘한다네.

전화위복이라는 말이 있지. 그게 힘겨워하는 사람들을 위로해주기 위해 나온 그저 그런 사자성어가 아닐세. 실제로 위기 상황에 닥치면 인간은 두 가지로 딱 갈라져. 코로나 때를 생각해보면 알지. 스트레스 받아서 가족끼리 두들겨 패고 싸우는 사람들, 반대로 친해져서 모녀가 서로 트로트 부르고 끌어안고 가까워진 사람. 양극으로 나뉘지. 고난 앞에서 네거티브로 가면 인간은 짐승보다 더 나빠져. 포지티브로 가면 초인이 되는 거야. 인간이 저렇게 위대해질 수도 있구나."

"고난이 내 그릇의 넓이와 깊이를 재는 저울일까요?"

"고난은 나, 너, 우리, 인류 모두의 저울이지. 나치 수용소의 체험을 기록한 빅터 프랭클의 『밤과 안개』를 보면 극단적 고난에 반응하는 인간의 양극단이 드러난다네. 두 종류의 인간으로 나눠져. 나치의 앞잡이가 되어 개처럼 동족을 물어 죽이는 놈들. 반대편엔 아주 보통의 이기적일 것 같은 사람들이 숭고한 모습을 보여주었어. 생명이 꺼져가는 사람들에게 자기 빵을 나눠주는 거야. 그런 행동을 하는 자기 모습을 보고 스스로도 놀라. 초인적인 성장을 이뤄내는 거지.

손에 물 한번 묻혀본 적이 없는 상류층 부인이, 그 참혹한 캠프에서 씩씩하게 살아서 사람들에게 봉사하고 헌신했을 때 빅터 프랭클이 물어.

'고생 한번 못 해본 사람이 어디서 그런 기운이 나느냐?'

그 부인이 기쁜 얼굴로 고백했네. 자기는 평생 남들 도움만 받고 살아서 진짜 인생을 모르고 살았노라고. 하마터면 인간이 어떻게 밥 먹고 어떻게 싸우고 살아가는지 모르고 죽을 뻔했다고. 가장 밑바닥에서 그걸 알게 해준 신에게 감사한다는 거지. 인간은 고난을 통해서만 자기의 참모습을 발견할 수 있어. 그 모습이 비참이든 숭고든. 고난이라는 실전을 통해서만."

"암 선고 받기 이전의 선생님과 이후의 선생님도 그런 과정을 거치셨나요?"

"나도 마찬가지네. 이전의 내가 상상할 수 없는 내가 되었지. 어떻게 이렇게 태연하고 관대해질 수 있을까 싶어. 뒤늦게 생의 진실을 깨닫게 된다네. 모든 게 선물이었다는 걸. 마이 라이프는 기프트였다는 말은 목사님 같은 소리가 아니야. 내 집도 내 자녀도 내 책도, 내 지성도…… 분명히 내 것인 줄 알았는데 다 기프트였어. 내가 벌어서 내 돈으로 산 것이 아니었어. 우주에서 선물로 받은 이 생명처럼, 내가 내 힘으로 이뤘다고 생각한 게 다 선물이더라고."

올림픽 굴렁쇠도 디지로그도…… 그전엔 다 혼자 한 줄 알았는데 병들어 누워보니 다 선물로 받은 것들이라고 했다.

"고난에 처했을 때 인간은 비참해지거나 숭고해지거나 두 부류로 갈린다면, 그것을 가르는 것은 무엇인가요?"

"그것은 영의 일이라네. 보통 때 사람은 육체와 지성, body와 mind로 살아가는데 극한에 처했을 때나 죽음에 임박했을 때 spirit 영적인 면이 되살아나는 거야. 내가 『지성에서 영성으로』를 쓸 수 있었던 것도 딸과 손자를 다 먼저 보내는 극한 고난을 겪었기 때문일세.

그러나 앞서 말했듯이 나는 내 딸처럼 저 너머의 세계에 깊게 머무는 영성은 없었어. 나는 아직도 지성과 이성에 매달리고 있지. body는 넘어섰어도 mind에 갇혀 있는 형국이야.

인간은 기껏해야 눈, 귀, 코, 입, 피부와 뇌를 도구로 가지고 살지 않나. 위급할 때는 가끔 육체가 초인적인 힘도 발휘해. 불나면 여자들도 쌀독을 벌떡벌떡 들고 나갔던 것처럼.

그러나 자신을 초월한 영성은 궁극적으로 몸의 바깥에서 온다네. 사고의 바깥에 있지. 다른 세계야. 기도를 통과해서든, 고통을 통과해서든 외부로부터 들어오는 힘이라는 거야. 그래서 누가 짐승이 되고 누가 초인이 될지는 몰라. 예측할 수 없네. 오직 겪어야 알지. 백두산 물이 두만강이 되고 압록강이 되듯 0.1초 차이로 벌어지는 일이거든."

고난은 물론 신의 구제도 파도가 덮치고 빛이 쏟아지듯 갑자기 벌어지는 일이라고 했다.

"영성의 영역은 아니지만, 세계적인 신경학자이자 작가인 올리버

색스 같은 분도 간암으로 죽기 전까지 자신의 질병을 관찰해서 치열하게 기록하고 떠났습니다. '인식이 있는 존재, 생각하는 동물로 이 아름다운 행성에서 살 기회가 주어졌고 그 자체만으로도 엄청난 특혜와 모험이었다'라고요. 그것은 지성의 영역이었는데요."

"병에 걸렸을 때 그 핸디캡으로 더 놀라운 발견과 업적을 이룬 예술가들이 많아. 버지니아 울프도 병에 대해 유명한 글을 썼어. 곡괭이가 자기 머리를 파내는 것 같다고. 자기 몸이 폐광 혹은 금광이라면, 통증은 곡괭이로 그 안의 금을 파내는 것 같다고. 그렇게 순전한 고통이 주는 통찰의 세계가 있다는 걸 인정하네. 특히 창조적인 행위를 하는 사람들은 철학자 니체가 그랬던 것처럼, 고통과 대면해서 초인적인 능력을 발휘하는 거라고 나는 보네."

"필록테테스 속편이라고 할 수 있군요. 상처와 활을 함께 가지고 나가 초인이 될 것인가, 신을 따르는 순례자가 될 것인가. 고통 앞에 선 한 인간이 뿜어내는 지성과 영성의 경계면은 마치 땅과 하늘이 맞닿은 지평선 같습니다."

"재밌는 얘기로군. 필록테테스가 섬에서 고통을 통과하며 숭고한 사람이 된 것을 보고 아킬레스의 아들이 했던 고백을 기억하나? 그의 활만 훔쳐갈 수는 없다고 했지. 당신의 상처와 활은 똑같은 것이라고 말이야.

그게 바로 예술론이라네. 송승환이 무대에서 보여준 모습이 그와 같다네. 눈이 보이지 않으니 얼마나 답답하고 무력했겠나. 그런 시야의 어둠이 그 자신을 무인도로 만들었겠지. 그 무인도 속에서 새로운 감각을 익혀 작품을 올리고, 자신 곁에 있어준 모든 이에게 감사하게 된 거라네."

"선생님과 공통점이 있습니다. 송승환 씨도 무엇을 하든 항상 재미를 최우선의 기준으로 했다고 해요. 시련 속에서도 재밌게 지낼 거리를 찾은 거죠."

"(고개를 끄덕이며) 송승환은 내 작품에도 나왔었다네. 감사하게도 〈난타〉도 평창 올림픽도 제일 먼저 찾아와 의논을 했어."

인간은 타인에 의해 바뀔 수 없다

"선생님은 누구에게나 영감을 주는 스승이시니까요. 그런 선생님도 스승이 있겠지요? 그 스승에게는 무엇을 묻고 싶으세요?"

"글쎄…… 스승이 있으면 내가 글을 썼겠나? 스승에게 묻고 스승의 글을 읽고 끝났겠지."

아무도 만족할 만한 답변을 주지 않았기에 스스로 생각하고 글 쓰고 꿈을 꾸었다고 했다. 나아가 인간에게 무슨 스승이 있겠느냐고 반문했다.

"선생님! 스승을 원하기에 제가 선생님께 질문을 하는 것 아니겠습니까? 죽음을 건네주는 스승이 최고의 스승이라고 이성복 시인이 그러더군요."

열두 번째 수업:

"스승이 있으면 외롭지 않겠지. 스승을 키우면 그 존재가 신이라 네. 우리가 말하는 스승은 스님이라는 뜻이야. 스님이 커지면 부처 가 돼. 제일 아래 단계가 스승이야. 이승에 스승이 없으니 죽고 하 늘에 올라가 저승에서 진짜 하나님을 만나는 건데, 그게 쉬운 일이 아니라네."

"그것이 왜 어려운가요?"

"나를 만족시킬 만한 스승이 없다는 것과 같아. 인간이라는 존재 는 바깥에서 나를 바꾸도록 용납하지 않는다네. 남이 나를 바꿀 수 있다고 생각하나?"

"……어렵지요."

"어려운 일이야. 성인군자의 아들도 나쁜 짓을 해. 아버지의 선한 피를 받았는데도 교화가 안 되지. 공자님은 아들을 가르치지 않았 어. 가르칠 수 없는 거지. 가장 가까운 피붙이조차 가르칠 수 없어. 결국 남을 가르친다는 것은 엉터리라네.

남을 가르칠 수도 없고 남에게 배울 수도 없어. 인간이 그런 존재 야. 거기로부터 시작해야 하네. 그게 실존이야. '나는 혼자다'라는 걸 모르는 사람과는 얘기가 통하지 않아. 군중은 남이 이 말 하면 이리로 가고, 남이 저 말 하면 저리로 가지. 휩쓸려 다녀. 자기가 없 으니까 자꾸 변하는 거라네."

"자기라는 게 뭔가요?"

"자기는 남에게 배울 것도 없고 남을 가르칠 것도 없다는 걸 알고 있는 '나'라고 할 수 있지."

"그런데 우리는 배움은 끝이 없다고 하지 않습니까? 그 배움은 결국 '나는 남에게 배울 수도 남을 가르칠 수도 없다'는 걸 아는 경지에 도달하는 배움인가요?"

"허허. 궁극적으로 인간은 타인에 의해 바뀔 수 없다네. 스스로 깨닫고 스스로 만족할 수밖에 없어. 그게 자족이지. 자족에 이르는 길이 자기다움이야. 남이 이랬다고 화내고 남이 저랬다고 감동해서 그 사람의 제자가 되는 게 아니란 말일세. 남하고 관계없이 스스로 만족할 수 있는 경지를 동양에서는 군자라고 해. 군자가 되는 것이 동양인들의 꿈이었지. 스스로 배우고 가르치고, 스스로 알고 깨닫는 자. 홀로 자족할 수밖에 없는 자…… 그래서 군자는 필연적으로 외롭지."

"남을 좇지 않으니 외롭겠지요."

"외로워보지 못한 사람, 내가 혼자라는 걸 느껴보지 못한 사람과는 대화해도 소용이 없다네. 외로움 속에서 자족을 배운 군자가 있기에, 세상의 가르침과 배움이 있는 거지. 한편으론 군자가 되지 못한 사람이 예술가가 되는 거라네. 자족을 이룬 사람이 군자, 못 이룬 사람이 예술가라고나 할까. 시나 소설은 그렇게 고립된 예술가들이 에고이스트적인 힘으로, 인격적으로 결함을 가진 채 세상에 내놓은 말들이야. 완성된 말은 아닐세. 그런데도 혼자 잘났다고 생각하고 혼자 못났다고 생각하니, 구제불능이지. 예술가들은 상처를 끌어안는 대신 예술적 재능을 받은 존재야."

"필록테테스의 상처와 활처럼요?"

열 두 번 째 수 업 :

"그렇지. 군자는 상처가 없이 오로지 자기 배움으로 완성된 사람이고, 니체나 보들레르는 상처로 미쳐가면서 놀라운 예술의 경지에 이른 사람이라고 나는 생각하네."

욥 그리고 자족의 경지

"그런데 성경을 놓고 보면 예수야말로 완전한 스승이 아닐까 합니다. 인간이면서 동시에 신이기에 가능한 경지겠지요. 선생님이 성경에서 감정이입을 하는 인물은 누구인가요?"

"예수, 욥 그리고 예언자들이지."

"욥의 어떤 면이 선생님의 마음을 움직였나요?"

"욥은 고통이 극에 달했을 때 신까지 저주하잖나. 내가 그렇게 열심히 믿었는데 왜 불행해야 하냐는 거지. 전 생애를 믿었는데 부정을 하지 않나. 부정의 극치까지 가니 하나님이 내려와 구제를 해주었네. 다른 사람들은 어떤가. 그저 덮어놓고 믿지. 욥은 고통을 통과하면서 신을 보니, 신이 원망스러운 거야. 마지막에 입을 열어 신을 저주하니, 그때 비로소 신이 자신의 모습을 드러냈지."

"욥에게 이르는 신의 호통이 너무 크고 두렵고 아름다워 말문이 막혔습니다. '내가 땅의 기초를 놓을 때 네가 어디 있었느냐? 네가 바다의 근원에 들어가보았느냐? 그 밑바닥을 걸어보았느냐? 이슬

방울은 누가 낳았느냐? 얼음과 서리의 어미는 누구냐? 너는 암사슴이 새끼 낳는 것을 지켜본 적이 있느냐? 독수리가 높은 곳에 집을 짓는 것이 네 명령이냐? 네가 아직도 전능자와 다투겠느냐?'"

"네가 내 뜻을 알겠느냐, 고 호통을 친 거지. 욥은 신을 보았네. 그제야 자신이 '죄 없다'고 선언한 교만을 깨닫고 구제를 받는 거라네. 다른 사람은 그런 과정 없이 덮어놓고 믿으니, 그 믿음이 헛것이지. 탕자도 떠났다 고생하고 돌아와서야 아버지의 마음을 알았어. 만약 형처럼 주변에서 서성였다면 유산 상속자가 됐을지언정 아버지와 깊은 관계로 들어가지 못했을 거야."

선생님은 갑자기 크게 숨을 들이켜며 말머리를 돌렸다.

"오늘은 나에게 큰 것을 묻지 말게."

욥의 고난과 그의 고난을 연결시켜 다시 한번 선생님 안의 가파른 절벽에 두레박을 내리려던 나는 짐짓 당황스러워 눈길을 피했다. 나는 억지로 조금 웃었다. 그리고 문 앞에 문지기처럼 도열한 슬리퍼를 가리키며 들릴 듯 말 듯한 목소리로 말했다.

"슬리퍼가 참 많네요."

"(잠시 침묵하다) 그렇군. 슬리퍼를 잔뜩 놔둔 걸 보니 혼자라고 생각하면서도 사람을 그리워하는 모양이야. 저 슬리퍼도 내가 사오라고 했거든."

아무도 방문하지 말라고 있는 약속도 캔슬했으면서 내심 사람을 기다렸던 모양이라고 그가 감상적인 목소리로 말했다.

"저렇게 골격이 좋은 왕골 슬리퍼는 처음 봅니다."

열두 번째 수업 :

"남대문시장에 딱 한 군데 있어서 사오라고 했지. 단단한 짚신 같은 거야. 가죽 슬리퍼는 서양 문화야. 가축 길러 피 먹고 가죽옷 입는 유목민들의 문화지. 우리는 초식동물, 지푸라기 민족이잖나. 지푸라기가 얼마나 따뜻한 줄 아나? 겨울에 학교 파하고 집에 올 때 양지바른 곳 짚풀더미에 등을 기대 몸을 덥히곤 했어. 통 속의 디오게네스가 따로 없었네. 임금이 찾아와서 부귀영화를 준다고 해도 '비키시오. 햇빛 가리지 말고' 하는 말이 절로 나올 것 같았지. 어쩌면 어린 날에 우리는 이미 자족의 경지를 알고 있었네."

왕골 슬리퍼를 사다 놓고 손님을 기다리는 이어령과 짚풀더미에 앉아 햇빛을 쬐며 자족하는 이어령. 모든 것에 감사하고 받은 은혜가 크고 깊다고 했다가 죽음이 가까워올수록 심술궂어진다고 고백하는 이어령. 가슴을 치는 호통과 보석처럼 깎아낸 눈물 한 방울을 동시에 쏟아내는 이어령. 지식을 묻지 말라고 나무라고는 3초 만에 묻지도 않은 폭풍 같은 지식을 쏟아내서 기가 질리게 만드는 이어령. 낙차가 크고 깊은 이 어른이 나의 스승인 것이 왠지 감격스러워 가슴이 벅차올랐다. 햇빛이 왕골 슬리퍼 안에 아른거렸다.

13

지혜를 가진 죽는 자

"신과 생물의 중간자로 인간이 있기에,
인간은 슬픈 존재고 교만한 존재지.
양극을 갖고 있기에 모순을 안고 살아갈 수밖에 없어."

작은 죽음들의 시간, 정적

병환이 깊어질수록 선생님은 밤이나 낮이나 소파에 누워 지내는 시간이 길어졌다. 그가 앉았던 자리는 움푹 파여 있었고 체온이 남아 따뜻했다. 나는 스승의 체온과 체적을 느끼며 그가 머물렀던 자리에 앉아 이야기를 듣곤 했다. 선생님은 우리가 기사로 나눴던 '라스트 인터뷰'를 회상하는 걸 즐거워했다. 왠지 우수에 젖게 만들었던 그날의 축축한 날씨와 녹색 칠판과 적갈색 앤티크 책상만 덩그러니 놓여 있던 그 방의 고적한 인테리어, '죽음을 앞두고 탄생의 그 자리로 돌아간다던' 당신의 말을 눈물의 맥락으로 배치했던 나

열세 번째 수업 :

의 문장들을, 스승은 몇 번이고 되뇌었다.

정작 나는 선생님과 나의 대화가 어떻게 흘러갈지 알 수 없었다. 선생님도 우리의 대화가 어떻게 정리될지 전혀 예측할 수 없었다. 생각하는 자로서 그는 항상 용기백배했고, 듣고 정리하는 자로서 나는 가끔 허둥거렸다. 어떤 피드백도 없는 상황에서, 나는 매주 화요일 그가 가장 귀한 것을 줄 거라 믿었고, 그는 내가 가장 '촉촉한' 이어령을 써낼 것이라 믿었다.

아니, 아직도 나는 스승이 진정 원했던 인터뷰가 무엇이었는지 모르겠다. 그는 나를 초대해 신들린 듯 이야기를 쏟아내고도 싶어 했고, 방문을 닫은 채 혼자 있고 싶어 하기도 했다. 무인도에서 홀로 앉아 먼지 폭풍 아득한 전쟁터를 바라보거나, 전쟁터에서 말달리다 진창에 빠진 헛바퀴를 도는 것 같은 노년의 나날들. 대놓고 감정을 드러내지는 않았지만, 나는 사려 깊은 이 어른이 88년의 인생을 하루에도 몇 번씩 '빛의 속도'로 다시 살아내고 있다고 느꼈다.

선생 앞에 앉아 있으면 나는 늘 눈이 부셨다. 죽음을 이야기하지 않은 날은 하루도 없었으나, 그가 환자나 노인이라는 생각은 들지 않았다. 날이 갈수록 더욱 싱싱한 감각으로 죽음을 감각화하는 그의 지력에 인중에 땀이 고였다. 안개 속에 있던 죽음이 생의 지각 속에 정밀해질수록 머리가 맑아졌다. 끝을 알수록 삶이 선명해졌다. 기이한 노릇이었다.

"오늘은 어떤 상념이 선생님을 사로잡고 있습니까?"

"형이 나에 대해 쓴 이야기가 있다네. 어린애가 진지한 표정으로 개구리들이 울 때마다 돌을 던지는 모습이 신기했다고 썼더라고. 어릴 때부터 이상한 행동을 많이 했다고 썼어. 내가 자란 온양 읍내는 분지라 해가 빨리 졌거든. 놀다 보면 순식간에 해가 져서 허둥댈 때가 많았지. 언덕을 넘어가려면 마음이 급해져. 미나리꽝도 지나고 논도 지나고 인적 드문 길도 지나야 했어. 그날도 네잎클로버 찾다 해가 져서 서둘렀는데 내가 쫓아오질 않더래. 미나리꽝 근처에서 꼼짝도 않고서는."

"기억이 선명하게 나세요?"

"어렴풋이 기억이 나. 개구리들이 와글와글 합창하다가 내가 돌을 던지면 일제히 딱 멈춰. 그러면 나는 눈 감고 가만히 서 있었던 것 같아."

"놀이에 빠져서요?"

"아니. 아무 소리도 없는 정적, 그 정적에 반한 거야."

"그 장면이 이미지로 떠오르세요?"

"환각과 기억의 변주가 동시에 일어난 거겠지. 아마도 어머니께 혼나서 형이랑 나왔을 거야. 형제끼리 싸우면 혼을 내셨으니까. 매 맞다 쫓겨나왔으니 어색해도 바로 헤헤거릴 순 없잖아. 서로 멋쩍어서 '형아, 저기 개구리 운다' '어, 개구리 많이 우네' 쓸데없는 소리를 했겠지. 그렇게 동문서답하다 조금씩 마음이 풀리고 돌아올 땐 어둠이 무서워서 서로 의지하며 오던 길이었을 거야. 사방에 개구리 소리는 들리고 그 사이로 누나가 우리를 찾는 소리가 새어들었어. 어머니가 했던 말이 분명하게 기억나.

열세 번째 수업 :

'너희들은 매 맞는데 도망갈 줄도 모르고…….'

누이가 찾아가 부르지 않았으면 캄캄한 밤에 어쩔 뻔했냐는 거지. 어머니는 '저 여린 끄트머리 두 형제가 험한 세상을 어찌 살꼬' 하셨던 거야. 주변머리도 없고 꽉 막혀서 남의 집 애들처럼 때리면 도망갈 줄 모르고, 집 나가면 돌아올 줄 모르니, 걱정 어린 눈으로 우릴 쓰다듬으셨어."

"개구리 이야기로 돌아가면, 정적에 반하셨다는 게 무슨 말인가요?"

"합창하는 개구리에게 돌을 던지면 순식간에 고요해지거든. 그때 적막을 들었다네. 시골의 하늘은 맑고 밤의 모판에는 별빛이 내려앉아. 논두렁 물에 하늘의 별이 비치는 거야. 별빛 뒤에 숨어서 울던 개구리들이 돌을 던지면 일제히 딱 멈추면서 귀가 멍멍할 정도의 침묵이 생겨났어. 평소에는 침묵이 안 들려. 그런데 개구리 울음소리와 소리 사이에 생기는 그 침묵. 그 침묵만큼은 들을 수가 있어. 개골개골 울다가 돌을 던지면 면도날로 자르듯 생겨난 그 침묵은 참으로 신비로웠다네."

그때의 경험이 굴렁쇠의 침묵으로 되살아났다고 했다.

"제 기억으로는 88올림픽 때 굴렁쇠 소년이 반바지를 입고 굴렁쇠를 굴리며 갈 때, 사이렌이 울렸던 것 같습니다."

"그 제목이 silence였지. 내가 올림픽에서 수십 억 지구인들에게 들려준 것도 바로 그 침묵의 소리야. 꽹과리 치고 수천 명이 돌아다니던 운동장에 모든 소리가 딱 끊어지고 어린애 하나가 나올 때, 사람들은 듣고 본 거야. 귀가 멍멍한 침묵과 휑뎅그레한 빈 광장을······ 그게 얼마나 강력한 이미지였으면. 그 많은 돈 들여서 한 공연은 하나도 기억이 안 나고 시끄럽던 운동장이 조용해지고 소년이 굴리던 굴렁쇠만 기억들을 하겠나. 그게 어린 시절 미나리꽝에서 돌 던지며 듣던 정적에서 나온 이미지라네."

"침묵의 힘이 엄청나군요! 그러니까 살아 있다고 질러대는 집단의 아우성이 일시에 소거될 때, 시간이 잠시 우리를 다른 곳으로 데려가는 그런 느낌이지요."

"맞아. 우리가 죽음을 의식한다는 것도 바로 그런 거라네. 시끄럽게 뛰어다니고 바쁘게 무리지어 다니다 어느 순간 딱 필름이 끊기듯 정지되는 순간, 죽음을 느끼는 거야. 정적이 바로 작은 죽음이지. 우리가 매일 자는 잠도 작은 죽음이거든. 우리가 침묵의 소리를 들을 때, 그걸 잡아채야 해. 시끄러운 사무실에서 일하다가도 어느 순간 조용해질 때가 있지? 필름 끊기듯 내 사고가 확 정지될 때도 있잖아?"

"저는 인터뷰하다가 어느 순간 대화가 딱 멈추는 순간이 있어요. 그 침묵에 땀이 납니다."

"그때 천사가 지나간다고 하지. 서양에서는."

"방송하는 사람들은 '마가 뜨는 것', 그 잠깐의 침묵이 끼어드는 것을 두려워하고 소리로 채우곤 해요. 저는 등줄기에 땀이 흘러도 그 침묵을 그대로 두는 편입니다."

"세속적인 시간의 틈을 찢고 싹 그런 순간이 나오는 거지. 떠들고 호흡하고 먼지가 있고 싸우고······ 그건 우리의 시간이지만 우리의 시간 웨이브를 비집고 가끔 천사의 시간, 죽음의 시간, 침묵의 시간이 들어온다네."

"침묵을 만들고 침묵을 견딘다는 건 내공이 필요한 일입니다. 그런 낯선 시간을 자주 감각하는 사람이 예술가가 되고 철학자가 되는 것이겠지요. 그런데 어릴 때 그런 체험들이 더 잦은 건 왜인가요?"

"어머니 태에서 가지고 나온 천상의 시간 기억이 완전히 닫히지 않은 거지. 커서도 내세라든지 전생이라든지 우리의 체험과 상관없는 공백의 시간을 느낄 때가 있지 않던가. 공백의 시간이 확장되고, 정적이 완전히 점령한 세계가 죽음일세.

죽음은 고통이야. 그런데 고통이 죽음은 아니지. 고통이 끝나는 공백, 시끄러움이 끝나는 정적…… 그러니까 고통까지도 죽음 밖에 있는 거라네. 숨이 넘어가서 무로 돌아가는 그 순간은 우리가 체험할 수도 느낄 수도 없어."

"이미 죽었으니까요."

"그런데 일상 속에서 죽음을 흉내 낸 임사 체험이 침묵이네. 나는 요즘도 가끔 어릴 때 하던 운동회가 생각이 나."

"어린 날의 운동회는 생의 모든 밝은 소란이 다 들어 있는 것 같았지요."

"햇빛이 있고 만국기가 날리고 시끄럽고, 그런 축제 분위기만 기억난다면 그립지 않을 거야. 내 코끝을 찡하게 하는 건 다른 이미지라네. 그런 운동회 날은 언제나 교실이 텅 비어 있어. 자네도 생각날 테지? 전교생들이 다 바깥에 나와 '청군 이겨라 백군 이겨라!'

고래고래 소리를 지르고 환호하는데, 교실은 완전히 비어 있잖나.

평소엔 그 반대거든. 교실에서 텅 비고 조용한 운동장을 바라보곤 했지. 빈 철봉대에 햇빛이 고여 있고 새들이 날아다니고, 포플러 나무 그림자가 드리워져 있어. 운동장이 공백의 공간이지. 그런데 운동회는 거꾸로 된 거야. 침묵하던 운동장에 온갖 사람들, 소리들이 죄다 몰려온다네.

참 이상하지? 나는 왜 그 즐거운 운동회 날 아무도 없는 교실이 그리웠는지 몰라."

머리가 커질수록 머릿속을 채우는 건 빈 교실의 이미지라고 했다. 방과 후 아이들이 썰물처럼 빠져나간 후 빈 교실에서 들리던 선생님의 서툰 오르간 소리 같은 것들. 어린 시절 체험했던 '공백의 기억들'이 죽음의 이미지로 자주 머리를 때린다고 스승은 불가사의하다는 표정으로 말했다. 필록테테스도 그와 다르지 않다고 했다. 화살이 날아가고 피가 흐르는 저 멀리 전쟁터와 무인도 달빛 아래 홀로 남은 한 인간의 대비, 어쩌면 무리에서 이탈된 공백 속의 한 인간이 스승의 머릿속에서 반복 재생되고 있는 것일지도 모른다.

네 개의 눈

"그런데 선생님! 눈앞의 시야만 보고 살아가는 우리는 '공백'의

열세 번째 수업:

세계까지 나아가지 못합니다. 내일을 모르니 '지금을 영원처럼 살라'가 최고의 명령이 되겠지요. 반면 우리가 알파와 오메가라고 말하는 신은 우주의 처음부터 끝을 함께 보는 존재입니다. 선생님은 무한한 우주의 맥락에서 어떻게 '지금의 나'라는 좌표를 파악합니까? 선생님이 보는 '시계視界'는 어디서부터 어디까지입니까?"

"(그윽하게 바라보며) 시계라고 했나? 좀 뚱딴지 같은 소리로 들릴지 모르겠지만, 정신병에는 두 가지 종류가 있네. 정신분열증(schizophrenia)과 편집증(paranoia)이야. 흩어지는 게 정신분열이고, 집중하는 게 편집증이라네. 모든 인간은 다 정신분열과 편집증적인 증세가 있어. 심각하냐 그렇지 않으냐만 다르지. 자네가 지금 이야기하는 시야, 시계는 그것과 관련이 있네.

편집증적인 면이 강하면 시야가 좁아. 하나의 점을 향하지. 눈이 앞에 달린 사람들 있지? 그런 사람들이 점을 보는 사람들이야. 동물은 늑대, 호랑이, 사자야. 앞쪽에 눈이 달려 있지. 예를 들면 사자는 먹이를 쫓아갈 때 전부를 쫓지 않아. 한 마리만 쫓아가지. 눈이 앞에 헤드라이트처럼 달려 있는 거야. 반면 사슴, 소, 말은 옆에 달려 있어. 쫓는 놈은 목표물을 향해 달리지만 도망가는 놈은 이리저리 봐야 해. 시야가 넓어야 하지. 어느 놈이 습격하나, 어느 길이 열려 있나, 두루두루 봐야지. 그래서 초식동물은 아무리 큰 동물이라도 눈이 백미러처럼 붙어 있는 거야. 도망가는 놈은 좌우, 전방, 후방 360도로 보지.

독재자는 전부 편집증이야. 먹이, 국가, 목표…… 이런 단일한 목표를 획일적으로 좇아. 보통 사람들은 무리지어 살고 도망가는 초식동물에 가까우니 눈이 흩어져 있어. 양미간 벌어진 사람들은 초식동물 비슷해. 착한 게 아니라 약한 사람들이지. 반면 눈이 모인 사람들은 늑대처럼 공격성이 있어. 인생을 흩어진 눈으로 사는 사람은 언제나 인생이 산책이야. 360도로 다 열려 있어서 여기저기 다니는 사람이야. 플라뇌르flâneur라고 하지. 벤야민이 얘기한 아무 목적 없이 도시를 건들건들 걸어다니는 사람들. 한가로운 구경꾼들. 그런데 하나의 목적으로 직장에서 점찍고 집으로 오는 사람은 편집증적 사람들이야. 한 점밖에 몰라."

"시야가 사방에 흩어져서 훑고 다니는 초식동물과와 한 점으로 쏠려서 목표만 보고 달리는 맹수과가 다르군요. 기질에 따라 보이는 '시계'가 달라진다고는 생각을 못 했습니다."

"다르다네. 대개 대통령이 된 사람들은 물어보면 어릴 때부터 꿈이 대통령이었어. 어릴 때부터 '나 대통령이 될래' '나 장군이 될래' 이렇게 목표지점이 명확한 사람이 있어. 반면 어쩌다 공무원처럼, 건성건성 두루두루, 양들이 이리저리 다니면서 풀을 뜯듯이 하다 보니 지금 직업을 갖게 된 사람도 있지."

"선생님은 어떤 유형인가요?"

"나는 놀랍게도 paranoia와 schizophrenia를 겸한 사람이야. 이것을 할 때는 전심으로 이것만 하고, 저것을 할 때는 또 전력으로 저것만 하지. 방 안에 갇혀서 글만 쓰다가 넓은 스타디움에 나가서 올림픽도 만들어. 책상 위에서 관념을 파는 것 같지만, 사실 텅 빈 광장을 채울 그림을 그리고 있는 거야. 내가 다른 사람과 다른 게 있다면 좌뇌적이면서 우뇌적이라는 걸세. 평론 쓸 때는 좌뇌야. 시나 소설을 쓸 때는 우뇌지. 몰두하다가도 금세 싫증을 느끼고 다른 우물을 찾아. paranoia와 schizophrenia가 같이 있기 때문에 내 눈은 네 개야. 사슴의 눈과 늑대의 눈을 동시에 갖고 있어. 그래서 도망가기도 하고 쫓아가기도 해."

"지금 얼굴을 자세히 뵈니 과연 그러시군요! 사슴의 눈과 늑대의 눈이라……."

"나는 내가 쓴 희곡이 무대에 올라갈 때는 연기 지도며, 무대감독까지 내가 쫓아가서 해. 내 작품 올라가면 현장에서 죽치고 살았어. 진상이지. 「기적을 파는 백화점」「세 번은 짧게 세 번은 길게」 등등 다 그랬어. 이성구 감독이 『장군의 수염』을 영화로 만들 때도 현장 가서 이래라 저래라, 참 많이 했네.

비가 지붕에서 떨어지면 카메라 아래로 내려가라…… 하수구에서 삽질하는 사람, 골목 끝 빨간 레인코트 입고 싹 지나가는 유치원생을 잡아라…… 당시만 해도 필름 값 아까워 못 찍던 이미지 컷을 내가 감독 쫓아다니며 찍으라고 성화를 했었어(웃음)."

"흐르는 이야기만큼이나 한 커트의 정지된 이미지에 굉장한 집착이 있으시지요."

"그런 것 같네. 그런데 내 안에 있는 그런 집착과 도망의 동시성을 나는 설명할 길이 없어."

"눈이 네 개시니까요."

"나도 나를 모르겠어. 서랍을 보면 항상 엉망진창이야. 지저분하고 못 쓰는 것 투성이지. 그런데 일단 서랍 정리를 하면 먼지까지 다 털어내. 연필도 삐뚤어지면 안 돼. 정돈해놓았다가 또 정신없이 어지르고. 다시 정돈하면 액자 1밀리 비뚤어진 것도 못 봐. 극과 극 사이의 인간이야. 물음표와 느낌표가 한 몸에 붙어 있어."

지혜자 혹은 광인

"그런 상태라면 사실 그 모순을 버티지 못하고 광인이 되어야 맞는데요."

"한 군데 미쳐야 광인이지. 두 군데 미치고 세 군데 미치니까 성한 사람으로 보이는 걸세."

"그렇게 밸런스를 잃지 않고 현재까지 오신 게 놀랍습니다. 그래서 선생님의 시야는 일반인의 시야와는 많이 달라요. 이야기와 이미지, 지성과 영성, 생과 죽음이 교차되어 흐르니 그 세계가 신비롭기만 합니다. 예전에 백남준 선생이 과거 천 년, 미래 천 년을 좌우에 장대로 쥐고 걸었다고 했는데, 선생님도 같은 시야를 보시는지요?"

"백남준과 내가 친한 이유가 있지. 그런데 백남준은 평생 삶 자체를 해프닝 아트로 살아왔네."

"평생 광인의 포즈로 보통 사람을 많이도 놀래키셨죠."

"그런데 진실을 말해줄까? 백남준은 절대 말을 어눌하게 하는 사람이 아니었어. 그런데도 사람들 앞에서는 우리말이 서툰 교포처럼 '그랬걸랑, 저랬걸랑' 했으니, 이상하지? 영어도 어눌하게 말해서 백남준 인터뷰 하면 영어에도 자막이 붙었잖아. 그런데 실제로는 어땠을까? 그건 나만이 알고 있어. 백남준은 나하고 속으로 통한 사람이야. 이 사람이 나하고 단둘이 얘기할 때는 유창하고 빠른 서울 사투리로 하다가, 기자가 오면 갑작스레 목소리가 달라져. 느리고 멍하고 어눌해지지. 우린 서로가 무장해제를 해서 어린아이가 됐지.

그 친구가 엘리자베스 여왕에게 초대받았다고 해서 내가 크리스마스 케이크를 〈다다익선〉 작품처럼 만들어보라고도 했어. 전기 칼로 삭 자르면 왕조들의 역사가 나오는 작품으로. 쌀뒤주로 영조의 행차도를 만들어보라고도 했었다네."

서로에게 잘 보일 필요도 없고, 쇼를 할 필요도 없었던 영혼의 단짝을 그는 즐겁게 추억했다. 백남준이 더 오래 살았으면 당신이 준 아이디어를 다 해냈을 거라고 아쉬워하며.

"두 분이 어떻게 달랐나요?"

"백남준은 나보다 용기가 있었어. 클린턴 앞에서 바지도 벗었잖아? 나는 전혀 그런 과가 아니지. 이어령의 행동이 백남준이고, 백남준의 내면이 이어령이라고나 할까. 나를 행동으로 하면 백남준이 되고 백남준이 내면으로 들어오면 이어령이 되는 거야.

한번은 내가 '자네 비디오 작품들 고장 나면 어떻게 해? 진공관 부서져' 했더니 그러더군. '부서져야지. 영원히 안 남기려고 폐품 주워다 하는 거야.'

예술가의 마지막은 쓰레기통이라는 거지. 사라져야 해. 그것을 화랑에 들이고 박물관에 진열하고 경매하고, 그건 상품이지. 그런 것들이 나하고 통했어. 내가 머릿속으로 생각만 하고 못 하는 것들을 백남준은 했지. 수성펜으로 몽고반점 그리고 뮌헨공대 가서 대학생들 앞에서 엉덩이를 까보였지. 몽고에 가보면 텅 빈 초원만 남았다고. 자긴 그렇게 사라지는 예술을 하고 싶다고. 보통 사람은 못 해. 뉴욕 한복판에 바이올린을 개처럼 끌고 가는 그런 퍼포먼스를 누가 해? 경찰이 미친 사람인 줄 알고 쫓아올 것 다 알면서.

미치지 않으면 못 한다니까. 그런데 그걸 다 알고 계산한 후에 하는 행동이었어. 내가 늘 부러워한 사람이라네."

"영향을 주고받았습니까?"

"내가 〈노래여, 천년의 노래여〉라는 작품을 만들어서 카네기홀에서 했는데, 그때 백남준이 마사 그레이엄, 존 케이지 등 굉장한 뉴욕 전위파 예술가들을 다 몰고 왔지. 올림픽 행사는 물론이고 내 퍼포먼스 작품을 외국 기자들 앞에 많이 추켜세웠어. 내가 새천년 준비위원장 할 때는 삼성 엘지가 세계 최초로 만든 벽걸이 TV로 카드 섹션 퍼포먼스를 했어. 백남준이 진공관으로 했다면, 나는 반도체로 했지. 죽기 전에는 몸도 불편한데 파란색 물감으로 금강산을 그려주더군. 내 안에 그가 있고 그 안에 내가 있었어."

"그런 친구가 지구 저편에서 사라졌으니 허전함이 크시겠어요?"

"동무가 없으면 더 외롭지."

"동무 없는 그 외로운 마음을 누구에게 토로합니까? 기도로 토로합니까?"

"나는 이렇게 생각한다네. 나도 이렇게 외로운데 신은 얼마나 더 외로울까? 자네가 하나님 입장이라고 가정해보게. 얼마나 외롭겠나."

"그런 생각은 안 해봤습니다."

"인간의 외로움과는 비교할 수 없지. 그래서 '하나님, 동무해드릴까요? 외로운 시간에 등이라도 긁어드릴까요? 옷자락이라도 들어드릴까요?' 이렇게 물어본다네. 허허. 내가 느끼는 하나님은 위대하고 힘센 구제의 신이 아니야. 하나님의 존재는 절대 고독이라고 나는 생각하네. 피조 세계 위에 홀로 서 계시잖나.

그와 비교하면 희랍 신은 동네 친구들이지. 죽지만 않지 인간하고 똑같잖아. 기독교의 하나님은 창조주야. 저 풀을, 저 하늘을, 나를 있게 한, 내가 듣고 보고 느끼고 소유하는 저 바깥의 존재. 그분은 얼마나 정직하고 얼마나 크고 얼마나 외로울까. 피조 세계는 강물도 있고 새도 날아다니지만, 하나님은 그 세계를 공허, 카오스 위에서 지었다는 거 아닌가. 「창세기」 1장을 보게. 어둑어둑한 물 위에서 영이 움직였다고 돼 있거든. 그게 하나님이야. 우주조차 당신이 만들었으니, 신은 그 바깥에 있는 거거든. 내가 책상 만들었다고 책상이 나는 아니잖아. 만드는 사람에게 친구는 정적밖에 없어."

"'보시기에 좋았더라'가 있지 않습니까?"

"보시기에 좋았더라…… 혼자 그런 마음을 먹었는데 혼자 하면 뭘 하겠나? 그래서 인간을 만든 거지. '네가 보기에 어떠냐? 좋지?' 중간자를 만들어놓은 거야. 아담에게 당신이 만든 것들의 이름을 지어보라고 하잖아. 하나님도 외로워서 분신이 필요했던 거라고 나는 생각해. 그런데 그렇게 만든 인간이 말썽을 좀 피웠나? 다른 피조물은 다 그대로 사는데 오직 인간만이 하나님께 대들어."

"신을 본따서 만든 분신이기 때문이겠지요."

"그게 바로 지혜를 가진 죽는 자라네."

"지혜를 가진 죽는 자……."

"지혜를 갖는다는 게 얼마나 슬픈가 말이야. 다른 생명체는 죽어도 자기 죽음이 갖는 의미를 몰라. 신은 안 죽지. 그런데 인간은 죽는 것의 의미를 아는 동물이야. 신과 동물이 함께 있으니, 비극이지. 지혜가 있으면 죽지 말아야지. 지혜가 없으면 죽음을 모르니 그냥 살아. 그냥 살면 무슨 슬픔이 있고 눈물이 있겠어? 포유류 중에 눈물 흘리는 건 코끼리와 사람밖에는 없다고 하지. 아무리 영특해도 주인 죽었다고 우는 개는 없어. 슬퍼할 줄은 알아도 눈물은 못 흘려. 눈물은 인간의 것이거든.

신과 생물의 중간자로 인간이 있기에, 인간은 슬픈 존재고 교만한 존재지. 양극을 갖고 있기에 모순을 안고 살아갈 수밖에 없어."

열세 번째 수업:

14

또 한 번의 봄

"황금은 황금의 길, 피는 피의 길, 언어는 언어의 길.
제 각자의 길을 열어줘야 하네."

의식주의 언어, 진선미의 언어

그사이에 봄이 왔다. 북악산에 눈이 녹고 꽃이 피었다. 공기는 순해졌다. 3월이면 내가 없을 거라던, 선생님의 말은 봄눈처럼 녹아내리고, 어느새 또 한 번의 진달래와 개나리가 지천을 덮었다. 색색깔 봄의 노래에 감사해서 눈물이 날 지경이었다. 묵은 겨울 때를 벗은 선생님의 쩌렁쩌렁한 육성이 아지랑이 피는 봄 공기를 뚫고 날아왔다. 요즘엔 자신에 대해 쓴 가족들의 글을 읽는 게 흥미롭다고 했다.

"어떤 부분이 흥미로우세요?"

"집사람이 나에 대한 평을 쓴 글을 가져왔어. 그 사람이 나를 보 헤미안이라고 썼더구만. 영국 것, 프랑스 것, 국적 가리지 않고 취 한다고. 자기는 골동품을 좋아하는데 나는 골동품을 아주 싫어한다 는 거야. 나는 컴퓨터 같은 첨단 사물만 좋아하는 매우 추상적인 인 간이라고 썼어. 생활감, 현실감이 좀 부족한 사람이라고."

"동의하세요?"

"정확한 지적이야. 그런데 보헤미안을 글로벌로, 첨단 사물을 디 지털로, 그리고 추상이라는 말을 메타라는 말로 그 워딩을 바꿔보 게. 그와는 다른 내 모습이 떠오를 걸세. 보헤미안을 글로벌리스트 로 바꾸면 어떤가. 글로벌과 로컬을 합쳐 글로컬리즘을 말하고, 디 지털과 아날로그를 결합해서 디지로그를 만들어낸 또 다른 일면이 드러나. 그리고 추상적이라는 말을 메타로 바꿔놓으면 어떤가. 다 양한 메타포가 많이 등장하면서, 120볼트와 250볼트의 차이처럼, 일반 언어와 전압이 다른 내 문체와 글쓰기의 방향이 드러난다는 말일세. 옛날 『문학사상』의 권두언을 썼던 그 글들을 생각해보게. 시도 산문도 아닌 언어들 말이야.

스포츠로 예를 들어볼까? 가령 농구선수는 필드에서 뛰는 선수 고, 코치는 바깥에서 플레이에 참여하는 메타선수인 거야. 내가 추 상적인 것에만 관심이 있었다면 어떻게 '보자기론'이나 '가위바위 보론'을 썼겠나? 그렇게 아내의 글에 응수를 해봤지."

"골동품은요?"

"집사람은 골동품을 좋아해서 자주 사. 나는 그럼 골동품에 관심이 없느냐? 아냐. 전주에서 강연하고 백납병풍과 화조병풍을 사서 서울까지 싣고 왔어. 그런데 관심의 포인트는 달라. 병풍을 산 건 그 형태 때문이야. 그렇게 크게 접는 가구의 형태는 서양에는 없는 구조지. 완전히 접어도 완전히 펴도 병풍이 아니야. 반쯤 지그재그로 접혀진 모습, 그 음양의 모습에 반한 거라네. 병풍, 산맥, 계단…… 그 형태를 상상해보게. 다 접혀 있는 것들이잖아. 들락날락 무한반복이지."

가구를 봐도 서양과 동양을 동시에 본다고 했다.

"서양의 양복장은 높고 길어. 옷을 위해, 기능을 위해 만든 구조물이지. 동양의 가구는 인간을 표준으로 했어. 옷도 개켜서 넣지. 나는 모든 언어를 이렇게 비교적인 메타언어로 사용한다네. 좀 어렵게 말하면 나는 순수이성과 실천이성, 판단이성 이 세 가지를 동시에 쓰고 있는 거라고나 할까. 집사람은 땅의 언어인 의식주에 관심 있지만, 나는 하늘의 언어인 의식주에 내재된 진선미에 관심이 있는 거라네. 의식주를 이야기하는 게 일반 언어고, 진선미를 이야기하는 게 메타언어야.

마지막으로 내 아내가 '내 남편은 일밖에 모른다. 병원에서 수술하고도 교정 보고 글 쓰고, 아버지 제삿날에도 돌아와 일을 한다'고 하지. 그래서 내가 그랬지.

'여보, 죽기 전까지 바느질하는 샤넬보고 주위에서 '좀 쉬세요' 걱정했더니 샤넬이 뭐라고 했는 줄 알아?'

'너희들은 이게 일로 보이니? 나는 이게 노는 거고 쉬는 거야.'

열 네 번째 수업:

기가 막힌 이야기라네. 노동은 하기 싫은데 억지로 하는 거야. 노동에서 벗어나는 걸 쉰다고 하지. 내 일이 나한테는 노는 거였어. 나는 워커홀릭이 아니라 재미에 빠진 인간이었다니까. 허허."

보헤미안도 아니었고 추상적인 사람도 아니었으며 워커홀릭도 아니었다는 선생의 일갈이 상쾌했다. 글로컬리스트였고, 메타적인 인간이었으며, 재미에 빠져 산 인생이었다고 아내와도 조목조목 논쟁하는 남편이라니!

"가끔 저는 궁금합니다. 선생님은 지적인 분으로 남고 싶으세요? 시적인 분으로 남고 싶으세요?"

"(미소 지으며) 보들레르 같은 사람은 죽기 전에 종탑이나 다락방이나 지상에서 한 치라도 높은 곳에 있고 싶다고 했네. 높은 곳에서 아름다운 것을 보며, 찬란한 시 한 편을 남기고 싶다는 거지. 나도 다르지 않네. 지적인 것은 마음을 울리지 못해.

주변에 있는 사물, 바람, 햇빛, 신발, 단추, 머리카락…… 그런 사소한 것들이 저희들끼리 부딪쳐 나오는 진동이 파문을 일으킨다네. 지식은 울림을 주지 못해. 생명이 부딪쳤을 때 나는 파동을 남기고 싶은데 쉽지 않아."

돈의 길, 피의 길, 언어의 길

지적인 뇌와 시적인 뇌의 점이지대에서 '생명'이라는 단어가 돌출했다. 갑자기 커브를 틀 듯 선생은 생명자본 이야기를 꺼냈다. 한때 그가 생명자본론 이야기할 때 경제학자들은 죄다 비웃었지만, 코로나 이후 생명과 관계된 가치가 물질가치보다 높아지지 않았느냐고 목소리 톤이 높아졌다. 터키 이민자 부부가 만든 코로나 백신 덕에 화이자 주가가 고공행진했고, 백만장자가 얼마나 많이 나왔느냐고. 일찍부터 의료와 농업과 AI 교육을 외칠 때 다들 당신의 생명자본론을 먼 훗날 이야기로 흘려들은 걸 아쉬워했다.

"말씀하신 대로 세상의 경제 흐름은 물질보다 생명자본 중심으로 가고 있어요. 생태적 관점에서 지속가능한 경제구조를 만들자는 거죠. 그런데 제가 궁금한 것은 생명자본보다는 생활인으로서 선생님의 돈에 대한 감각입니다. 선생님도 돈 때문에 고생한 적이 있으신가요? 아내 되시는 강인숙 선생님은 그 부분에서 어떻게 생각하십니까?"

"돈 걱정 안 하는 사람이 어디 있겠나? 하지만 돈에 대해서도 난 좀 색다른 경험을 갖고 있다네. 대학 다닐 때였어. 집사람하고 나는 명동의 토양이라는 찻집에 들러서 차를 마셨지. 그런데 돈을 내려고 보니 지갑이 빈 거야."

"저런, 그래서요?"

열 네 번째 수업:

"급히 다녀올 데가 있으니 음악이나 듣고 있으라고 하고는 집에 갔지. 유일하게 현찰이 될 만한 물건이 영어사전이었어. 그걸 전당포 대신 고물 책방에 갖다주면 당장 찻값, 우동값 정도는 나오거든. 그걸로 데이트 비용을 썼지. 그렇다고 내가 '젊은 나이에 돈이 없어서 사전 팔다니 비참하다' 그랬을 것 같아? 아니야. 사전 팔아 우동 한 그릇 먹었으니, 셰익스피어가 쓴 것보다 더 많은 영어 단어를 내가 다 먹어치웠다고 기고만장했지. 몇 십만 영어 단어가 내 뱃속으로 싹 들어갔잖아. 그러고 놀았단 말이야."

"돈 때문에 배를 곯으신 적은 없으시고요?"

"돈에 궁색했던 적은 말할 것도 없지. 다만 돈 때문에 내가 남의 집 담장을 넘었다든지 그런 적은 없어. 그게 하나님께 감사한 점이야. 돈 때문에 하기 싫은 일을 억지로 한다든가 그런 일은 없었어."

"돈은 인생에서 무엇입니까?"

"인간이 발견한 것 가운데 가장 기가 막힌 것이 돈이라네. 인간은 절대 혼자 살 수 없기 때문에 반드시 교환을 하며 살아가지. 우리가 숨 쉬는 것도 식물과의 교환이야. 우리는 탄소를 내뱉고 식물은 산소를 내뱉지. 모든 생명 가치는 교환인데, 핵심 교환은 세 가지야.

첫 번째는 피의 교환이라네. 그게 사랑이고 섹스지. 사랑은 생식이라는 목적을 벗어나지 않아. 교환가치가 없다면 인종은 멸종되겠지. 그다음은 언어 교환. 그리고 돈의 교환이라네. 돈의 교환을 통해 생산과 소비와 시장이 만들어지는 거지. 세상이 복잡해 보여도 피, 언어, 돈 이 세 가지가 교환 기축을 이루며 돌아가고 있어. 돈이 없으면 시장이 성립이 안 되고, 피가 없으면 더 이상 어린아이가 생길 수 없고, 언어가 없으면 사상이나 정의, 선, 가치는 다룰 수 없겠지. 내 말이 아니라네. 레비스트로스Claude Levi-Strauss가 문화인류학에서 설명한 인류사의 3대 교환 구조지.

피, 언어, 돈을 기억하게. 그렇다면 돈이란 무엇인가? 아주 간단해. 내가 돈의 주인이 되면 돈은 나의 최고의 협력자고, 하인이 되면 나는 최악의 인간이 되는 걸세."

"그렇다면 선생님께서는 살면서 돈의 하인 노릇을 하신 적은 없다는 거군요!"

"여러 번 말했지만, 돈 때문에 하기 싫은 일을 억지로 한 적은 없었어. 오히려 올림픽 행사처럼 돈 안 받고 할 때 가장 신이 나서 했지. 돈에 무관심하란 말은 아니야. 돈이 무엇인지는 확실히 알아야하네. 애들한테 가르칠 때 황금은 황금으로 보고, 돈은 돈으로 보도록 가르쳐야 하네. 경계를 구분하지 못하면 비극이 생겨. 사실 생명과 돈처럼 먼 게 없다네."

"생명과 자본을 붙여놓은 것이 선생님이 말씀하신 생명자본인데요?"

"그건 물질자본과 대비되는 자본을 얘기한 걸세. 그러나 교환 구조로 보면 피의 자유로운 교환을 막고 있는 게 돈이야. 그래서 이수일과 심순애가 생기는 거지. 나는 얘를 좋아하는데 돈 때문에 다른 놈한테 팔려가는 일이 생기는 거야."

"로열패밀리들, 재벌가들은 피와 돈을 섞어 더 큰 부를 만들지 않습니까?"

"그래서 불행해지는 거야. 돈은 돈의 교환을 해야지. 피의 교환을 하면 안 되는 거거든. 자기는 첫사랑하고 결혼하고 싶은데, 부모는 부잣집에 시집보내려고 하잖아. 드라마에서 맨날 그런 얘기하더구만. 하하. 피의 교환과 돈의 교환은 경계가 다른 건데, 돈의 교환으로 피의 교환을 하고 언어의 교환을 하려 들면 비극이 생겨. 3대 교환은 서로 제 갈 길이 있는 거야.

황금은 황금의 길, 피는 피의 길, 언어는 언어의 길. 제 각자의 길을 열어줘야 하네. 언어 교환도 돈이 명령하면 서글퍼져. 나는 이렇게 쓰고 싶은데 출판사는 저렇게 쓰라고 하면 작가는 의욕을 잃어버리거든. 출판사나 영화사에서 '저거 자르시오. 안 팔려요' 하면 작가나 감독은 어쩔 수 없이 잘라야지. 그러니까 감독판이 따로 나오잖나."

"피, 돈, 언어가 각자 제 갈 길을 가야 하는데, 현대사회는 돈이 가장 큰 힘으로 모든 길을 빨아들이니 큰일입니다."

"돈의 비극이 딴 게 아니야. 돈의 교환가치가 언어의 교환가치, 피의 교환가치를 침입할 때 이 3대 평행선이 부딪혀 충돌할 때 비극이 생기는 거야. '황금을 보기를 돌같이 하라'는 노래를 가르치지 말고 '황금은 황금으로 보고, 돈은 돈으로 보고, 사람은 사람으로 보라'고 가르쳐야지. 우리나라 말처럼 좋은 게 없어. 돌고 돌아 돈이라고 하잖나. 엊그제 재벌 회장에게 충성을 바치던 돈이 그다음 날은 거지에게 갈 수도 있어. 돈에게는 주인이 없거든. 그날 들어간

주머니의 명령을 따를 뿐. 복잡하지 않아. 중요한 건 다 단순해. 눈, 귀, 코…… 다 단음절인 것처럼 돈도 단음절이야. 복잡할수록 천한 거라네."

누가 누구를 용서할 것인가

"그렇다면 사랑이라든가 용서라든가, 두 음절의 단어는 어떻습니까?"

"사랑과 용서는 동의어라네. 나는 성경에서 「고린도전서」가 최고라고 생각하네. 사도 바울은 예수님과 맞먹을 정도의 엄청난 지혜의 편지를 썼어. 참으로 아름답지. 사랑은 오래 참는 것이고 성내지 않는 것이며…… 불구덩이에 뛰어들어갈 용기가 있어도 사랑이 없다면 아무 소용이 없다고. 그래서 나는 성경 앞에서 모자를 벗을 수밖에 없어. 사도 바울은 사랑을 하면 백 번이 아니라 천 번을 용서하라고 했어. 기독교의 교리는 사랑의 교리지만 그 사랑은 용서와 통하는 걸세."

"사랑은 쉽지만 용서는 어렵습니다. 사랑은 언제든 마음만 먹으면 베풀 수 있지만, 용서는 다릅니다. 죄지은 자들끼리 그 분량을 놓고 다투는 일이니, 용서만큼 어려운 것이 없다는 생각이 듭니다."

"남을 용서하려면 커야 되고 높아야 되고 힘이 있어야 하지. 용서하는 사람이 진정한 강자라네. 가장 큰 용서의 존재가 누구겠나? 신이야. 하나님이지. 주기도문에도 나오잖아. 우리가 우리에게 죄지은 자를 사하여준 것같이 우리의 죄를 사하여 주옵시고. 그게 기독교야. 기독교는 하나님이 끝없이 인간을 용서하는 종교일세. 하나님만이 인간을 용서할 수 있어. 교황이 그걸 해줄 수 있나? 안 돼. 면죄부 팔다 딱 걸렸잖아. 구교라는 게 별것 아니야. 교황청에서 용서해준다고 면죄부를 돈 받고 팔다가 루터한테 걸린 게 구교야. 용서를 돈으로 팔다 천년성이 무너진 거야. 하나님만이 인간을 용서할 수 있어. 누가 인간을 용서할 수 있나. 다 용서받을 사람인데.”

“그럼에도 불구하고 선생님께서 혹시 용서가 안 되는 사람이 있습니까?”

“나는 용서라는 말을 잘 쓰지 않아. 나는 용서받을 사람이지 용서해줄 사람이 아니야. 백번 생각해도 다르지 않아. 하나님이 나를 용서하고, 저 사람이 나를 용서해야지…… 무슨 말인 줄 알겠나? 나는 말이네, 용서받고 싶은 게 너무 많아. 인간은 살아 있는 것 자체가 죄짓는 일이라네. 인간이 얼마나 죄가 많으면 코로나 때 다섯 사람 모이면 안 된다고 하겠나. 숫자가 많으면 안 되는 거야. 죄가 다섯 배나 되잖나.”

‘나는 용서할 사람이 아니라 용서받을 사람’이라는 선생의 말이 칼날처럼 머리에 박혔다. 피조물이라는 커다란 카테고리 속에 자신을 던져넣고 보는 당신의 선험적 겸손에 나는 또 한 번 할 말을 잃었다.

15

또 한 번의 여름 – 생육하고 번성하라

"예수 돌아가실 땐 제자들은 다 도망갔어.
죽고 나서 돌무덤으로 가서 부활한 예수를
발견한 사람은 힘없는 여자였어.
잘난 남자들은 다 어디 가고 왜 여자였을까?"

뱀 꼬리와 묵은지

봄에서 초여름으로 계절은 이음새도 없이 넘어갔다. 가지마다 도톰하게 살이 오른 나무들이 보기 좋았다. 바람이 불 때마다 잎새는 저희끼리 소곤거렸고 생명의 양감은 짙어졌다.

코로나 시국이 길어질수록 세상 사람들은 디지로그와 생명자본을 일상의 언어로 감각하게 되었다. 입학식도 못 해서 애처로웠던 둘째 아이는 어느새 온라인 교실과 학교 교실을 오가는 데 익숙해졌다. 나는 집에서 메신저로 소통하며 일했다. 줌 화면으로 모여 회의도 하고 회식도 하고 예배도 드리고 공연도 보며 조금씩 디지로

열다섯 번째 수업:

그 생활에 정착해갔다. 거리는 한적했지만, 온라인 스트리트에는 사람들이 넘쳐났다. 그사이 백신이라는 생명자본이 전 세계로 씩씩하게 퍼져갔다.

변화가 빠르고 깊을수록 사람들은 일찍부터 '디지로그와 생명자본'을 이야기했던 이어령 선생의 지혜를 원했다.

'선생님이 어떤 말이라도 해주셨으면……'

선생의 육성을 한마디라도 듣기 위해 기업과 대학 등 지식산업계가 앞다퉈 평창동을 노크했다. 투병 와중에도 지적 폭발은 멈추지 않는 선생 곁에 있었기에, 내가 그 다리가 되어 몇몇 프로젝트에 대담자 역할을 수행하게 되었다.

엘리베이터에서 내려 문을 열자 현관 앞에 검은 신발이 즐비했다. 내가 평창동 이어령 선생님 댁 문지방을 넘은 이래 가장 많은 방문객이 북적이고 있었다. 눈부신 조명과 카메라, 스크립터, 작가, 홍보 담당자가 거실에서 일사분란하게 움직이며 앵글과 동선을 체크하고 있었다.

선생은 촬영을 위해 따로 옷을 차려입거나 메이크업을 하는 것을 거부했다. 그는 말끔하고 단정한 흰 셔츠를 입었고, 공교롭게도 나도 흰 셔츠를 입고 왔기에, 우리는 마치 오래 함께 일한 팀처럼 죽이 맞아 보였다. 촬영팀은 우리가 카메라 렌즈 안에서 '천사'처럼 보인다며 좋아했다. 그렇다. 죽음이라는 마지막 프로젝트를 열정적으로 함께 하는 천사팀!

그는 여전히 세상 돌아가는 일에 관심이 많았다. 침대 위에서 태블릿 PC를 켜고 유튜브와 댓글, 여러 신문사의 뉴스를 샅샅이 살폈다. 시대의 흐름에 맞춰 생명자본과 디지로그, 리더십과 인터페이스에 대한 이야기를 통합적으로 풀어놓고 싶어 했다.

상기된 목소리로 스승이 입을 열었다.

"나는 항상 언어로 시대를 예지해왔네. 언어를 파고들면 다 그 안에 있어. 그런데 아쉽게도 디지털, 아날로그라는 말도 그 계통을 제대로 이해해서 쓰는 사람이 없다네."

"흔히들 온라인 오프라인 개념으로 쓰고 있는데요."

"이번 기회에 정확히 설명해주겠네. 여기 뱀 한 마리가 있다고 치세. 어디서부터가 꼬리인가?"

"글쎄요. 한 10센티 정도 끝부분이 꼬리인가요?"

"아니야. 뱀은 전체가 꼬리야. 연속체지. 그게 아날로그일세."

"아하! 뱀이 아날로그면 디지털은 뭐죠?"

"디지털은 도마뱀이야. 도마뱀은 꼬리를 끊고 도망가. 정확히 꼬리의 경계가 있어. 셀 수 있게 분할이 되어 있으면 그게 디지털이야. 아날로그는 연속된 흐름, 파장이야. 반면 디지털은 계량화된 수치, 입자라네. 이 우주는 디지털과 아날로그, 즉 입자와 파장으로 구성돼 있어.

더 쉽게 얘기해볼까? 산동네 위의 집이라도 올라가는 방법이 다르지. 언덕으로 올라가면 동선이 죽 이어져서 흐르니 그건 아날로그야. 계단으로 올라가면 정확한 계단의 숫자가 나오니 그건 디지털이네. 만약 언덕과 계단이 동시에 있다면 그게 디지로그야."

언제나 그렇듯 선생은 놀라운 비유로 단번에 무 자르듯 개념을 설명해냈다. 더불어 디지로그 시대에 최적화된 사람들이 한국인이라고 첨언했다.

　"'누이 좋고 매부 좋고'라는 말이 있지? 뽕도 따고 님도 보고. 이거 제일 잘하는 사람들이 한국인이야. '이거냐? 저거냐?'가 아니라 '이것도 하고 저것도 하는 거지'. 외국인들은 디지털이면 디지털, 아날로그면 아날로그, 경계가 뚜렷해. 그런 이원론으로 과학과 합리주의를 만들고 매뉴얼과 원칙을 만들어 세계를 리드했지. 하지만 한국인은 정량적인 것과 정성적인 것, 원칙과 직관을 융합해버려. 그래서 조직도 오거나이즈가 잘 되는 시스템보다 비상시에 만드는 임시 조직이 더 잘 굴러가. 한국 사람이 위기에 강하다고 하는데, 위기에 강한 게 아니라 예측할 수 없는 상황에 강한 거라네."

　"한국인들은 미리 계산하고 계획하고 자로 잰 듯 원칙에 맞게 행동하지 않고, 흐르듯이 상황에 맞춰 직관으로 반응한다는 거지요?"

　"그렇지. 우리말에 버려두라는 말이 있지? 버리는 것과 두는 것의 중간이야. 그런데 버려두면 김치가 묵은지 되고, 누룽지가 숭늉 되잖아. 버리지 말고 버려두면, 부풀고 발효가 되고, 생명의 흐름대로 순리에 맞게 생명자본으로 가게 된다네. 그게 살아 있는 것들의 힘이야. 버리는 건 쓸모없다고 부정하는 거잖아. 버려두는 건, 그 흐름대로 그냥 두는 거야. 코로나까지도 버려두면 백신이 되는 거야. 재생이 되는 거라고. 그게 생명이 자본이 되는 원리야. 디지털과 아날로그가 공존하는 힘이지."

이것과 저것의 대립이 아니라 이것이면서 동시에 저것인 상태. 함께 있되 거리를 두고, 경쟁하면서 협력하는 그 '경계의 힘', 그 사이에서 나온 막춤의 리듬이 디지로그이고, 바이러스의 발효가 생명 자본이라고 했다.

리더는 사잇꾼, 너와 나의 목을 잇는 사람들

"대적이 아니라 '경협(경쟁하면서 협력하는 것)'이 중요하군요."

"그렇지. 에너미enemy는 안 돼. 라이벌rival이어야지. 라이벌의 어원이 리버river야. 강물을 사이에 두고 윗동네 아랫동네가 서로 사이가 나빠. 그런데도 같은 물을 먹잖아. 그 물이 마르고 독이 있으면 동네 사람이 다 죽으니, 미워도 협력을 해. 에너미는 상대가 죽어야 내가 살지만, 라이벌은 상대를 죽이면 나도 죽어. 상대가 있어야 내가 발전하지. 같이 있는 거야. 그게 디지로그 정신이야. 기업도 마찬가지라네. 대기업과 중소기업, 벤처는 에너미가 아니라 라이벌이야. 큰 조직은 작은 조직의 모험 정신을, 작은 조직은 큰 조직의 시스템을 배우며 수시로 모이고 흩어지기를 반복해야 해. 이 관계에서 가장 중요한 게 뭔 줄 아나? 인터페이스야. 위치로 보면 목!"

"목이요? 머리와 가슴을 이어주는 목?"

"그렇지! 목! 분리하면서도 이어주는 목! 머리와 가슴을 잇는 목,

손과 팔을 잇는 손목, 발과 다리를 잇는 발목. 모든 국가, 모든 기업, 모든 개인은 이 '목'이 가장 중요해. 사람 꼼짝 못 하게 할 때 어떻게 하나? 목에 칼 씌우고, 손목에 수갑 채우고, 발목에 쇠고랑 채우지. 인터체인지를 묶는 거야. 우리 어릴 때 놀 때 어른들이 '사이좋게 놀아라' 그러잖아. 그 사이가 '목'이야. 디지로그와 생명자본은 디지털과 아날로그의 목이 막히지 않고, 사이가 편안한 상태야. 반면 코로나는 문명과 자연의 사이가 나빠서 왔지. 이 나쁜 사이, 뭉친 목을 풀어줘야 세계가 잘 굴러간다는 얘길세."

"이쪽과 저쪽의 사이를 좋게 하는 사람이 필요하겠군요?"

"그런 사람이 바로 21세기의 리더고 인재라네. 어느 조직이든 이쪽과 저쪽의 사이를 좋게 하는 사람이 있다면 그 조직은 망하지 않아. 개발부와 영업부, 두 부서를 오가며 서로의 요구와 불만을 살살 풀어주며 다리 놓는 사람, 그 사람이 인재고 리더야. 리더라면 그런 '사잇꾼'이 되어야 하네. 큰 소리 치고 이간질하는 '사기꾼'이 아니라 여기저기 오가며 함께 뛰는 '사잇꾼'이 돼야 해."

"한때 선생님은 양치기 리더십을 말씀하셨어요. 목자가 양떼를 살피듯……."

"그건 리더와 팔로워의 관계를 이야기한 거라네. 목자는 양의 앞도 뒤도 아닌, 양떼 한복판으로 들어가서 양을 지켜낸다네. 진정한 목자는 양가죽을 쓰고서라도 스스로 양이 되어 그들의 삶에 동참하는 거야. 리더지만 플레이어지. 한니발이 그랬잖아. 부하와 똑같은 밥 먹고 똑같은 잠자리에 들고 똑같이 싸웠지.

그런 조직에서는 한 마리 양이나 아흔아홉 마리 양이나 똑같아. 경중이 없지. 아흔아홉 마리 양 버려두고 한 마리 찾는다는 이야기는 기업에 적용해도 다르지 않아. 아흔아홉 마리는 이 세상에 없어. 오직 한 마리 양만 있지. 천 명 다니는 대기업도 한 사람이고, 열 명 다니는 벤처기업도 한 사람이야. 스스로 일어설 줄 아는 한 마리 양이 자기 인생, 자기 조직의 리더가 되는 거라네."

목자牧者, 인류 최고의 생명자본

디지로그와 생명자본으로 시작된 이야기는 뱀과 도마뱀을 거쳐 목자와 한 마리 양으로 나아갔다. 생각해보면 목자는 신과 인간의 벌어진 사이를 화해시킨 존재, 죄와 벌의 길목에서 어리석은 인과율을 끊어버린 존재, 그리하여 신이 보낸 인류 최고의 생명자본이 아니었을지.

피를 토하듯 말을 토한 후 선생은 오래도록 기침을 했다. 낯빛이 창백한 채로도, 걱정하는 사람들에게 '이제 곧 나는 아프러 들어가겠다'고 농담을 했다. 마이크를 빼면서 혼잣말하듯 허공을 향해 나즈막히 말씀하셨다.

"죽음 앞에서 당당하게 홀로 웃을 수 있는 사람은 역사적으로 예수 한 분뿐이었다네. 그래서 나는 기독교인이 됐어. 다른 이들은 죽기 전에 제자들이라도 찾아와 울고불고했지. 예수 돌아가실 땐 제자들은 다 도망갔어. 죽고 나서 돌무덤으로 가서 부활한 예수를 발견한 사람은 여자였어. 죽은 예수가 불쌍해서 찾아간 힘없는 여자지. 잘난 남자들은 다 어디 가고 왜 여자였을까? 생명자본…… 그 의미를 생각해보게. 여자들은 끝없이 생명을 낳고 일으킨다네.

하나님이 아브라함에게 한 축복을 떠올려보게나. 끝없이 어린아이를 낳아서 지상을 무엇으로 덮으라고 했나? 생명으로 덮으라고 했어. 눈물 나는 이야기야. 모든 게 죽어가고 사그러드는데, 이 지구를 초록색으로 덮듯 생명으로 가득 덮으라고 했네.

생육하고 번성하라.

목적 같은 것 없어. 생명, 살아 있는 것, 그게 이 세상이라네. 눈물 나는 세상이라네."

조명은 꺼졌고, 선생은 땀에 젖은 흰 옷을 입은 채 오래도록 눈을 감고 계셨다.

16

작별인사

"지금도 보면 눈물이 핑 도는 것은 죽음이나 슬픔이 아니라네.
그때 그 말을 못 한 거야."

새벽에 가장 먼저 머리를 쳐드는 새, 부지런함이 아닌 예민함

인터뷰를 위해 선생을 뵙는 마지막 날이었다. 사진작가 김용호가 이어령 선생님을 간절히 찍고 싶어 했기에 사전에 양해를 드리고 평창동을 방문했다. 김용호와 나는 소설가 김훈의 일산 작업실, 아치울 마을의 박완서를 찾아가 격조 있게 격앙된 작가의 한순간을 포착하곤 했다. 한 장의 사진이 글보다 많은 것을 이야기할 때가 있었다. 검은 트레이닝 점퍼를 입고 평상 앞에 앉아 먼 곳을 노려보던 소설가 김훈이나, 부드러운 스웨터를 입고 손가락에 낀 루비 반지를 만지며 충만하게 웃던 박완서…… 오로지 그 자신으로 약동하

열 여 섯 번 째 수 업 :

는 예술가의 한순간을 잡아내는 데 김용호는 최적의 작가였다.

이어령 선생님은 만반의 채비를 갖추고 우리를 기다리고 있었다. 아래위로 정갈한 재색 수트 차림이었다. 풍기는 위용은 여전했으나, 그사이 더 살이 빠져 다리가 양복바지 안에서 휘적거렸다. 손수 잘라 빗어 넘긴 머리카락이 말끔했다. 아내와 며느리가 나서면 너무 정식으로 자를 것 같아서 당신이 서둘러 가위를 잡아 이발한 머리라며 멋쩍어했다. 목덜미 사이로 가윗날이 지나간 자리가 벌초한 자리처럼 표가 났다.

정원에는 이어령 선생의 시가 조각된 붉은 양철 깃발이 부드러운 바람 사이에 우뚝했고, 실내에는 선생의 소설 『장군의 수염』이 한 글자 한 글자 아로새겨진 초상화 작품이 새로 자리했다. 임옥상 작가가 '스승의날'에 선물한 작품이라고 했다. 동상이든 초상이든 동시대 사람들은 자기 방식대로 이어령이라는 거인을 기록하려고 열을 올렸으나, 스승은 자신을 향한 칭송에는 항상 거리를 두고 싶어 했다.

"내 얼굴 위에 새겨진 이 글씨가 『장군의 수염』이라는 소설 전편이야. 자세히 보게나. 검은 눈동자에도 글자가 섬세하게 박혀 있지. 중편소설이라 내가 쓰기도 힘들었는데, 임옥상이 그 소설 전부를 내 초상화 위에 그려넣었어. 엄청난 정성이 들어간 작품이지."

날은 푸르렀고, 어른의 미소는 더욱 온유했다. 선생은 오늘따라 더 자주 미소를 보였고, 나는 그 웃음이 방문객을 향한 수줍은 환대라는 걸 알고 있다. 그는 사진가가 찍은 예술가들의 포트레이트 사진집을 한 장 한 장 넘겨보며 즐거워했다. 박완서, 백남준, 박서보, 이매방, 황병기…… 한 장 한 장 흑백사진을 넘기는 손가락에 한껏 흥이 올랐다. 각 사람에 얽힌 추억이 소환되자 눈자위에 환한 전등이 켜진 것 같았다.

"그런데 선생님은 사진 찍는 걸 즐거워하지 않으시잖아요."

"잘 안 찍어. 찍는 사람마다 날더러 웃으라고 하잖아. 내가 치약광고 나왔나? 왜 웃어? 하하. 사르트르, 카뮈 사진을 보게. 그들이 웃는 사진이 있던가?"

"아니요. 왜 다들 그렇게 심각한 표정일까요?"

"웃는 사진에는 소리가 들려. 카메라 너머에서 '치즈~' 하는 소리. 그게 자기 얼굴인가? 남의 얼굴이지. 나는 여간해서는 제대로 찍은 사진이 없어. 다 강연하는 사진이나 말하는 도중에 찍은 사진들이지."

"20대 시절에 찍은 선생님 사진을 본 적이 있어요. 너무 핸섬하셔서 깜짝 놀랐어요."

"그거 삼각지 살 적에 내가 직접 찍은 거야."

"우수에 찬 얼굴이 꼭 영화배우 같으셨어요. 콧날이 길게 살았어요."

"무드가 있지. 잘생겼다기보다는 내가 폼을 잡고 찍었잖아. 제임스 딘처럼."

"시인 김수영도 러닝셔츠를 입은 모습의 비슷한 사진으로 기억됩니다. 여기 있지만 다른 곳을 보는 듯한 눈빛이죠. 젊은 날의 선생님 눈빛도 그렇더군요."

"김수영의 실제보다 김수영의 사진이 더 자기답지. 딴 세상 사람이 이 세상에 끌려온 죄수 같은 모습. 그게 이미지의 힘이라네. 나는 오늘은 모자를 쓰고 찍을까 하다 그만뒀어."

사진작가의 요청에 따라 검은 터틀넥으로 갈아입은 그가 조명기 아래 섰다. 먹색 배경천 앞에 선 선생을 보니 천공으로 발사되기 전의 우주선 같았다. 감정의 물성이 느껴지지 않는 얼굴로 선생은 가만히 카메라를 바라보았다. 조명이 닿아 선생의 머리털이 고양이 털처럼 투명하게 빛났다. 셔터 소리에 그가 움츠러들지 않도록 가만가만 말을 건넸다.

"요즘에 통증은 더 없으신지요?"

"(물끄러미 쳐다보며) 요즘에 나는 자네가 앉아 있는 그 소파에서 자고 일어난다네. 예전엔 새벽에 아파서 아래층 침대에서 아내와 자다가 소리를 지르며 일어났지. 그러면 집사람이 잘 수가 없어. 도와주지도 못하는데 나 때문에 깨면 미안하잖아. 그래서 언제부턴가 그 소파에서 자고 일어나게 됐어. 바닥에 가죽 쿠션을 죽 깔아두면 떨어져도 괜찮아."

"여전히 새벽녘에 자주 깨시는지요?"

"요즘은 좀 괜찮네. 그런데 예전엔 비명을 지르며 일어나면 새벽 4시 44분을 지날 때가 많았어. 음기와 양기가 바뀌고 어둠에서 빛이 생겨나는 즈음이지. 그 시간이 지나면 닭이 울고 새들이 울지. 언젠가 뉴욕에 갔을 때가 생각나는군. 뉴욕에 가면 건물이 다 드높아서 새들은 아래로 날아다니지."

"마천루의 도시니까요."

"당시엔 우리나라에 고층 건물이 많이 없을 때였어. 나는 60층 건물 15층에서 혼자 생활했어. 뉴욕 간 첫날, 시차가 맞지 않아 밤을 꼬박 새웠다네. 시계도 볼 수 없어 가만히 있는데 어디선가 '삑' 작은 소리가 들리는 거야. 환청인가? 여기서 새가 울 리가 없는데······ 조금 있으니까 또 삑삑 울어. 이번에는 서너 마리가 조심스럽게. 날이 조금씩 밝아지니 짹짹짹짹 여러 마리가 수다스럽게 우는 거야. 나는 제일 처음 운 녀석의 '삑' 소리를 들은 거지. 깜깜해서 다 잠들었는데 혼자 깨서 삑 하고 운 녀석······ 어둠 속에서 새벽의 미세한 빛이 눈꺼풀로 스며들 때 그걸 느낀 예민한 녀석인 거야."

"선생님은 새 한 마리에게서도 자기를 느끼시는군요!"

"얼리버드나 퍼스트 펭귄 같은 계도적인 이야기가 아니야. 그 예민함을 이야기한 거네. '새벽인가?' 긴가민가하며 우는 새. 그러면 다른 놈들이 맞장구를 쳐서 '야! 맞다' 같이 울면 새벽이 오거든. 새들은 합창만 하는 줄 알았지? 아니야. 제일 먼저 우는 놈이 있다는 걸세. 울음만 그런가? 방향을 바꿀 때도 그래. 함께 날아가다 최초로 각도를 트는 놈이 있는 거지."

"동시에 울고 동시에 방향을 트는 것이 아니라요?"

"동시에 하는 것처럼 보여도 먼저 튼 놈이 있어. 흉선을 타고 공명이 된 거니까. 극장에서도 여럿이 박수 치지만 제일 먼저 딱 치는 한 놈이 있잖아. 그래서 짝짝 짝짝짝 짝짝짝짝 우레 같은 박수가 되

열여섯 번째 수업:

는 거야."

"용감한 자고 예민한 생명체로군요."

"어디서나 그런 존재가 있어. 새싹도 봄이 되면 제일 먼저 기어나
오는 놈이 있어. 꽃도 먼저 터지는 봉오리가 있듯이. '새벽이야?' 하
고 가장 먼저 머리를 쳐드는 새가 있는 걸세. 뉴욕에서 처음 본 그
새에게서 나는 나 자신을 발견하는 거야."

나는 가만히 스승의 처진 눈꺼풀을 바라보았다. 여전히 빛과 어
둠에 예민하게 반응하는 어린 새의 살갗 같은 눈꺼풀. 차가운 한 방
울의 눈물을 짜내는 헐거운 거즈 같은 눈꺼풀.

가장 슬픈 것은 그때 그 말을 못 한 것

"선생님, 새벽에 먼저 깨어 홀로 우는 자로 살아보니 어떠셨나요?"

"글쎄. 그보다 무리 가운데 끼어서 참새처럼 비슷하게 쩍쩍거리
는 걸 체질적으로 못 견뎠다는 게 맞겠지. 나는 장관 할 때 국무회
의 자리에서도 눈을 감고 있었다네. '회의 나와서 밤낮 주무시오?'
할 정도였지. 나는 자는 게 아니라 눈을 감고 있었던 거야. 그러다
싸울 일이 생기면 또 달려들어. 나는 교수 회의할 때도 쭉 둘러앉아
순번대로 말하는 게 싫어서 안 간 사람이야."

"저도 세상에서 가장 힘든 자리가 회의 시간이에요.(웃음). 요즘엔

식구들과 모여서 어떤 이야기를 하시나요?"

"최근에는 가족들과 서로 오해한 것들에 대해 이야기를 해보자고
했어. 딸을 먼저 저세상으로 보내고 나니 가장 아쉬운 게 뭔 줄 아
나? '살아 있을 때 그 말을 해줄걸'이야. 그때 미안하다고 할걸, 그
때 고맙다고 할걸…… 지금도 보면 눈물이 핑 도는 것은 죽음이나
슬픔이 아니라네. 그때 그 말을 못 한 거야. 그 생각을 하면 눈물이
흘러. 그래서 너희들도 아버지한테 '이 말은 꼭 해야지' 싶은 게 있
다면 빨리 해라. 지금 해야지 죽고 나서 그 말이 생각나면, 니들 자
꾸 울어. 그랬더니 아들이 이 얘기를 꺼내."

"어떤 이야기죠?"

"내가 외국 갔을 때 국제전화로 아들에게 갖고 싶은 게 뭐냐고 물
었어. 동네 애들하고 야구를 하는데 좋은 글러브 하나 있으면 좋겠
다더군. 잠깐 짬이 나서 가게에 뛰어 들어가 '제일 비싼 글러브로
주시오' 해서 사다줬어. 야구도 모르고 상표도 모르니 가장 비싼 걸
로 달라고 한 거야. 아들이 너무 좋아했지. 그런데 노는 걸 보니까
행동이 좀 이상해. 어느 날 아내에게 '애가 좋아해?' 했더니 그 말을
하는 거야. '여보, 그거 왼손잡이용이야. 아버지가 미안해할까봐 말
도 못 하고, 보면 얼른 바꿔 끼고 그랬어요.' 그 애가 날 닮았어. 미
안함과 결벽증 같은 것. 피는 못 속여. 우리 집안사람들이 다 그래."

"선생님도 그런 적이 있으세요?"

"나도 마찬가지지. 일본에서 동네 작은 잡화점 같은 데를 가면 주
인장이 가게에 없어. 딸랑 종소리 나면 내다보는 거야. 하루에도 대

여섯 명이나 올까 말까 한 곳들이지. 그런 데 들어가서 주인장이 안 나오면, 나는 바빠 죽겠어도 가만히 기다려. 물건들이 쌓여 있으니 마음이 찜찜해서 그냥 못 가는 거야. 사도 안 사도 반드시 인사를 하고 가야 해. 한국에서 백화점엘 가도 그래. '여보세요!' 했는데 점원이 다른 데를 가잖아? 그러면 들고 있던 물건을 놓고 못 나와. 훔쳐갔다고 의심받을까봐. 사람 마음이 다 다르잖아."

불현듯 '별들의 오해'라는 말을 썼다. 우리는 몇십만 광년 걸려 지구에 도달한 별빛을 보고 있지만, 이미 그 별은 사라진 별일 거라고. 너와 나 사이에 있는 사랑, 믿음, 미움…… 그 마음을 내가 느꼈을 법한 순간에 이미 네 마음은 그보다 먼 데 가버리고 없는지도 모른다고. 너와 나라는 별은, 이미 마음이 지나간 길, 식어버린 빛 그림자를 바라보고 있을지도 모른다고.

문득 그가 지구에서 사라지고 나면 아버지를 잃은 고아 같은 기분이 들 것만 같았다. 그가 나의 육친은 아니지만, 이어령이라는 스승을 만나기 위해 내가 평생 기자로 살고 작가가 되어온 것이 아닌가 하는 생각이 들었다. 내가 용기를 내서 감상적인 고백을 하는 순간에도 그는 매정하게 훌쩍 몸을 뺐다. "자네가 내게 그런 감정을 느낀다면 그건 내가 경험한 문명의 지정학이 특별하기 때문이라네."

"저는 선생님을 바라보는데, 선생님은 또 문명을 바라보시는군요. 그런데 또 생각해보면 제가 쓴 인터뷰 기사에서도 선생님을 문명 선동가라고 명명한 적이 있습니다."

"나는 자연과 문명의 얇은 막을 찢고 나온 마지막 세대일지도 모르네. 이 문명의 경이로움, 기계의 경이로움에 감탄한 마지막 세대라는 말이지."

"하지만 선생님! 디지털 신세계를 보는 지금 세대야말로 진정한 문명의 신기원을 경험하는 세대가 아닌가요?"

"그렇지 않네. 디지털 문명이 우리에게 준 충격은 유성기에서 최초로 사람 목소리가 나왔을 때의 놀라움과는 비교가 안 돼. 사람이 없는데 사람 소리가 난다는 것은 경험적으로 도저히 이해할 수 없는 일이었지. 내 또래 사람들은 자동차가 지나가면 뒤를 쫓아가면서 냄새를 맡았어. 우리는 찔레꽃 향기를 맡고, 별 향기를 맡고 두엄 냄새를 맡았지만 휘발유 타는 냄새는 처음 맡아본 거야. 지금은 공해에 불과한 그 어지러운 냄새에 경이를 느낀 거지. 그렇게 청각으로, 후각으로 직접적으로 문명이 우리에게 왔다네.

기차는 어떤가? 기차는 공장의 내장이 바깥으로 나와서 다니는 모양이었어. 시골 사람들에겐 경이로움 그 자체였지. 어떻게 공장 안의 기계가 바깥으로 나와서 돌아다닐 수 있지? 그때 우리는 산업화의 구체적인 맨살을 본 거야. 공장에 있어야 할 직조 기계가 벌판으로 나와 돌아다니는 그 모양을! 지금의 스마트폰이 가지고 온 충격과 변화와는 비교할 수가 없어.

시골 사람들은 논과 밭을 보고 새를 보며 몇천 년을 살아왔는데, 어느 날 벌판에 철로가 생기고 시커먼 기계가 연기를 뿜으며 달렸네. 그뿐인가. 독수리만 지나가도 깜짝 놀라는데, 하늘에서는 비행운을 일으키며 비행기가 날기 시작했어.

옛날 사람들은 기계문명도 몸으로 이해하고 받아들이려고 했지만, 오늘날의 우리들은 관성으로 받아들이고 있어. 그냥 그런가 보다 하는 거지. 우리 뇌가 얼마나 썩었는지 모르네. 역설적으로 옛날 사람들은 뇌가 덜 오염됐었어. 제 머리로 이해가 안 되는 건 못 받아들였지."

"그러니까 선생님의 뇌는 자연의 뇌와 문명의 뇌 사이의 얇은 막에서 태동했군요!"

"그 얇은 막을 찢고 나왔지. 인간의 뇌는 고생대의 뇌와 신생대의 뇌가 있어. 고생대는 변화를 싫어하네. 바깥으로 안 나가고 고향을 안 떠나려 해. 신생대 신피질 뇌는 반대야. 새로운 것을 좋아하지. 모든 사람의 뇌에는 액셀러레이터와 브레이크가 동시에 탑재돼 있어. 변화하지 않으려는 보수적인 고생대의 머리와 끝없이 새것을 찾고 학습하는 신생대 신피질의 뇌. 우리 인간은 먼저 새것을 찾고 학습했던 소수자에 의해 나아가고 있네. 소수자가 경험하고 만든 문명에 다수가 거저 올라탄 거야."

선생과 나 사이의 대화를 들으며 가만가만 셔터를 누르던 사진작가가 찍었던 사진을 정리해서 선생님 무릎 위에 놓아드렸다. '어떻게 순간순간 내 마음을 찍었느냐'고 스승은 감탄했다.

"진짜 내 모습은 코만 남았네. 늙어서 눈은 다 죽고 코만 살았어. 그래도 손이 맘에 들어. 손이 꼭 날개 같구만."

피사체로 수백 번을 더 찍혀 봤지만, 이렇게 정식으로 폼 잡고 제대로 사진을 찍은 적은 흔치 않다고 흡족한 미소를 지었다.

마지막 선물

"선생님……."

"말해보게."

"혹시 보고 싶은 사람이 있으세요? 오늘이 우리의 마지막 만남이라서요……."

"보고 싶은 사람들이야 많았지. 특히 홀로 타국에 떨어져 있을 때의 그리움이야 말로 무엇하겠나. 분명하게 기억하고 싶은 건 '왜 보고 싶어 했을까?' 그 순간의 절실한 감정이라네. 간절히 그리워하다가도 화상전화나 줌 같은 것으로 보면 그 절실함과 반가움이 비례하진 않아. 왜 그렇게 보고 싶어 했겠나? 그 순간 볼 수 없기 때문이지. 식구 중에서도 딸, 손녀, 손자가 그립다 해도 예전보다는 감정이 많이 무뎌졌어. 못 견디게 보고 싶던 사람들인데 무뎌지더라고."

"그리움도 무뎌진다고요?"

"그렇다네. 분노도 그리움도 마찬가지야. 그렇게 못 견딜 것 같고, 격한 감정이 오래가면 어떻게 살겠나? 격한 감정은 몇 초 지나면 사라져. 사랑하는 사람이 죽어도 그 슬픔은 아주 가끔 쓰나미처럼 밀려온다네. 슬픔의 감정, 절망의 감정, 분노의 감정이 오래가면 인간은 다 자살하고 말 걸세. 별똥별이 훅하고 떨어지듯 그리움도 슬픔도 그렇게 찰나를 지나가버려. 하지만 '왜 그렇게 보고 싶어 했을까?' 이런 감정은 오래 남는다네. 이건 비밀인데 말이지……."

그가 한껏 목소리를 낮췄다.

"비밀이요……?"

"지금껏 살아온 중에 제일 감각이 느리고 정서가 느린 게 지금이라네. 그게 진실이야. 죽음을 앞둔 늙은이가 절실한 시를 쓸 것 같지만, 그렇지가 않아. 하나님이 잘 만드셨어. 내가 지금 20대 30대의 감각으로 죽음을 겪고 있다면, 지금처럼 못 살아. 내 몸은 이미 불꽃이 타고 남은 재와 같다네."

"그런 자신을 바라보는 느낌도 무덤덤하신가요?"

"아니야. 신께 감사하지. 인간이 생생하게 고통 받을 것을 염려하여 감각조차 무디게 만드셨으니."

"먼저 떠난 어머니와 따님을 만나면 나누고 싶은 말이 있으신지요?"

"소아마비에 걸리면 다리가 더 이상 자라지 않아. 나는 소아마비에 걸린 아이처럼 어머니를 여읜 열 몇 살에 그 감정이 멈춰버렸네. 지금도 어머니를 꿈에서 만나면 그냥 말없이 울어버리지. 보고 싶은 사람을 만나면 할 이야기가 없어."

"후회되는 일은 있으신지요?"

"한 시간 강연만 하고 나와도 밤에 자다가 악 소리를 내는 사람이 나야. 가지 말아야 할 자리에 갔구나. 바보 같은 소리를 했구나……."

"후회해도 또 저희를 위해 꾸준히 새로운 말씀을 해오셨습니다."

"글 쓰고 후회하고 또 쓰고 후회하고, 책 나올 때마다 후회한다고, 내가."

"선생님, 이번 책의 제목을 '이어령의 마지막 수업'이라고 할까 합니다."

"그래. 하지만 내가 살아 있을 때는 내지 마. 저세상으로 갈 즈음에 이 책을 내게나. 라스트 인터뷰에서 자네가 썼잖아. 내가 사라진 극장에 '엔드 마크' 대신 꽃 한 송이를 올려놓겠다던 얘기를. 나는 자네의 그런 맥락을 좋아했다네."

마지막을 써 내려가는 지금까지 나는 이 책의 운명이 어떻게 될지 알 수 없다. 다만 이 책이 아름답고 고독한 생애를 살았던 스승이 당신의 가슴에 안기는 마지막 꽃 한 송이로 기억되면 좋겠다는 생각이 든다. 그날 선생은 헤어지는 순간까지 지력을 다해 신학과 시학을, 빵과 영혼을, 글씀과 말씀을 분별해서 이야기하고 싶어 했다. 자신은 신학이 아니라 시학을 하는 사람이었고, 예수는 이 땅에 빵이 아니라 영혼을 구하러 왔으며, 문자로 된 율법이 아니라 오직 말씀만이 생명을 낳는다는 이야기였다.

그러니 그의 유언이 유서로 기록되는 이 책이 엄격한 문자가 아니라 독자들의 삶에 찰랑이는 비유의 말로 남기를 바란다고. 흔히 말하는 '케이스 바이 케이스'의 문법으로, 아흔아홉 마리가 아닌 한 마리의 양인 채로 나와 당신의 삶이 교제하길 원했다.

유머의 달인답게 내게 의미심장한 농담도 던졌다.

열여섯 번째 수업:

"김지수 작가! 그 얘기 아나? 찰리 채플린이 성대모사 대회 나가서 자기를 흉내 냈는데 등수 안에도 못 들었다는 일화가 있어. 모창하는 사람이 채플린보다 더 채플린 같았다는 거지. 대상의 특징만 정확히 뽑아내니 더 진짜 같은 거야."

선생의 은근한 기대처럼 그가 남기려 했던 말 속의 말을 내가 정확히 잡아냈는지, 그래서 이어령의 말이 더 이어령다운 모습으로 독자들에게 다가갔는지는 모르겠다. 소크라테스를 기록하려던 플라톤이 되겠다는 야심 대신 그저 겸허하게 스승의 마지막 시간을 담으려고 노력했다. 헤어지기 전, 우리는 다정하게 어깨를 붙이고 기념 촬영을 했다. 창밖에는 오후의 빛이 저물어가고 있었고 선생과 나는 흑백사진 속에서 같은 곳을 바라보고 있었다.

"선생님, 마지막으로 물을게요. 당신의 삶과 죽음을 우리가 어떻게 기억하면 좋겠습니까?"

"(미소 지으며) 바다에 일어나는 파도를 보게. 파도는 아무리 높게 일어나도 항상 수평으로 돌아가지. 아무리 거세도 바다에는 수평이라는 게 있어. 항상 움직이기에 바다는 한 번도 그 수평이라는 걸 가져본 적이 없다네. 하지만 파도는 돌아가야 할 수면이 분명 존재해. 나의 죽음도 같은 거야. 끝없이 움직이는 파도였으나, 모두가 평등한 수평으로 돌아간다네. 본 적은 없으나 내 안에 분명히 있어. 내가 돌아갈 곳이니까.

촛불도 마찬가지야. 촛불이 수직으로 타는 걸 본 적이 있나? 없어. 항상 좌우로 흔들려. 파도가 늘 움직이듯 촛불도 흔들린다네.

왜 흔들리겠나? 중심으로 돌아가기 위해서야. 나무들이 흔들리는 것도 원래의 자세로 돌아가기 위해서라네. 바람이 없는 날에도 수직의 중심으로 가기 위해 파동을 만들지. 그게 살아 있는 것들의 힘이야."

"당신의 인생은 촛불과 파도 사이에 있었군요. 정오의 분수가 왜 슬픈지 알겠습니다."

"촛불은 끝없이 위로 불타오르고, 파도는 솟았다가도 끝없이 하락하지. 하나는 올라가려고 하고 하나는 침잠하려고 한다네. 인간은 우주선을 만들어서 높이 오르려고도 하고, 심해의 바닥으로 내려가려고도 하지. 그러나 살아서는 그곳에 닿을 수 없네. 촛불과 파도 앞에 서면 항상 삶과 죽음을 기억하게나. 수직의 중심점이 생이고 수평의 중심점이 죽음이라는 것을."

선생과의 대화를 기록하는 작업을 끝내고 나는 한동안 허둥거렸다. 넘치는 지혜의 꿀물을 들이켜다 흥분해서 종종 사레가 들렸고, 불현듯 덮쳐오는 공허감에 새벽에 깨어 오래 앉아 있었다. 그럴 땐 선생의 쓸쓸한 목소리가 귓가에 메아리쳤다. '인간은 지혜를 아는 죽는 자야. 그래서 슬픈 거라네.'

나는 마치 그 유명한 애착놀이, '포르트-다'에 빠져 있다가 어느 순간 실타래를 놓치고 울상이 된 어린아이 같았다.

'스승, 있다…… 스승, 없다.'

'없다'의 데시벨이 높아지면, 머릿속이 고장 난 기계처럼 삐걱거렸다. 그러던 어느 날, 선생님의 전화가 걸려왔다. 천국에서 걸려온 벨소리 같았다. 스승이라는 실타래가 다시 내 앞에 나타났다.

"눈감기 전에 꼭 보고 싶은 사람이 있다네."

가슴이 두방망이질을 쳤다. 수화기 너머 목소리에 윤기가 돌았다. 오래전에 숙명여대에서 신입생을 위한 강연을 하고 내려오던 길이었다고 했다. 여학생 한 명이 발을 동동 구르며 주차장에서 그를 기다리고 있었다.

"추위에 얼굴이 파래져가지고, 나한테 꼭 할 말이 있다는 거야. 눈물이 그렁그렁해서 그러더군. '선생님, 돌아가시면 안 돼요!'

생뚱맞은 말에 나는 몹시 당황했네. 그래서 그만 차갑게 툭 던지고 말았지. '학생! 그게 뭔 소린가? 죽고 사는 문제를 어떻게 내 맘대로 하나?'

그 여학생은 손등으로 눈물을 훔치면서 슬퍼하며 돌아갔네. '선생님, 그래도 돌아가시면 안 돼요⋯⋯' 하면서. 얼마 전에 그날의 일들이 떠올랐어.

그 아이는 아마 내 책을 읽고 나를 좋아하게 됐겠지. 그런데 한 존재에 깊이 의지하면 '이 사람이 이 세계에서 사라지면 어쩌나' 더럭 겁이 나거든. 어렸을 때 엄마와 애착이 심해지면 치맛자락 붙잡고 그러잖아. '엄마, 나 두고 죽으면 안 돼.'

그때 어머니가 뭐라고 그래? '엄마 안 죽어. 너 두고 절대 안 죽어.' 그러면 마음이 풀리고 안심이 되지. 아무리 어린애라도 죽는다는 걸 왜 몰라. 그런데 엄마가 '너 두고 절대 안 죽는다' 그러면 그 순간 우리에게 죽음이란 없는 거야. 우리가 죽음을 이기는 거라네."

선생님은 오래전에 스무 살이었던 그 여학생을 다시 만나 이야기해주고 싶다고 했다. 그때 그렇게 매정하게 떠나는 게 아니었다고. 30분 넘게 추위에 덜덜 떨며 당신을 기다리던 그 아이에게 이 말을 했어야 했다고.

"걱정하지 마. 나 절대로 안 죽어."

스승은 환희에 차서 말을 이었다.

"어머니가 내게 해줬던 것처럼 '걱정 마. 나 절대로 안 죽는다' 그러면 그 아이는 얼었던 두 손을 비비며 너무 기뻐하겠지. 그 순간 주차장의 자동차들은 팡파르처럼 경적을 울릴 거야. 죽음을 이긴 승리의 트럼펫이 울리는 거야. 그러면 그 춥고 멋없는 콘크리트 차고는 초원으로 변하고 꽃들이 사방에서 피어나겠지."

만개한 꽃을 바라보듯 그가 웃으며 독백처럼 말을 마쳤을 때, 내 두 뺨 위로 눈물이 흘러내렸다. 책상 앞 통유리 너머로 6월의 장미꽃 몇 송이가 바람에 산들거렸다. 마지막까지 스승이었던 분, '내가 영화감독이라면 엔드 마크 대신 장미꽃 한 송이를 올려놓겠다'던 그의 말이 그렇게 실현되었다.

"나 절대로 안 죽어."

"죽음을 기다리며 나는 탄생의 신비를 배웠네"

"이번 만남이 아마 내 마지막 인터뷰가 될 거예요."

이어령 선생이 비 내리는 창밖을 응시하며 담담하게 말했다. 지난주에 보기로 했던 약속이 컨디션이 안 좋아 일주일 연기된 터. 안색이 좋아 보이신다고 하자 "피에로는 겉으로는 웃고 속으로는 운다"라며 쓸쓸하게 웃었다. 품위 있게 빗어 넘긴 백발, 여전히 호기심의 우물이 찰랑대는 검은 눈동자, 터틀넥과 모직 슈트가 잘 어울리는 기개 넘치는 한 어른을 보며 나는 벅참과 슬픔을 동시에 느꼈다.

비디오 아티스트 백남준은 살아생전, 이어령의 회갑연에서 두 장의 그림을 그려주었다. TV 상자 안의 말(馬) 그림과 TV 상자 안의 입술(말

늠이 터지는 통로) 그림이었다. 말(言)이라는 무기를 들고, 말(馬)달리는 자가 이어령이었다.

그가 쏟아낸 말은 과거를 달릴 때나 미래를 달릴 때나 주저가 없었다. 스킵skip과 시프트shift, 축지법과 공중부양을 자유자재로 구사해서, 선생과 앉아 인터뷰하던 서재는 늘 〈매트릭스〉나 〈인터스텔라〉 같은 SF 영화의 세트처럼 느껴지곤 했다.

오늘 마주 앉은 방엔 책 한 권, 서가 한 칸 없이 고적했다.

기품이 넘치는 이태리산 적갈색 책상과 의자 한 벌. 한 면을 가득 채운 녹색 벽엔 선생과 교류했으나 먼저 세상을 뜬 세계의 지성들이 보내온 편지와 사진, 기사로 채워져 있었다. 루이제 린저, 이오네스코, 누보 리얼리즘의 창시자 알랭 로브그리예, 노벨문학상 작가 프랑수아 모리악 등등. 선생은 한 명 한 명 짚어가며 그들과의 인연을 즐겁게 회상했다.

한국의 지성의 큰 산맥이었던 이어령. 22살에 문단 원로들의 권위의식에 비수를 꽂는 선전포고문 「우상의 파괴」로 유명 인사가 된 이후, 65년간 때로는 번뜩이는 광야의 언어로 때로는 천둥 같은 인식의 스파크로 시야의 조망을 터주었던 언어의 거인. 벼랑 끝에서도 늘 우물 찾는 기쁨을 목격하게 해준 우리 시대의 어른.

라스트 인터뷰

십수 년 전 이미 '디지로그(디지털+아날로그)'라는 아름다운 미래 문명을 선창한 분임에도, 당신이 제일 잘한 일은 문화부 장관 시절 '노견路肩'을 '갓길'로 바꾼 것이라고 했다.

오늘 선생 앞에 앉아 있으니, 갑자기 아득하여 88올림픽 개막식에서 그가 연출했던 잠실벌의 굴렁쇠 소년이 생각났다. 햇빛 내리쬐는 광장에 쓰였던 한 줄 정적의 시. 가을비가 대지를 적시는 오늘, 나는 그에게서, '죽음'이라는 한 편의 시를 듣게 될 터였다.

그는 항암 치료를 마다한 채로 마지막 기력을 다해 책을 쓰고, 강연하고, 죽음까지 기록할 한 편의 다큐멘터리를 찍고 있었다. 머지않아 '탄생'이라는 책이 나오는데, 이 인터뷰로 가까운 이들에게 "그동안 함께해줘서 고마웠다"라는 인사를 전하고 싶다고.

사진 촬영을 할 땐 "싱킹맨Thinking Man은 웃지 않는다"라고 겁을 주더니, 인터뷰 내내 "쫄지 마!"라고 함박웃음을 터뜨렸다. 죽음이 이토록 아름다운 것인 줄 오늘 처음 알았다.

— 건강해 보이십니다.

"나 같은 환자들은 하루에도 듣는 코멘트가 여러 가지야. '수척해 보여요.' '건강해지셨네' 시시각각 변하거든. 알고 보면 가까운 사람도 사실 남에겐 관심이 없어요. 허허. 왜 머리 깎고 수염 기르면 사람들이 놀랄 것 같지? 웬걸. 몰라요. 남은 내 생각만큼 나를 생각하지 않아. 그런데도 '남이 어떻게 볼까?' 그 기준으로 자기 가치를 연기하고 사니 허망한 거지. 허허."

남겨진 생의 시간이 유한하여, 나는 선생께서 하는 말은 무엇이든 듣고 싶었다. 토씨 하나, 한숨 한 자락이라도 놓치기 싫어 "예전처럼 자유롭게 대화하자"라고 부탁드렸다.

— 혼자 기다리며 녹색 벽에서 선생께서 젊은 시절에 신문에 쓰신 '모리악의 기침 소리'를 보았습니다.

"(미소 지으며) 내가 프랑스에서 모리악 선생을 만나고 쓴 거지. 여기엔 없지만 실존철학자 가브리엘 마르셀과의 추억도 있어요. 그때 그분이 여든이 좀 넘었을 때야. 생각해보면 지금 나보다 젊었는데 아파트 계단을 못 올라가셨어요. 내가 등에 업히라고 했더니 화를 내요. 나는 시체가 아니라고(웃음). 서양 문화는 부축은 받아도, 업히는 건 수치로 여겨요. 한국은 다르지. 상호성이야. 이효석의 『메밀꽃 필 무렵』을 봐도 처음 만난 아들과 아버지가 업고 업혀서 냇물을 건너잖아. 사위가 장모를 업고 사장이 사원을 업어줘요. 다들 어릴 적 엄마 등에 업힌 기억이 있거든."

라스트 인터뷰

— 업어준다는 건 존재의 무게를 다 받아준다는 건데…… 서양인에 겐 익숙지 않은 경험이군요.

"그들은 아이를 요람에서 키우니까. 태어나자마자 존재를 분리하지 요. 땅에 놓으면 쥐들이 공격해서 아이를 천장에 매달아두기도 했어요. 우리나라는 무조건 포대기로 싸서 둘러업잖아. 어미 등에 붙어 커서 우 리나라 사람들이 천성이 착해요(웃음). 서양은 분리가 트라우마가 돼서 독립적인 만큼 공격적이거든. 한국의 전통 육아는 얼마나 슬기로워요. 오줌똥도 쉬쉬~, 끙아끙아~ 하면서 어린애 말로 다 유도를 했거든."

— 요즘 '탄생'에 관한 이야기를 쓰신다고 들었습니다. 지난번에 뵐 때 '마지막 파는 우물은 죽음'이라고 하셨는데요.

"죽음을 앞두면 죽는 얘기를 써야잖아? 나는 반대를 써요. 왜냐? 죽 음은 체험할 수가 없으니까. 사형수도 예외가 없어요. 죽음 근처까지만 가지. 죽음을 모르니 말한 사람이 없어요. 임사 체험도 살아 돌아온 얘 기죠. 살아 있으면 죽음이 아니거든.

가령 이런 거예요. 어느 날 물고기가 물었어. '엄마, 바다라고 하는 건 뭐야?' '글쎄, 바다가 있기는 한 모양인데 그걸 본 물고기들은 모두 사라졌다는구나.' 물고기가 바다를 나오면 죽어요. 그 순간 자기가 살 던 바다를 보지요. 내가 사는 바다를 볼 수 있는 상태, 그게 죽음이에요. 하지만 죽음이 무엇인가를 전해줄 수는 없는 거라. 그래서 나는 다른 데서 힌트를 찾았어요."

— 어디서 힌트를 찾으셨나요?

"죽을 때 뭐라고 해요? 돌아가신다고 하죠. 그 말이 기가 막혀요. 나온 곳으로 돌아간다면 결국 죽음의 장소는 탄생의 그곳이라는 거죠. 생명의 출발점. 다행인 건 어떻게 태어나는가는 죽음과 달리 관찰이 가능해요.

2~3억 마리의 정자의 레이스를 통해서 내가 왔어요. 수능 시험보다 어려운 시험을 통과한 거지(웃음). 그런데 그전에 엄마와 아빠가 만나지 않았더라면, 또 그전의 조부모가 만나지 않았더라면…… 그렇게 계속 거슬러 가면 36억 년 전 진핵세포가 생겼던 순간까지 가요. 나는 그렇게 탄생을 파고들어요."

— 죽음을 느끼면서 태어남 이전을 복기한다? 엄청난 속도의 플래시백인데요. 뇌에서 빅뱅이 일어났겠습니다.

"허허. 그렇지요. 모험은 미래에 있는 것이 아니라 아주 먼 과거에 있어요. 진화론자의 의견에 비추어보면 내 존재는 36억 년 원시의 바닷가에서 시작됐어요. 어찌 보면 과학은 환상적인 시야. 내가 과거 물고기였을까, 양수가 바닷물의 성분과 비슷하니 그럴지도 모르겠다…….

태아 형성 과정을 보면 아가미도 물갈퀴 자국도 선명하게 보이거든. 그렇게 계산하면 내 나이는 사실 36억 플러스 여든일곱 살이야. 엄청난 시간을 산 거죠. 죽음에 가까이 가고서 나는 깨달았어요. 죽음을 알려고 하지 말고 내가 어디에서 왔는지를 알아야 한다는 것을."

과거로 가서 미래를 본다는 설명이 이상하게 안도감을 주었다. 그는 이어령이다. 평생 창조적 역발상으로 우리에게 새로운 시야를 선물처럼 안겨준 사람.

— 선생은 오래전에 이미 '디지로그가 온다'로 디지털과 아날로그의 융합을 예언하셨어요. 미지의 죽음을 탄생의 신비로 푸니, 이번엔 또 뭐가 보이던가요?

"난 옛날부터 참 궁금했어요. 왜 외갓집에만 가면 가슴이 뛸까? 왜 외갓집 감나무는 열린 감조차 더 달고 시원할까(웃음)? 그게 미토콘드리아는 외가의 혈통으로만 이어져서 그래요. 거슬러 가면 저 멀리 아프리카의 어깨 벌어진 외할머니한테서 내가 왔는지도 몰라. 허허. 이렇게 한발 한발 가면서 느껴지는 게 신의 존재예요. 최초의 빅뱅은 천지창조였구나……."

과학을 잘 모르면 무신론자가 되지만, 과학을 깊이 알면 신의 질서를 만난다고 했다. 죽음이 아닌 탄생을 연구하면서 선생은 점점 더 자신만만해졌다. 말하는 중간에 '쫄지 마'라는 악센트를 농담처럼 박아 넣었다.

　"탄생을 연구하면 무섭지가 않아. 지적으로도 그래요. 아리스토텔레스 나와보라, 그래. 너는 생명을 알고 썼냐? 나는 이제 안다, 이거지(웃음)."

　— 그런데 요즘엔 탄생 자체를 비극으로 보는 젊은이들이 많습니다.

　"인간은 내 의지로 세상에 나오지 않았어요. 하지만 그래서 안 태어나는 게 행복했다, 어쩔 수 없이 태어났으니 빨리 사라지는 게 낫겠다, 이렇게 반출생주의적인 사고를 하는 건 무의미해. 제일 쉬운 게 부정이에요. 긍정이 어렵죠.

　나야말로 젊을 때 저항의 문학이다, 우상의 파괴다, 해서 부수고 무너뜨리는 데 힘을 썼어요. 그런데 지금 죽음 앞에서 생명을 생각하고 텅 빈 우주를 관찰하면, 다 부정해도 현재 내가 살아 있다는 건 부정할 수가 없어요. 숨을 쉬고 구름을 본다는 건 놀라운 일이에요."

　— 그 놀라움의 힘으로 또 무엇을 보셨나요?

　　　　　　　　　　　　　　　　라스트 인터뷰

"생명은 입이에요. 태내에서도 생명은 모든 신경이 입으로 쏠려 있어요. 태어난 후엔 그 입으로 있는 힘껏 젖을 빨지요. 그 입술을 비벼 첫 소리를 내요. '므, 브······' 가벼운 입술소리 ㅁ으로 '엄마, 물'을, 무거운 입술소리 ㅂ으로 '아빠, 불'을 뱉어요. 물은 맑고 불은 밝잖아. 그런데 그 ㅁ과 ㅂ이 기가 막힌 대응을 이루는 게 바로 우리 한글이에요. water와 fire로는 상상도 못 할 과학이야. 놀랍죠."

어떤 주제든 언어로 시작해서 언어로 끝난다는 게 더 놀라웠다.

— 프로이트도 구강기를 정신분석의 첫 단계로 중요하게 보지 않았습니까?

"하지만 프로이트는 뱃속 세계를 몰랐어요. 태어난 후부터 트라우마를 적용했는데, 기실 태아 때 더 많은 트라우마가 생긴다는 걸 그는 몰랐지. 아우슈비츠에서 죽은 사람의 후손 중 많은 사람이 폐쇄공포증을 앓았어요. 좋은 쪽이든 나쁜 쪽이든 유전은 내 조상의 정확한 이력서예요.

동양의 탄생학과 서양의 유전학은 동시에 말하고 있어요. 뱃속에서의 10개월이 성격, 기질, 신체의 많은 부분을 결정한다고. 스승이 10년 가르친 게 뱃속에서 가르친 10개월만 못하다잖아. 그래서 지혜로운 한국인은 태중의 아이를 이미 한 살로 보는 거예요."

그 사실을 프로이트가, 칸트가, 헤겔이 알았겠느냐고 말하며 호탕하게 웃었다. 가슴뼈가 커지는 화통한 웃음에 공기 틈이 시원하게 벌어졌다.

"그러니까 '쫄지 마!' 허허. 알고 보면 프로이트는 돌팔이였어요.『우상의 추락』이라는 책에도 있잖아. 다만 인간의 에고를 구조적으로 봤다는 데 의의를 두는 거죠. 인격은 다층적이라 의학뿐 아니라 인문학자의 상상력으로도 봐야 해요."

— 철학자 김형석 선생은 인격의 핵심은 성실성이라고 했지요. 선생은 인격의 핵심을 뭐라고 보십니까?

"하하. 핵심은 인격과 신격은 다르다는 거예요. 하나님을 흉내 내기보다 악마에게 영혼을 팔려고 했던 괴테가 그 인간다움으로 구제를 받았어요. 나는 유다가 베드로보다 예수님을 더 잘 이해했을 거라고 봐요. 자살로 생을 마감하면서 유다는 교회가 아니라 피의 밭을 남겼어요. 그런데 인간의 인격은 유다에 가까워서 더욱 신격을 욕망해요. 그래서 고통스럽죠.

내 마음의 빅뱅을 그 누가 알겠어요? 한 소녀가 '이 남자와 헤어질까요?'라고 물으면 아인슈타인이 뭐라고 할까? 그는 물리적 상대성 이론의 대가지만, 열 길 물속은 알아도 한 길 사람 속은 몰라요. 각자의 마음

라스트 인터뷰

은, 두뇌는 지구에서 하나예요. 기술로 찍어낸 벽돌이 아니거든. 내 몸의 지문도 마음의 지문도 세상에 하나뿐이지. 하나님의 유일한 도장이야. 내 마음의 지문에는 신의 지문이 남아 있어요."

— 요즘 들어 신에 대해 더 많은 말씀을 하십니다.

"신이 아니라 인간에 대해 말하고 있습니다. 우리는 신에 대해 말할 지식도 자격도 없는 자들이지요. 하나님의 눈으로 보면 베드로나 유다나 똑같아. 베드로도 유다처럼 닭이 울기 전 세 번 예수님을 부정했잖아. 오래 관찰하면 다 알아요. 신은 생명을 평등하게 만들었어요. 능력과 환경이 같아서 평등한 게 아니야. 다 다르고 유일하다는 게 평등이지요.

햇빛만 받아 울창한 나무든 그늘 속에서 야윈 나무든 다 제 몫의 임무가 있는 유일한 생명이에요. 그 유니크함이 놀라운 평등이지요. 또 하나. 살아 있는 것은 공평하게 다 죽잖아."

— 왠지 선생의 유니크함은 탄생부터 남달랐을 것 같습니다.

"내 유니크함의 80퍼센트는 어머니가 주셨어요. 내가 돌상에서 돌잡이로 책을 잡은 걸, 어머니는 두고두고 기뻐하셨어. 그때는 쌀이나 돈을 잡아야 좋아했는데, 어머니는 달랐죠. '우리 애는 돌상에서 책을 잡고 붓을 잡았다'고 내내 자랑을 하셨어요. 내가 앓아누워도 어머니는 머리맡에서 책을 읽어주셨어요. 그런 어머니 밑에서 자라서 나는 책을 읽고 상상력을 키우는 인간이 됐어요."

— 언어적 상상력은 어린 시절에 길러진 것인지요?

"그랬어요. 형님이 놓고 간 책, 대학생이 보던 한자투성이 세계문학 전집을 읽었어요. 모르는 단어가 나오면 상상으로 단어를 익혔어. 사전 도 없었죠. 내 언어 조직의 세포가 그때 활성화된 거라. '눈이 내릴 때 루바시카를 입었다'는 문장을 만나면 전후 문맥으로 그 겉옷을 상상해 보는 거야. 동화만 읽었으면 어림도 없었겠죠. 라틴어 고전도 그렇게 읽었어요.

나는 지금도 외국 여행을 가면 대실망이야. 어릴 때 소설을 읽으며 파리, 런던, 러시아를 다 상상으로 여행했어요. 내가 실제 만난 에펠탑 은 내가 언어로 상상한 것보다 훨씬 작고 초라했지. 어릴 때 어려운 책 을 읽으면 상상의 언어능력이 발화돼요. 지금도 나는 모든 문제를 어원 으로 접근해요."

어원은 화석과 같아서 그 자신, 고고학자처럼 언어라는 화석 조각을 찾아 거대한 공룡을 그린다고 했다. 모든 게 어린 시절 독서의 힘이었 다고.

— 글도 그렇지만 평생 말을 하면서 살아오셨어요. 지성에 막힘이 없

고, 재미까지 있는 이야기꾼으로 사랑받으셨습니다. 선생의 뇌 구조가 궁금합니다. 질문이 어떤 방식으로 입력되고 흘러나오는지요?

"하하. 나는 좌뇌 우뇌를 다 써요. 나의 최전선은 말이고 생의 의미야. 말이 나오면 언어의 진선이 형성되거든. 그 말에 관심을 갖고 검색을 하다 보면 수억 개의 정보 중에서 의미 있는 것들을 고를 수 있어요. 그런데 내가 존경하는 시인 이상은 좀 달랐어요. 이 사람은 수학적 언어를 썼어. 수학적 머리와 문학적 머리가 다 트였던 사람이야. 그래도 쫄지 마(웃음). 이상은 일찍 죽었잖아."

— 신기합니다. 어떤 천재는 단명하고 어떤 천재는 장수하는 걸까요?

"오래 살면 생각이 계속 달라져요. 내가 존경하는 이들은 다 일찍 죽었지. 이상도, 랭보도, 예수도. 단명한 이들의 공통점은 번뜩인다는 것. 둔한 게 없어요. 면도날로 소를 잡았지. 소를 잡으려면 도끼를 써야 하는데, 이상은 날카로운 면도날로 단번에 그었어요. 반면 괴테는 80살까지 살았어요. 도끼날 같았지. 도끼로 우주를 찍어 내린 사람이었어요. 형태학, 광산학까지 했잖아.

천재는 악마적 요소가 있어요. '파우스트'를 봐요. 파우스트는 신학을 했던 성스러운 사람이었어요. 사색적인 그가 한계에 부딪혀 자살하려다 악마에게 영혼을 팔지만, 결국 신은 그를 구원해요. 나는 서른이

지나고 모델이 없었는데, 그때 잡은 게 괴테였어. 괴테는 바이마르의 재상을 지냈죠. 그런데 나도 문화부 장관을 했잖아. 바이마르 인구보다 한국 인구가 더 많으니, 나는 괴테한테 쫄지 않아요(웃음)."

— 선생이 한 말, 쓴 글, 해오신 일은 그 영역이 너무 방대해서 입이 벌어질 때가 많습니다.

"괴테도 유니버설맨이었어요(웃음). 동과 서를 알았고 성과 속을 알았고, 인공지능인 호몬클루스까지 써서 미래의 정황을 보여줬지요. 레오나르도 다빈치도 그랬죠. 코끼리의 전체를 보려면 그들처럼 제너럴리스트가 돼야 해요. 코만 만지고 코끼리를 봤다고 하면 엉터리야. 그렇게 인간과 학문의 전체를 보려고 했던 르네상스맨이 다빈치와 괴테였어요. 그런데 제너럴리스트들은 종종 욕을 먹어. '전공이 뭐냐'는 거죠. 허허."

— 전공의 구분이 없으셨지요. 언어기호학자이면서 언론인, 비평가이면서 소설가, 시인, 행정가, 크리에이터로 살아오셨어요. 최종적으로 자신의 정체성을 우물 파는 자라고 하셨습니다.

"단지 물을 얻기 위해 우물을 파지는 않았어요. 미지에 대한 목마름, 도전이었어요. 여기를 파면 물이 나올까? 안 나올까? 호기심이 강했지. 우물을 파고 마시는 순간 다른 우물을 찾아 떠났어요. '두레박'의 갈증이지요. 한 자리에서 소금 기둥이 되지 않으려고 했어요. 이제 그 마지막 우물인 죽음에 도달한 것이고."

— 죽음의 상태에 관한 공부도 하셨습니까?

"했지요. 인간에게도 퇴화한 날개가 있어(웃음)."

— 무슨 말이지요?

"새는 날짐승이잖아. 그런데 무거운 새는 못 날아요. 그때는 날개가 덮개가 되죠(웃음). 인간도 몸이 불으면 못 날아. 늙고 병들면 머리가 빠지고 이빨이 빠지고 어깨에 힘이 빠져요. 비극이지. 그런데 마이너스 셈법으로 몸이 가벼워지면 날아요. 고통을 통과해서 맑고 가벼워진 영혼은 위로 떠요. 덩컨 맥두걸이라는 학자가 실험했어요. 죽은 후 위로 떠오르는 영혼의 무게를 쟀더니 21그램이었죠. 그러니 죽어갈수록 더 보태지 말고 불순물은 빼야 해요. 21그램의 무게로 훨훨 날아야지요."

— 평생 어떤 꿈을 꾸셨습니까?

"동양에선 덧없는 것을 꿈(夢)이라 하고 서양은 판타지를 꿈(dream)이라 하죠. 나는 평생 빨리 깨고 싶은 악몽을 꿨어요. 작은 배를 타고 바다에 빠져 외길을 걷는 꿈, 어릴 때 복도에서 신발을 잃고 울던 꿈, 맨발로 갈 수 없던 공포, 뛰려면 발은 안 떨어지고, 도망가보면 아무도 없는 험한 산길이었지요. 자기 삶의 어두운 면이 비치는 게 꿈이에요. 깨면 식은땀을 흘리고 다행이다 했어요.

현실에서 눈뜨고 꾸는 내 꿈은 오직 하나였어요. 문학적 상상력, 미지를 향한 호기심⋯⋯."

— 요즘엔 어떤 꿈을 꾸십니까?

"빅뱅처럼 모든 게 폭발하는 그런 꿈을 꿔요. 너무 눈이 부셔서 볼 수 없는 어둠. 혹은 터널 끝에 보이는 점 같은 빛. 그러나 역시 8할은 악몽이에요. 죽음이 내 곁에 누워 있다 간 느낌⋯⋯ 시계를 보면 4시 44분 44초일 때도 있어요(웃음). 동트기 전에, 밤도 아니고 새벽도 아닌 시간이죠. 그 시간이 여간 괴로운 게 아니에요. 섬뜩한 것은 죽음이 아니라 혼자라는 거였어요. 누구도 그 길에 동행하지 못하니까요. 다행히 그때 또 새롭게 깨달아지는 것이 있어요. 젊은 날 인식이 팽팽할 땐 몰랐던 것."

— 뒤늦게 깨달은 생의 진실은 무엇인가요?

"모든 게 선물이었다는 거죠. 마이 라이프는 기프트였어요. 내 집도 내 자녀도 내 책도, 내 지성도⋯⋯ 분명히 내 것인 줄 알았는데 다 기프트였어. 어린 시절 아버지에게 처음 받았던 가방, 알코올 냄새가 나던 말랑말랑한 지우개처럼. 내가 울면 다가와서 등을 두드려주던 어른들처럼. 내가 벌어서 내 돈으로 산 것이 아니었어요. 우주에서 선물로 받은 이 생명처럼, 내가 내 힘으로 이뤘다고 생각한 게 다 선물이더라고."

— 87년간 행복한 선물을 참 많이 받으셨지요?

"그랬죠. 산소도, 바다도, 별도, 꽃도…… 공짜로 받아 큰 부를 누렸지요. 요즘엔 생일 케이크가 왜 그리 예뻐 보이는지 몰라. 그걸 사 가는 사람은 다 아름답게 보여(웃음). '초 열 개 주세요.' '좋은 거로 주세요.' 그 순간이 얼마나 고귀해. 내가 말하는 생명자본도 어려운 게 아니에요. 자기가 먹을 빵을 생일 케이크로 바꿔주는 거죠. 생일 케이크가 그렇잖아. 내가 사주면 또 남이 사주거든. 그게 기프트지. 그러려면 공감이 중요해요. 공의가 아니라, 공감이 먼저예요."

— 공의보다 공감이라는 말이 크게 다가옵니다.

"우리는 마르크스의 상품경제 시대에서 멀리 왔어요. AI 시대엔 생산량이 이미 오버야. 물질이 자본이던 시대는 물 건너갔어요. 공감이 가장 큰 자본이지요. BTS를 보러 왜 서양인들이 텐트 치고 노숙을 하겠어요? 아름다운 소리를 좇아온 거죠. 그게 물건 장사한 건가? 마음

장사한 거예요. 돈으로 살 수 없는 삶의 즐거움, 공감이 사람을 불러모은 거지요."

— 젊은이들에게 전하고픈 말이 있는지요?

"딱 한 가지야. 덮어놓고 살지 마세요. 그리스 사람들은 진실의 반대가 허위가 아니라 망각이라고 했어요. 요즘 거짓말하는 사람들은 과거를 잊어서 그래요. 자기가 한 일을 망각의 포장으로 덮으니 어리석어요. 부디 덮어놓고 살지 마세요."

— 지금의 한국 사회는 어떻게 흘러갈까요? 미래를 낙관할 수 있습니까?

"지금은 밀물의 시대에서 썰물의 시대로 가고 있어요. 이 시대가 좋든 싫든, 한국인은 지금 대단히 자유롭고 풍요하게 살고 있지요. 만조라고 할까요. 그런데 역사는 썰물과 밀물을 반복해요. 세계는 지금 전부 썰물 때지만, 썰물이라고 절망해서도 안 됩니다. 갯벌이 생기니까요."

썰물 후에 갯벌이 생긴다는 말이 파도처럼 가슴을 적셨다. 두려울 것이 무엇일까. 이어령 선생은 7년 전 2남 1녀 중 맏딸 이민아 목사를 암으로 먼저 보냈다. 미국에서 검사 생활을 했던 딸은 목사 안수를 받았고, 위암 발병 이후, 수술하지 않고 시한부를 택해 열정적으로 쓰고 강연하며 생의 마지막 시간을 보냈다.

— 요즘 따님 생각을 더 많이 하시겠습니다. 암 선고받은 후 항암 치료를 받지 않고 너 생산적으로 시간을 쓰는 까닭도 따님과 관련이 있는지요?

"(미소 지으며) 우습지만 성경에는 나중 난 자가 먼저 된다는 말이 있어요. 내 딸이 그랬어요. 그 애는 죽음 앞에서 두려워 벌벌 떨지 않았어요. '지금 나가면 3개월, 치료받으면 6개월' 선고를 듣고도 태연하니까, 도리어 의사가 놀라서 김이 빠졌어요.

민아가 네 살 때였어요. 아내가 둘째를 낳아 내가 아이를 데리고 대천해수욕장 앞 해변 바라크 건물에 묵은 적이 있어요. 아이를 재우고 다른 천막에 가서 문학청년들과 신나게 떠들었지. 그때 민아가 자다 깨서 컴컴한 바다에 나가 울면서 아빠를 찾은 거야. 어린애가 겁에 질려서…… 생각하면 지금도 마음이 아파요. 우리 애는 기억도 안 난다지만(웃음). 그랬던 아이가 혼자 미국에 가서 무척 고생을 했어요.

그 어렵다는 법대를 졸업하고 외롭게 애 키울 때, 그날 그 바닷가에서처럼 '아버지!' 하고 목이 쉬도록 울 때, 그때 나의 대역을 누군가 해줬어요. 그분이 하나님이야. 내가 못 해준 걸 신이 해줬으니 내가 갚아야겠다. 이혼하고도 편지 한 장 안 쓰던 쿨한 애가, '아빠가 예수님 믿는 게 소원'이라면 내가 믿어볼 만하겠다, 그렇게 시작했어요. 딸이 실명의 위기에서 눈을 떴을 때 내 눈도 함께 밝아진 거지. 딸이 아버지를 따라가야 하는데 아버지가 딸의 뒤를 좇고 있어요(웃음)."

— 언제 신의 은총을 느낍니까?

"아프다가도 아주 건강하게 느껴지는 아침이 있어요. 내 딸도 그랬죠. '아빠, 나 다 나았어요'라고. 우리 애는 죽기 전에 정말 충만한 시간을 보냈어요. 1년간 한국에서 내 곁에서 가장 오래 머물렀죠. 암에 걸리고 큰 선물을 받았어요. 죽음에 맞서지 않고 행복하게 시간을 썼어요. 망막 수술도 성공해서 밝은 세상도 봤지요.

내가 보내준 밸런타인데이 꽃다발을 보며 환호성을 지르고, 호텔 방에서 '아빠, 밤 풍경이 너무 아름다워'라며 전화가 왔어요. 육체가 소멸하기 마지막까지 복음을 전했고, 기도드리고 쓰러져서 5~6시간 있다가 운명했어요.

어떤 환자라도 그런 순간이 와요. 촛불이 꺼질 때 한번 환하게 타오르듯이. 신은 전능하지만, 병을 완치해주거나 죽음으로부터 도망치게 해주진 않아요. 다만 하나님도 인간이 너무 고통스러워하면 가엾게 여겨 잠시 그 자비로운 손으로 만져줄 때가 있어요. 배 아플 때 어머니 손

라스트 인터뷰

은 약손이라고 만져주면 반짝 낫는 것 같잖아. 그리고 이따금 차가운 눈물 한 방울을 떨어뜨리지요. 그때 나는 신께 기도해요."

— 어떤 기도를 하십니까?

"옛날엔 나는 약하니 욥 같은 시험에 들지 말게 해달라고 기도했지요. 지금은…… 병을 고쳐달라는 기도는 안 해요. 역사적으로도 부활의 기적은 오로지 예수 한 분뿐이니까. 나의 기도는 이것이에요. '어느날 문득 눈뜨지 않게 해주소서.' 내가 갈피를 넘기던 책, 내가 쓰던 차가운 컴퓨터…… 그 일상에 둘러싸여 눈을 감고 싶어요."

그전까지는 죽음의 의미, 생명의 기프트를 마지막까지 알고자 한다고 힘을 주어 말했다. "사형수도 형장으로 가면서 물웅덩이를 폴짝 피해 가요. 생명이 그래요. 흉악범도 죽을 때는 착하게 죽어요. 역설적으로 죽음이 구원이에요."

그러니 죽을 때까지 최악은 없다고. 노력하면 양파 껍질 벗겨지듯 삶에서 받은 축복이 새살을 드러낸다고. 빅뱅이 있을 때 내가 태어났고, 그 최초의 빛의 찌꺼기가 나라는 사실이 '수사'가 아니라 '나의 이야기'라고. 여러분도 손놓고 죽지 말고, 내가 죽는다는 사실을 끝까지 알고 맞으라고. "종교가 있든 없든, 죽음의 과정에서 신의 기프트를 알고 죽는 사람과 모르고 죽는 사람은 천지 차이예요."

한 마디 한 마디, 목구멍에서 빛을 길어 올려 토해내는 것 같았다. 녹색 칠판 앞에 앉아 선생이 마지막으로 판 우물물을 거저 받아 마시자니, 감사가 샘처럼 벅차올라 울고 싶은 기분이 들었다.

— 저는 나이 들면 과거를 반복해서 사는 것이라 여겼습니다. 지성도 다르지 않다고 생각했지요. 그런데 선생의 말씀을 들으면 바로 지금, 이 순간이 '지혜의 전성기'라는 생각이 듭니다.

"(미소 지으며) 창을 열면 차가워진 산소가 내 폐 속 깊숙이 들어와요. 이 한 호흡 속에 얼마나 큰 은총이 있는지 나는 느낍니다. 지성의 종착점은 영성이에요. 지성은 자기가 한 것이지만, 영성은 오로지 받았다는 깨달음이에요. 죽음의 형상이 검은 옷을 입은 저승사자로 올지, 온갖 튜브를 휘감은 침상의 환자로 올지 나는 몰라요.

내가 느끼는 죽음은 마른 대지를 적시는 소낙비나 조용히 떨어지는 단풍잎이에요. 때가 되었구나. 겨울이 오고 있구나…… 죽음이 계절처럼 오고 있구나. 그러니 내가 받았던 빛나는 선물을 나는 돌려주려고 해요. 침대에서 깨어 눈 맞추던 식구, 정원에 울던 새, 어김없이 피던 꽃들…… 원래 내 것이 아니었으니 돌려보내요. 한국말이 얼마나 아름다워요. 죽는다고 하지 않고 돌아간다고 합니다. 애초에 있던 그 자리로, 나는 돌아갑니다."

자신이 영화를 만드는 감독이라면 마지막 'END' 마크 대신 꽃봉오리를 하나 꽂아놓을 거라고 했다. 피어 있는 꽃은 시들지만, 꽃봉오리라면 영화의 시작처럼 많은 이야기를 갖고 있을 테니.

"끝이란 없어요. 이어서 또 다른 영화를 트는 극장이 있을 뿐이지요 (웃음)."

* 『조선일보』 온라인 「김지수의 인터스텔라」 2019.10.19. 기사

이어령의 마지막 수업

초판   1쇄 발행 2021년 10월 28일
초판 25쇄 발행 2024년 4월 15일

지은이 김지수
펴낸이 정중모
펴낸곳 도서출판 열림원

출판등록 1980년 5월 19일(제406-2000-000204호)
주소 경기도 파주시 회동길 152
전화 031-955-0700
팩스 031-955-0661   페이스북 /yolimwon
홈페이지 www.yolimwon.com   트위터 @yolimwon
이메일 editor@yolimwon.com   인스타그램 @yolimwon

주간 김현정   마케팅 홍보 김선규 최은서 고다희
편집 박지혜 김민지 김혜원   온라인사업 서명희
디자인 강희철   제작 관리 윤준수 고은정 구지영 홍수진

ⓒ 김지수·이어령, 2021

ISBN 979-11-7040-052-3 03100